"十二五"职业教育国家规划教材
经全国职业教育教材审定委员会审定

学前教育专业系列教材

学前儿童家庭教育

（第三版）

丁连信 主编

胡志红 王海霞 刘艳珍 副主编

科学出版社

北京

内 容 简 介

本书从当前我国家庭的变革和幼儿园教育改革的实际出发，比较系统地阐述了学前儿童家庭教育的基本理论、原则和方法，分析了特殊类型和特殊年龄儿童的家庭教育问题，并以学前教育机构家庭教育的指导为重点，论述了幼儿园、家庭、社区的合作共育问题。本书力图较好地体现学前儿童家庭教育的理论与实践的最新研究成果，力求做到理论性与应用性、操作性的有机结合，方便学生学习和教师使用。

本书既可供高等学校学前教育专业学生使用，也可作为早教机构和幼儿园一线教师的参考资料，同时也可用作幼儿园家长学校的参考用书。

图书在版编目（CIP）数据

学前儿童家庭教育/丁连信主编. —3 版. —北京：科学出版社，2016
（"十二五"职业教育国家规划教材·学前教育专业系列教材）
ISBN 978-7-03-047125-3

Ⅰ．①学…　Ⅱ．①丁…　Ⅲ．①学前儿童-家庭教育-高等职业教育-教材　Ⅳ．①G78

中国版本图书馆 CIP 数据核字（2016）第 015656 号

责任编辑：王　彦 / 责任校对：陶丽荣
责任印制：吕春珉 / 封面设计：一克米

科学出版社 出版
北京东黄城根北街 16 号
邮政编码：100717
http://www.sciencep.com
三河市骏杰印刷有限公司 印刷
科学出版社发行　　各地新华书店经销

*

2008 年 5 月第 一 版　　2018 年 8 月第四次印刷
2012 年 12 月第 二 版　　开本：787×1092 1/16
2016 年 1 月第 三 版　　印张：15 1/2
字数：355 000

定价：33.00 元

（如有印装质量问题，我社负责调换〈骏杰〉）

销售部电话 010-62136230　编辑部电话 010-62130750

学前教育专业系列教材编委会

本书编写人员名单

主　编　丁连信

副主编　胡志红　王海霞　刘艳珍

参　编　陈瑛琪　李连英　李培胜　刘慧芳

前言

Preface

　　近年来，我国高等职业教育发展迅速，改革日趋深化，在办学理念、人才培养模式、课程体系、教材建设等方面都提出了新的要求。教育部在 2012 年 11 月发布了《关于"十二五"职业教育教材建设的若干意见》，提出要进一步健全机制，编写、出版一大批反映产业技术升级、符合职业教育规律和技术技能型人才成长规律的高质量教材，逐步建立符合我国国情、具有时代特征的现代职业教育教材体系。

　　《学前儿童家庭教育》自 2008 年出版以来，承蒙各高校学前教育专业师生的厚爱，已多次重印，2012 年再版，并于 2014 年列选"十二五"职业教育国家规划教材。为了进一步优化和完善教材的内容，提高教材的质量，在征询了各位编者、有关专家，尤其是部分使用该教材的教师的意见之后，我们对本书进行了再次修订。

　　这次修订的指导思想是：以培养学生的创新精神、实践能力为重点，突出教材的实践特色，遵循理论联系实际、讲学练结合、强化技能训练的原则，力求做到理论性与应用性、操作性的有机结合，增强教材的适宜性和适用性，使修订后的教材进一步贴近生活，方便学生学习和教师使用。

　　本次修订的内容主要有：

　　1）突出教材的高职高专特点，对各章内容进行调整和充实，部分章节调整幅度比较大。力求做到理论阐述符合科学事实和逻辑，事实材料真实可信，确保教材内容的科学性；精简抽象说理的内容，增加操作性的内容和实践案例，体现教材的实用性；更新相关的数据和文献资料，尽量反映家庭教育理论探索与实践研究方面的最新成果，体现教材的新颖性和先进性。

　　2）体现《全国家庭教育指导大纲》的精神，将原来的第六章"特殊类型学前儿童的家庭教育"分解为两章，对"特殊儿童"和"特殊家庭"的家庭教育指导分章阐述，分别增加了情绪行为障碍儿童的家庭教育指导以及流动人口子女的家庭教育指导两节内容。

　　3）增强教材的趣味性和可读性，对各章的体例进行了调整。为了增强学习效果，每一章都增加了"学习目标""家庭教育案例评析""拓展阅读"等板块；结合各章节的内容，增加了有关家庭生活和家庭教育的小案例、小资料和"技能训练"等项目；"思考与练习"也做了更新，重点发展学生学以致用和分析问题、解决问题的能力。

　　参与第三版教材修订的人员有：丁连信、胡志红、王海霞、刘艳珍、陈瑛琪、李连英、李培胜、刘慧芳，全书由主编丁连信统稿。

　　在本书即将付梓出版之际，2015 年 10 月教育部发布了《关于加强家庭教育工作的指导意见》，紧接着，中共中央十八届五中全会发布公报，提出全面实施一对夫妇可生育两个孩子的政策。新政策的出台，必将对家庭生活和家庭教育带来深远的影响，家庭教育理论研究也将面临着新的挑战，"学前儿童家庭教育"教材建设将任重而道远。

编　者

2015 年 12 月

目录

Contents

第一章

家庭与学前儿童家庭教育

【学习目标】

了解：家庭的概念、特征、功能以及家庭的演化过程。

理解：家庭教育的概念和性质以及家庭教育的地位与作用。

分析：学前儿童家庭教育的优势和不足。

家庭教育是人类教育的主要形式之一，它是伴随着一夫一妻制家庭的出现而产生的。家庭是一种以婚姻和血缘关系为基础的社会生活组织形式，它承载着多种社会功能。其中，教育功能是家庭的永恒功能，在家庭的诸多功能中占有十分重要的地位，并因不同的社会形态、家庭形态表现出不同的特征。学前儿童家庭教育是家庭教育的重点，具有其他形式的教育所不具有的优势，对人一生的发展有着巨大的影响。

第一节 家庭概述

一、家庭的概念与特征

（一）家庭的概念

"人人都有一个家"，我们每个人都生活在家庭之中，对家庭有着最切身的体会，但如果要问"什么是家庭"，恐怕千万个人有千万个说法。这一方面是由家庭本身的复杂性所决定的，另一方面也是由家庭不断地发展变化所造成的。在不同历史时期的不同国家和民族中，人们对家庭的认识是不相同的，所形成的家庭概念也是不相同的。要让我们对家庭下一个定义，这是一个看似简单却十分复杂的问题。

我们认为，家庭是由具有婚姻关系、血缘关系或领养关系的人们组成的长期共同生活的社会群体，是人类生活中最基本、最重要的一种群体形式。这就是说，构成一个真正家庭必须同时具备以下4个条件。

第一，家庭是一个群体的概念。它不是指向个体，也就是说，家庭中应该有两个或两个以上的成员。

第二，婚姻是家庭的基础和根据。婚姻构成最初的家庭关系，这意味着由婚姻而结成的夫妻构成了家庭的核心，夫妻关系是组成家庭的第一种基本关系，是判断家庭的第一标准。

第三，由血缘关系或领养关系而构成的父母子女关系和兄弟姐妹关系同样构成了家庭的主要组成成分，这是组成家庭的第二种基本关系，是判断家庭的第二标准。

第四，家庭成员之间应当有共同的生活，有一定的经济联系和特殊的情感交往。

小资料

"家"字释义

在古代中国的先秦文献中，"家""室""户""同居"都是表示家庭概念的名称。在古人那里，"家"的含义有二：一是指亲属同居在一个居住单位，如《易·家人》释文曰："人所居称家。"东汉许慎《说文解字》曰："家，居也。从宀，豭省声。"清段玉裁注："本义乃豕之居也……豢豕之生子最多，故人居聚处借用其字。"二是指共炊共财的生活单位，如《礼记·丧服小记》曰："同财而祭其祖祢，为同居。"在我国"家庭"与"家族"是分开的，不仅用词不同，内涵也不同。家庭指亲属同居共财的生活单位，范围较小；家族则指同宗而非同居共财的血亲群体，范围较大。

（二）家庭的特征

家庭是一种特殊的社会群体，和其他社会群体不同，它具有以下特征。

1. 家庭是最普遍的社会群体

从古至今，世界各国各地都存在着不同形式不同性质的家庭。人人都要在一定的家庭中诞生，每个人都不能与家庭无关，即使是孤儿，也总是由合法的或不合法的家庭所诞生，而且长大以后，就一般趋势而言，总是要组织家庭的。

2. 家庭是最基本的社会群体

家庭是初级社会群体，是社会的细胞，又是社会的缩影。家庭之于社会，正像细胞之于人体一样，整个社会就是由千千万万个家庭共同组成的。一方面，社会的变迁无不影响家庭的变迁，家庭受社会风俗、习惯、法律、道德的影响比其他社会群体大得多。另一方面，家庭的发展变化又会影响社会的发展变化。古人讲"修身齐家治国平天下""一室之不治，何以天下家国为？"都是从家庭着手来管理国家，维护和巩固社会秩序的。

3. 家庭是一个人在其中生活最长久的社会群体

人的一生中，绝大部分时间是在家庭中度过的，人与其他社会组织的关系，没有家庭关系这样长久。

4. 家庭是人生存过程中最早的一种环境

家庭是人降临人间所处的第一个环境，对人的影响最大最深，没有一个人不受家庭的影响，家庭往往在很大程度上影响着人的性格、才能和前途。

5. 家庭可以满足个人多方面的需要

其他社会组织只能满足人们某一方面的需要，而家庭却能满足人们多方面的需要，从生理到心理，从物质到精神，从生产到消费，几乎无所不包，各种需要都可以在家庭中得到满足。

6. 家庭是一个关系最亲密的社会群体

家庭是建立在婚姻关系或血缘关系基础之上的，而且成员之间朝夕相处，具有共同的利益。所以，家庭成员之间的关系，包括夫妻关系、亲子关系、兄弟姐妹关系，情同骨肉，血肉相连，不可分离，这种亲密程度是任何其他社会关系都无法比拟的。

7. 家庭成员之间的权利义务持久而稳定

个人对家庭的责任心和忠心，要比对其他社会组织的责任心和忠心更加强烈和自觉。

8. 家庭成员之间具有强烈的感情色彩

家庭成员间的互动和履行家庭义务，带有强烈的感情色彩，受道德的制约胜于法律，所以一般表现为自觉的行为，不需监督。

9. 家庭是一个世代更替的社会群体

从连绵不断的历史长河来看，从纵的方面来看，家庭是长久的，一代代人总像接力赛跑似地传下去，例如孔子的后代在中国已经传到第 83 代，还是称为孔家。但是从横的方面来讲，每一代人的家庭又都是暂时的，最长不过几十年，然后就被下一代的家庭所代替。

🦛 小资料

家庭的演化

家庭是人类姻缘和血缘关系长期演化的产物。人类家庭的演化史极为复杂，以家庭的起源和历史沿革来看，自人类社会产生到现在，大体经历了血缘家庭、普那路亚家庭、对偶家庭、一夫一妻制家庭 4 个发展阶段。

（一）血缘家庭

人类最初处于性交关系杂乱的原始状态，没有父母、夫妻、子女的区别，没有配偶家庭。在人类长期共同劳动的过程中，逐渐认识到不同年龄的生理差别，出现了按年龄划分的自然分工，便产生了长幼有别的观念。与此同时，由于在生物进化过程中自然选择的作用，人们朦胧地认识到无限制的杂乱性交所生的后代体质不好，影响了种群的繁衍。于是，在自然选择的推动下，人们开始禁止长辈与幼辈之间的性关系。大约在 170 万年前，当人类处于蒙昧时代中期，即人类由原始群向氏族公社过渡的时期，血缘家庭出现了。

血缘家庭是人类家庭发展的第一种形式，也是群婚制家庭的初级形式。其特征是：氏族内部通婚，两性关系的结合是按照辈分划分的，同一辈分的一群男女互为夫妻，没有近亲限制，即使同胞兄弟姐妹之间的性关系也被看作非常自然的事情。因为允许通婚的兄弟姐妹之间有血缘关系，所以称为"血缘家庭"。

血缘家庭形态在世界上早已绝迹了，它是美国民族学家亨利·摩尔根（L. Henry Morgan）于19世纪70年代依据遗留在夏威夷的马来亚式亲属制和群婚的残余推论出来的。不过世界上许多民族中都有兄妹通婚的古老传说。我国就有伏羲和女娲原来是兄妹后来结为夫妻、槃瓠与高辛氏所生的"六男六女，自相夫妻"的传说，这应该不是虚无缥缈的想象，而是古代生活的痕迹。

（二）普那路亚家庭

普那路亚家庭是人类的第二种家庭形式，产生于蒙昧时代的中级阶段，是群婚制家庭的高级形式。

人类经过几百万年的发展，逐渐认识到氏族内部通婚不利于人种的优化，从而逐渐产生了禁止同胞兄弟姐妹之间通婚的观念。同时生产力有了较大发展，人们的居住地变得相对稳定，由于人口的繁衍，一个血缘家庭分裂为几个族团。由于生产和生存的需要，族团之间必须保持一定的合作和联系，并且开始互相通婚，普那路亚家庭就是通过这样或类似的途径从血缘家庭中产生出来的。

最早被发现实行这种家庭形式的是夏威夷群岛的土著人，"普那路亚"为夏威夷语，意为"亲密的伙伴"。这种家庭形式的特点是：氏族之间通婚，两性关系建立在两个氏族之间，即某一氏族的所有男子与另一氏族的所有女子，或者某一氏族的所有女子与另一氏族的所有男子通婚。此后这些女子间不再互称姊妹，男子间不再互称兄弟，而改称"普那路亚"。由这种婚姻关系产生的家庭形式，称为"普那路亚家庭"。在这种家庭中，由于进行非固定对偶的群婚，必然是男子多妻，女子多夫，子女只知其母不知其父。这种家庭形式不仅排除了不同辈分之间的近亲通婚，同时也禁止了兄弟姐妹之间的近亲通婚。美国民族学家摩尔根把这种家庭形式的出现称为"自然选择"的胜利。根据民族学的研究，这种婚姻家庭形式至今还遗留在许多地区的原始部落之中。

以上两种家庭形式都是群婚制家庭，大约存在于人类的蒙昧时期，即以采集、捕鱼、狩猎为生的时期。

（三）对偶家庭

对偶家庭是原始社会母系氏族公社晚期的一种家庭形式，由普那路亚家庭发展而来，属个体婚制，是群婚制向一夫一妻制过渡的形式。

随着原始公社经济的发展，人口密度增大，氏族之间往来频繁，氏族不断禁止血亲通婚，婚姻禁忌越来越多，婚姻范围越来越小，最后只剩下结合得很不牢固的一对配偶了，群婚便开始向对偶婚过渡。对偶婚的产生还因为生产的发展产生了剩余产品，男女交往出现了礼品交换的经济往来，由此巩固了配偶同居。这样就在母系氏族社会的晚期出现了对偶婚，产生了对偶家庭。

对偶家庭系由一对配偶在对偶婚的形式下结合而成，所生子女属母亲所有。其特点是：成对配偶在或长或短的时间内出现了相对稳定的同居关系，即一个男子在许多妻子中有一个主妻，一个女子在许多丈夫中有一个主夫。但男女双方仍分别属于自己的氏族，这种同居关系也很不牢固，男女双方可以自由离开。随着社会生产力的逐步提高，对偶家庭也不断发展。起初，双方都住在自己母亲的氏族中，通常由丈夫到女家拜访妻子，或双方到专为他们建筑的公房中去过夫妻生活，即所谓"望门居"；随着母系氏族的发展，氏族分裂为母系大家庭，丈夫便迁到妻子家中居住，即所谓"从妻居"；至父系氏族制初期，在妻方居住的制度则改为在夫方居住的制度，即所谓"从夫居"。对偶家庭的发展，从人类原始社会时期只知其母不知其父，发展到知其母又知其父，为后来的父系氏族和一夫一妻制家庭的产生准备了条件，这是人类婚姻家庭发展史上的又一个进步。对偶家庭普遍存在于世界各民族的历史发展中，它的遗迹在当代一些不发达的民族中随处可见。

（四）一夫一妻制家庭

一夫一妻制家庭是人类社会随着由原始公有制社会向私有制、阶级社会过渡出现的主要的婚姻家庭形式。在原始社会后期，随着私有财产的出现和男子经济地位的增强，男子掌握了私有财产权，男子已经不满足于传统的母系继承制，他要让自己的子女能够继承自己的财产，这最终导致了母权制的被颠覆和父权制的确立，与此同时发生的就是氏族公社的解体和一夫一妻制家庭的出现。

一夫一妻制家庭是以一男一女结成夫妻关系的一种婚姻和家庭形式，其特点是：男女以财产为基础，实行独占的同居，夫妻关系比较稳定和持久，双方不能任意解除婚姻关系；男子在家庭中占统治地位，即丈夫在家庭中掌握了经济大权，形成了对妻子的统治权，子女按照父系继承财产。一夫一妻制家庭的出现是家庭发展史上的一次质变，是家庭自产生以来的最高形式，正如恩格斯所说，它的最后确立"是文明时代开始的标志之一"。

由于一夫一妻制家庭是建立在私有制基础之上的，男子掌握了经济和其他权力，一夫一妻制家庭从产生时起，实际上就只是片面要求女子实行一夫一妻制，男子则可以公开或秘密地实行多妻制。这种片面的一夫一妻制家庭，实为父权、夫权统治下的男性奴役女性的家庭，在以农业自然经济占统治地位的奴隶制和封建制时代得到充分发展。伴随着现代化大工业生产和现代商品经济的发展，大批妇女走出家庭，参加社会劳动，在经济上取得了独立自主的地位，才出现了真正的一夫一妻制家庭。在真正的一夫一妻制家庭，男女结合不再以财产和其他物质利益为基础，而是以双方的爱情为基础，双方的社会责任和义务关系是平等的，夫妻结婚是自由的，离婚也是自由的，在婚姻存续期间，夫妻必须互相忠诚。这是一种男女平等的婚姻家庭制度。

当今的婚姻家庭形式还比较复杂，我们通常所说的家庭主要就是指一夫一妻制家庭。《中华人民共和国婚姻法》规定：我国"实行婚姻自由、一夫一妻、男女平等的婚姻制度"，这就决定了一夫一妻制的婚姻家庭形式是我国现阶段主导的婚姻家庭形式，它的特点就是：婚姻自由，男女平等。一夫一妻，尊老爱幼。

二、家庭的功能

家庭的功能指的是家庭在人们生活和社会发展方面所起的作用。家庭的功能在不同的历史时期、不同的国家和民族是不同的，但一般来说，家庭最基本的功能有以下几个方面。

（一）生育功能

社会要存在和发展，必须不断补充人口，进行种族的繁衍，家庭承担着为社会发展生育人口的重要职能。人类生育不是两性本能的简单结合，而是通过一定的社会关系，即婚姻和家庭来实现的。生育的前提是受孕，受孕是由性行为造成的，这就必须有两性正当、合法的结合。只有组成家庭的男女结合方可获得社会的认可，只有家庭中生育的子女才是合法的。同时，把性生活限制在夫妻之间，以婚姻家庭的形式来满足人的性欲要求，有利于确立亲子关系，有利于对子女的教育和抚养，有利于建立社会秩序，有利于社会的发展和进步。在当代社会，家庭的生育功能依然存在且也较强大，但在婚育年龄、生育数量、性别偏好等方面已经发生了很大的变化，趋向于晚婚晚育、少生优生、男女平等。

（二）经济功能

家庭在历史上曾经承担过全部经济职能，它曾经是生产、分配、交换、消费的经济单位。到了工业社会，实现了生产社会化，过去以家庭为单位的生产日渐为工厂、农场的社会化生产所取代。但无论在实际社会生活中还是在法律规定上，家庭的生产功能并未完全取消，就我国当前农村的情况来说，家庭在相当程度上仍为一个生产性单位。但是随着科学技术的进步，生产的社会化仍然是不可阻挡的历史趋势，家庭的生产职能终将会消失。在另一方面，即使家庭在生产、交换、分配方面的职能有所转移或变化，家庭的消费功能却依然如故，家庭仍是现代社会中最基本的消费单位。特别是生活资料的消费，主要是以家庭为单位进行的。家庭成员的收入汇集在一起，统一计划、管理和使用，满足全家人员生活开支的需求。因此，家庭的生产功能是历史性的，而消费功能是永存的。

（三）教育功能

对子女进行教育是父母和家庭的天职，是家庭自产生以来所具有的基本职能之一。在古代社会，社会分工不发达，教育的专门化和普及化程度很低，家庭的教育职能十分突出。到了近现代社会，随着专门教育机构的大量出现和国家教育的普及，家庭的教育功能经历了部分转移和弱化的过程，但由于家庭在社会生活中的特殊地位，它在某些方面的教育作用尤其是在儿童的社会化方面的作用，几乎是其他教育机构永远不能替代的。人从刚出生时的一无所知到慢慢地获得与社会文化相一致的价值观念、行为模式，这一过程大部分是在家庭中完成的。儿童通过接受父母的教育，或通过模仿大人的行为，获得待人接物、适应社会的各种观念、规范和技巧。儿童时期所习得的行为、观念，对人的一生都将产生至深的影响，从这个意义上讲，家庭所履行的社会化功能对个人的成长是非常关键的。事实表明，丧失家庭教育和家庭教育不良的儿童在他们的社会化过程中就容易出现某些困难，导致某些消极的后果。可以断定，即使在未来的社会，家庭仍是一个重要的和必要的履行教育职责的单位。

在我国，家庭的教育职能是法定的，《中华人民共和国婚姻法》规定："父母对子女有抚养教育的义务。"目前，由于推行计划生育政策，越来越多的家庭只有一个孩子或两个孩子，父母对子女的期望值越来越高，对子女进行的家庭教育也比过去任何时候都多、都全面，家庭的教育功能一直呈强化的趋势。

（四）精神生活功能

娱乐、休闲、感情交流等家庭精神生活也是长久发挥作用的家庭功能之一。人一生大部分的闲暇时间是在家庭中度过的，家庭是个人精神生活的重要场所。家庭成员之间的亲密交往和情感，是建立在亲缘关系的基石上，具有较为坚实的基础。在家庭中，成员的思想和感情能得到最充分的交流，能充分享受家庭生活所带来的乐趣，得到家庭以外无法得到的精神安慰与寄托。随着社会的发展，越来越多的文化娱乐和健康休息的设施社会化了，许多精神生活可以从社会上得到满足。尽管如此，家庭生活中的天伦之乐、特殊的感情交流却是任何设施和群体所不能替代的，而只有在家庭中才能够得以实现。特别是随着生产力的发展，人的闲暇时间增多，家庭中的精神生活显得更为重要，搞好家庭精神生活，能够促进家庭和睦，有利于新一代的成长，同时也可以激发人们对人生的种种依恋以及工作上的进取精神。在现代竞争日益激烈的社会里，人们对获得家庭的关爱有更强烈的要求。一个人在工作、生活等方面遇到困难、挫折等问题，都希望从家庭得到安慰、鼓励和帮助。

（五）抚养和赡养功能

抚养和赡养功能具体表现为家庭代际关系中双向义务与责任，抚养是上一代对下一代的抚育培养，赡养是下一代对上一代的供养和照顾，这种功能是人类繁衍发展必不可少的保障。

由于人类个体的成长发育有着较长的依赖期，在此期间内生活不能独立，必须由双亲抚养，同时，生理上、感情上也需要双亲的照顾。因此，抚养子女就是家庭的一个重要功能。当子女还没有独立生活能力的时候，父母负有抚养他们的责任，提供其健康成长所需要的住所、食物以及情感的慰藉等，否则他们就难以生存，人类也就难以延续。正如家庭的教育职能一样，在我国，家庭的抚养职能也是法定的。

父母有抚育子女的责任，子女也有赡养父母的义务。人都要走向衰老，这就需要年轻一代在必要时给予赡养。赡养包括满足老年人的物质需要和精神需要，只有同时满足这两个条件，赡养功能才是完备的。赡养老人是家庭的功能，因为只有家庭才能给老年人以经济上的帮助、生活上的照顾、精神上的慰藉。虽然随着社会保障制度的完善，家庭的这类功能部分地由社会承担，但作为社会福利机构的养老院能够给老人以经济、生活上的帮助和照顾，却无法代替家庭生活中的反哺之恩和特有的精神安慰。尊老、敬老、养老是中华民族的传统美德，应该加以提倡和发扬光大。

案例 1-1

有一个富翁醉倒在他的别墅外面，他的保安扶起他说："先生，让我扶你回家吧！"富翁反问保安："家？我的家在哪里？你能扶我回得了家吗？"保安大惑不解，指着不远处的别墅说："那不是你的家么？"富翁指了指自己的心口窝，又指了指不远处的那栋豪华别墅，一本正经地、断断续续地回答说："那，那不是我的家，那只是我的房屋。"

由这个故事不难看出家不是一个简单的概念，而是值得我们每个人深思的问题。家不仅仅是我们居住的地方，它还承载了更多的社会功能。你认为家具有哪些特征才能称之为"家"？

第二节 家庭教育概述

教育是人类特有的一种培养人的社会现象，从广泛的意义上说，凡是有意识地以影响人的身心发展为直接目标的社会活动都是教育，主要有家庭教育、学校教育和社会教育三种形式。家庭教育是教育的主要形式之一，它与学校教育、社会教育共同构成了一个国家完整的教育体系，担负着为社会培养新人的伟大使命。

一、家庭教育的概念

我们要研究和探讨学前儿童家庭教育的规律，就必须首先了解家庭教育是一种什么样的教育，它与其他形式的教育相比具有哪些独特的根本属性。

学术界对家庭教育的界定有许多种，概括起来，主要有广义和狭义两种解释。

广义的家庭教育是指在家庭生活中家庭成员之间相互施与的一种教育和影响。既包括父母对子女、长者对幼者实施的教育，也包括子女对父母、幼者对长者的影响甚至包括父母长者之间、未成年子女之间的相互影响。这种广义的理解强调了家庭成员尤其是父母与子女之间的平等关系，重视子女在接受父母教育中对父母的影响以及对父母教育的反馈过程。父母和其他长者对孩子进行教育的同时，必然也会从孩子的言语行为中获得影响和教育，在这个互动过程中，双方同时经受了陶冶，获得了发展。从这个角度讲，家庭教育就是在亲子互动中父母与子女共同成长的过程。在科学技术迅猛发展、社会急剧变迁的当今时代所出现的"后喻文化""文化反哺"现象，越发明显地体现出家庭教育的这一互动特征。

狭义的家庭教育是指在家庭生活中，父母或其他年长者自觉地、有意识地对子女和其他年幼者进行的教育和施加的影响。在家庭中，由于父母长者所拥有的身份地位以及在身心发展水平、社会生活经验等方面所具有的优势，再加上子女尤其是未成年子女在生活上、在情感和心理上对父母长者的依赖性，就决定了人在家庭环境中的成长主要接受的还是家庭中的长者——主要是父母的教育和影响。虽然家庭教育是一个亲子互动的过程，是父母与子女相互影响的过程，但在这个互动过程中起主导作用的是父母。父母对子女的教育才是家庭教育的主要形式，尤其是在子女走上社会、独立营生之前的这一段时期中。所以，我们在一般意义上所说的家庭教育，指的主要就是家长对子女尤其是未成年子女的教育，其中对学前儿童的教育是重点。

本书的主旨是探讨学前儿童的家庭教育问题，是在狭义上使用家庭教育的概念。

二、家庭教育的性质

所谓家庭教育的性质就是家庭教育区别于其他形式教育的根本属性。根据上一节论述的家庭的特征和本质，家庭有别于其他社会组织，家庭教育也具有区别于学校教育和社会教育的特定属性。

（一）家庭教育是一种私人性质教育

从教育活动的实施形式看，主要有两种不同性质的教育，一种是私人性质的教育，一般是在家庭中通过家长私人实施的；另一种是社会性质的教育，是在社会中通过设立学校和其他教育机构来实施的。

学校和其他社会教育机构都是以为社会提供教育服务为宗旨的。在这样的教育机构中，教育者和受教育者之间仅仅是教育和受教育的关系，不存在血缘和隶属关系。进行这种教育既不是为了满足教育者个人的切身利益，也不是完全按照教育者个人的主观意志去实施。不管他们的举办者是个人、社会团体还是政府组织，也不管是收费还是免费，都必须接受国家公共权力的管理和社会的监督（尤其是来自教育对象及其家长的监督），而不能自行其是。

家庭教育则不同，它是在家庭内由家长实施的个体行为，有很强的独立性和自主性，属于较为典型的"私人"领域。家庭中的教育者和受教育者之间首先是一种血缘和依附关系，其次才是教育和受教育的关系。在家庭中，究竟对子女实施什么样的教育，如何进行教育，要把子女培养成什么样的人，家长有很大的自主权。社会和他人不能随意对家庭进行直接的行政干预，只能采取多种方式进行宣传、渗透和引导。

当然，我们说家庭教育是私人性质的教育，并不是说家庭教育完全独立于社会之外。恰恰相反，家庭是社会的细胞，社会政治、经济和文化的变革必然会通过各种途径渗透到家庭生活中，影响家庭教育的实施。尤其是在现代社会，家庭教育成为国家教育事业的重要组成部分，国家和社会对家庭教育的干预呈现出不断增强的趋势。

（二）家庭教育是一种非正规教育

从教育活动实施的组织形态看，教育有两大类，一类是有严密组织的正规教育，一类是没有严密组织的非正规教育。

正规教育以学校和幼儿园的教育最为典型，它有专门的组织机构，有受过训练的专门的教育者，是一种有组织、有目的、有计划、有系统、有考核要求、有统一标准的教育。家庭教育则不同。家庭不是专门的教育机构，家庭教育不是有组织、有领导、有严密计划的教育；家长一般未经过教育方面的专业训练，也不是专职的教育者，只要生育了孩子，家长自然就成了教育者；家庭教育的目的、内容没有统一的要求，究竟进行什么内容的教育，把子女培养造就成什么样的人，主要由家长主观决定，政府和其他社会组织只能进行指导而无权进行直接的干预；家庭教育没有固定的模式，固定的时间和地点，一般是寓于日常生活之中，随时随地实施的。特别对学前儿童而言，他们主要是通过模仿进行学习的，家庭教育更多的是通过家长在家庭生活中的言行和表率作用来实现的，即使父母本身并没有意识到，那种潜移默化的影响也是客观存在的，而且这种影响是深刻的、广泛的、全方位的。

（三）家庭教育是持续终身的教育

从教育过程实施的持续时间长短来说，教育可以分为阶段性教育和终身教育两类。

一般说来，学校教育和社会教育都是阶段性甚至是临时性的，虽然系统的学校教育要连续实施相当长的时间，但它也只是整个人生历程中的一个阶段。至于各个阶段的学校教育，其实施的时间更为短暂，而且教育者也是经常变换的。如幼儿园、小学、初中、高中等，都是短暂的教育阶段。

家庭教育则不同。它是一种稳定的持久性教育。在正常情况下，家长是不变的，家庭相对于其他社会组织具有很强的稳定性、持久性。家庭伴随着人的一生，从出生、入学到长大成人、走上社会之前，孩子每天都和父母生活在一起，朝夕相处，接受着父母或其他长辈的影响和教育。即使在孩子成家立业之后，做父母的还经常要教导孩子。因此，父母对子女的教育影响具有连续性和永久性，是典型的终身教育。

三、家庭教育的地位和作用

家庭教育在人一生的发展中都会打上深深的烙印，而且在社会发展进程中起着重要作用。

（一）家庭教育对儿童社会化起着奠基作用

社会化就是指个人从不知不识的婴儿，通过学习知识技能和社会规范，取得社会生活和正式社会成员的资格，形成、发展和逐步完善自己的社会性的过程，简言之，就是指"自然人"或"生物人"成长为"社会人"的过程。新生儿呱呱坠地时，只是一个只具有生物特性的生命个体，对自己降临的这个世界一无所知。这个"自然人"若要生存下去，并融入社会，成为合格的社会成员，进而实现人的价值，就必须完成社会化。

家庭是儿童的诞生地，是实现其社会化的摇篮，学前儿童最初的社会化就是在家庭中实现的。家庭为儿童提供了第一次人际交往，第一种人际关系，第一项社会规范，第一个社会角色。在与其他家庭成员的共同生活中，通过向长者尤其是父母的模仿和学习，儿童获得了最初的生活经验、生存技能，获得了对社会的最初认识，逐步懂得了一些最基本的社会规范。所以说，家庭教育为儿童的社会化奠定了最初的、也是最重要的基础。

社会化是一个相当长的过程，它贯穿于人的一生，家庭对人社会化的影响也是持续终身的。但由于婴幼儿和童年时期是人生发展的关键时期，因此，家庭教育对儿童早期社会化的作用是十分重要的，也是其他社会机构无法代替的。人类曾经做过很多尝试，试图替代家庭在人早期社会化中的作用。在以色列的集体农庄，人们就把年龄相仿的孩子分成小组与接受专门训练的成年人生活在一起；苏联也曾经把婴幼儿集中起来进行养育；中国在计划经济时期，也曾经向苏联学习，在各种工作单位设立托儿所。但几乎所有的尝试都是失败的，其他社会机构都无法取代家庭而成为人早期社会化的场所。

（二）家庭教育是一切教育的起点和基础

在我国社会主义教育体系中，家庭教育、学校教育、社会教育是一个有机联系的整体。家庭教育是整个教育体系中不可缺少的一部分。苏联著名教育家苏霍姆林斯基曾说过这样一句话："应当清楚地认识到，任何没有家庭教育的学校教育或没有学校教育的家庭教育都不能单独承担起塑造人这一细致、复杂的任务。"三种形态的教育只有密切配合，才能发挥教育的整体功能，促进儿童的全面发展，为国家培养优秀人才，忽视其中的任何一个方面都会导致教育的失败。

家庭教育和学校教育、社会教育各自有不同的特点和侧重，过去认为学校教育起着主导作用，家庭教育、社会教育是对学校教育的补充和配合，这种认识是不全面的。家庭教育不仅仅起到配角作用，还是一切教育的基础。因为不论是哪种形式的教育，它的教育对象都来自家庭，首先接受的是家庭教育，家庭教育对孩子有先入为主的定势作用。从这个意义上说，家庭教育是学校教育的基础，社会教育又是家庭教育的延续。作为基础的家庭教育，一旦出现失误和偏差，在教育对象身上便形成深深的烙印，很难在学校教育和社会教育中弥补或去除，同时增加了学校教育和社会教育工作的难度，教育者付出很多也常常难以获得良好的教育效果。相反，良好的家庭教育不仅为幼儿园和学校提供优质的生源，为学校教育的顺利实施奠定了基础，而且还可以在很大程度上弥补学校教育的不足。科学史上一些科学家的成长经历有力地说明了这一点，比如达尔文上学时多次受到校长的训斥，由于学习成绩差被称为笨蛋；爱迪生被老师看作没有希望的人，但是由于家庭的温暖、家长的鼓励和教诲，使他们的才能得到了充分地发展，最后成为名垂千古的大科学家。家庭教育对学校教育的补偿作用可见一斑。

（三）家庭教育是推动社会文明进步的重要力量

福禄贝尔说过："国民的命运，与其说是掌握在当权者的手中，倒不如说是掌握在母亲的手中。"这句话深刻地说明了家庭教育在社会发展中所起到的作用。家庭是最普遍的社会群体，是社会的细胞，整个社会就是由千千万万个家庭共同组成的。因此，家庭教育是最具广泛性和群众性的教育，家庭教育质量的高低直接影响着民族素质的高低与国家综合实力的强弱，影响着社会的稳定与发展。中国自古以来重视家庭和家庭教育对社会的重要性。儒家经典《大学》就提出了"家齐而后国治，国治而后天下平"的思想，明确把齐家作为治国的前提条件。这种思想影响深远，并由此形成了中国自古以来重视家庭教育的悠久传统。从一定意义上说，古代中国之所以成为世界上唯一能够在两千年间大体维持统一的广大疆域的国家，中国古代文化之所以能够成为世界上唯一的延续数千年不断的文化，以儒家思想、宗法观念为主要内容的家庭教育功不可没。

现代社会各国都十分重视家庭教育的社会作用，日本就把家庭教育放在令人瞩目的地位，把它视为培养新型国民的重要事业，在日本的经济振兴和社会发展中显示了至关重要的作用。联合国于1994年推行"国际家庭年"，强调家庭在现代文明社会中要发挥提供资源和承担责任的特殊功能，强调家庭对于养育、教育下一代的重要作用。国际家庭年的指导思想和活动主题得到了各国的普遍认同。世界各国都认识到家庭与社会发展的相互联系，并把家庭文明作为社会文明建设的基础，重视家庭教育。

国家卫生计生委发布的《中国家庭发展报告 2014》显示，我国家庭数量达 4.3 亿户，居世界之首。这意味着，数以亿计的家长都担负着抚养教育未成年孩子的责任，肩负着为社会主义建设事业造就接班人和建设者的重担，家庭教育是关系到国家是否后继有人的百年大计。因此，家长不能把孩子视为私有财产，要树立为国教子的思想，端正教育目的，把望子成龙、望女成凤的愿望与国家的利益、社会的要求统一起来。

案例 1-2

一个人一生中最早受到的教育来自家庭，来自母亲对孩子的早期教育。美国一位著名心理学家为了研究母亲对人一生的影响，在全美选出 50 位成功人士，他们都在各自的行业中获得了卓越的成就，同时又选出 50 位有犯罪记录的人，分别给他们去信，请他们谈谈母亲对他们的影响。有两封回信谈的是同一件事：小时候母亲给他们分苹果。

那位犯人这样写道：妈妈问我和弟弟："你们想要哪个？"弟弟抢先说想要最大最红的那个。妈妈听了，瞪了他一眼，责备他说："好孩子要学会把好东西让给别人，不能总想着自己。"我灵机一动，改口说："妈妈，我要那个最小的，最大的留给弟弟吧。"妈妈听了，非常高兴，在我脸上亲了一下，并把那个又大又红的苹果奖励给我。我得到了我想要的东西，从此，我学会了说谎。以后，我又学会了打架、偷、抢，为了得到想得到的东西，我不择手段。直到现在，我被送进了监狱。

那位著名人士这样写道：我和弟弟们都争着要大的。妈妈说："我把门前的草坪分成三块，你们三人一人一块，负责修剪好，谁干得最快最好，谁就有权得到它！"我们三人比赛除草，结果，我赢得了那个最大的苹果。我非常感谢母亲，她让我明白一个最简单也是最重要的道理：要想得到最好的，就必须努力争第一。

启示：

推动摇篮的手，就是推动世界的手。母亲是孩子的第一任老师，可以教孩子说第一句谎言，也可以教他做一个诚实的永远努力争第一的人。

第三节 学前儿童家庭教育的特点

学前儿童家庭教育是发生在家庭的日常生活之中，对出生至入学前的儿童进行的一种早期教育，与幼儿园教育、社会教育相比较，具有不同的特点。一方面，这些特点使学前儿童家庭教育成为教育人的起点与基点，具有其他教育所没有的优势；另一方面，也使其存在着先天的不利条件，具有一定的局限性。对这些优势与不足，我们应该充分了解，做到扬长避短，更好地发挥学前儿童家庭教育的作用。

一、学前儿童家庭教育的优势

（一）早期性与奠基性

学前儿童家庭教育与其他教育相比，具有天然的早期优势。它开始于孩子出生之日（甚至可上溯到胎儿期），是"人之初"的教育，对一个人的智力发展、道德观念的形成、性格的培养具有至关重要的启蒙意义。

学前阶段是儿童身心发展最迅速的时期。家庭的早期教育常常对孩子以后的成长产生持久而深刻的影响，给他们终身的发展打下了不易改变的印记。我国著名心理学家陈鹤琴指出："幼稚期（0～7岁），是人生最重要的一个时期，什么习惯、言语、技能、思想、态度、情绪都在此阶段打下一个基础。若基础打得不稳固，那么健全的人格就不容易建造了。"这一点也可以从"狼孩"的事例中得到证实。狼孩的行为动作、生活习性和狼完全一样，由于错过了人生发展的最佳时期——婴幼儿时期和童年时期，即便是回归社会后对其进行了专门的教育和训练，也很难恢复人性。可见，儿童早期的生活经验，对人一生的发展是非常重要的。而家庭正是儿童成长的初始环境，家长对儿童所实施的教育最具有早期性。因此，家庭教育的影响在儿童身上往往表现出难以磨灭的铭刻性，特别是在良好习惯的培养方面，家庭教育的作用表现得更为明显，正所谓"少若成天性，习惯成自然"，从小养成的良好习惯，常常可以使人终身受益。

儿童对外部世界的认识和了解，性格、品德的形成以及智力潜能的开发都是从家庭教育开始的。儿童出生以后的最初几年，绝大部分时间是在家庭中度过的，这期间，他们在父母那里除了获得自身生理、生活需要的满足外，还从家长的言语、表情中认识外部世界，从家长对社会、对他人、对自己的态度中形成对人类社会的最初印象。以后，他们就是凭借着这种印象，对来自各方面的影响进行选择，包括接受与其意愿一致的，排斥与其意愿相悖的。因此，家庭教育不仅形成了他们最初的早期经验，也培养了他们最初的主观能动性，这不仅成为他们个性发展的主观基础和出发点，也使家庭教育在一个人的成长过程中起着某种先入为主的定势作用，使得儿童在接受其他影响时形成了一种"准备状态"。因此，学前儿童家庭教育奠定了儿童接受其他教育的重要基础。

（二）全面性与广泛性

学前儿童家庭教育不是片面、单一的教育，而是一种全方位的教育。它融合于家庭日常生活之中，内容极其广泛、丰富，凡是与人、人生有关的一切知识，从学吃奶、学吃饭、学走路、学穿衣，到学习伦理规范、社会知识、文明习惯、自然知识、生存技能等，人们都能从家庭教育、家庭生活中学来，简直是无所不包，远远超出幼儿园和社会教育所涉及的范围。可以说，幼儿园要管的，家长要管，幼儿园不管的，家长也要管；社会教育要完成的，家庭教育必须完成，社会教育触及不到的，家庭教育仍责无旁贷。家庭教育如此全面的影响作用是其他教育很难代替的。正是因为家庭教育具有这种特点，所以对一个人的影响非常重大。

全面性与广泛性的第二种含义是指家庭教育十分普遍，它是一种全员参与的教育。在一个社会中，只要有家庭，只要有孩子，就必然有家庭教育。家庭教育是所有父母必须承担的义务。即使不太重视家庭教育的父母，对其子女的影响也是客观存在的。所以，每个孩子从出生之日起，都必然接受家庭教育，每个人的成长都离不开家庭教育的影响。在现代社会，随着家长素质的提高，对子女的教育越来越重视，越来越趋向自觉地有意识地进行。家庭教育越来越成为全社会普遍关注的伟大事业，搞好家庭教育对于社会的稳定和发展意义重大。

（三）自然性与随机性

家庭是儿童天然的学校，家长是儿童天然的老师。家庭教育大量地渗透在家庭日常生活中，通过父母和家庭成员的交往与活动、言谈举止、待人接物、日常家务劳动等来实现，这就决定了家庭教育是伴随自然生活的教育。这也就是说，家庭教育中最经常的、大量的是家长及其他家庭成员在日常生活中自然显现出来的品行、志趣、性格、生活方式等对儿童自觉或不自觉的、潜移默化的影响。这就体现出了家庭教育的自然性。

家庭教育的自然性导致了它的随机性。这是由于家庭教育往往是在不经意的情况下进行的。家庭教育中一般没有明确的教育目标、教育计划和固定的教材，更没有具备专门知识和技能的专职教师，也没有对教育方法、方式的严格、明确的规定和对教育结果的检查与评定。家庭教育不受时间、地点、场合、条件的限制，可以根据儿童的实际表现与发展水平，随时调整教育的内容与方法，"遇物则诲，相机而教"，通过生活实践或与孩子共同参与活动，利用一切可利用的机会向孩子进行教育，方法十分灵活，易为孩子所接受，其效果往往更加深刻。

（四）亲情性与权威性

家庭教育一般是建立在亲子血缘关系的基础上的，这种天然的情感联系是其他任何教育都不具备的。正是这种亲子血缘关系，使家庭教育成为家长对子女所担负的义不容辞的责任和义务，而且彼此间又有着人世间最真挚的骨肉之情，因此，这种教育也就是人世间最无私的教育，家长为了把子女培养成人可以无条件地倾尽全部心血。父母对子女的关切、眷恋和无私的爱也会使孩子受到强烈的感染，这种深厚感情在教育过程中往往能够成为一种神奇的催化剂，使教育的力量得到成倍的增长，从而取得理想的教育效果。正如马克思所说："还有什么比父母心中蕴藏着的情感更为神圣呢？父母的心是最仁慈的法官，是最贴心的朋友，是爱的太阳，它的光焰照耀着我们心灵深处的意向。"在我国历史上，曾留下了"孟母三迁""岳母刺字"等许许多多的美传佳话。家长教育子女永远不会留一手，都愿意把自己所掌握的知识和积累的经验毫无保留地传授给自己的子女。家长都是诚心诚意地对子女的一生负责。

正是因为有了这种血缘和情感的联系，才形成了子女对家长的信赖感和依恋感，进而建立起了家长对子女的权威性。家长是家庭生活的组织者，子女在经济上、生活上、感情上都依赖家长，形成了亲密的依附关系，家庭教育就是在物质供养和深厚的亲子感情密切结合下进行的。在年幼子女心目中，家长具有至高无上的地位，他们十分敬重家长，乐于获得家长的表扬，能自觉地服从家长的管教，这使得家长的教育往往具有强大的感染力和号召力。因而，家长具有一般教育者不可比拟的优势。

（五）持久性与连续性

托儿所、幼儿园的教育是连续不断地进行的，但家庭教育与之相比则更具连续性和持久性。不论是在托儿所、幼儿园还是在以后的学校，孩子经常要升入新的年级、更换新的老师，同一个老师教同一个学生的时间一般不会超过三五年。而且，不同的老师在他们的要求和教育风格上不可避免地会出现一些不一致的现象，于是孩子经常要面临一个由不熟悉到熟悉的适应过程。但是，家庭教育就不同，它是稳定的，不管年级、班级、老师、课程怎样变化，家长的教育方式与风格、家庭的生活环境总是相对稳定的，这种持续、稳定的教育影响，对于孩子良好习惯与性格的培养是十分有利的。而且，家长与子女朝夕相处时间持久，有利于家长全面、细致、系统、深入地了解孩子，根据孩子发展的实际，循序渐进地进行教育。

持久性与连续性还表现在，家庭早期教育的效果是长期起作用的。家庭早期教育给孩子带来的影响不会随着孩子入学或离开家庭独立生活而失效，而是在人的一生中持续地发挥着作用。如前所述，家长在孩子身上付出的心血往往会影响孩子的一生，给孩子终身的发展留下不易改变的印记。因此，任何家庭中的教育都不是对其子女的某一个阶段负责，而是对子女的一生负责，家长教育子女的责任和义务不是一时或短时期的，而是长期的、终生的。

（六）差异性与继承性

每个家庭都是不同的，尤其是在家长素质、家庭生活氛围、儿童的发展特点等方面，不同的家庭差别很大。这就决定了每个家庭对子女的教育也是有差异的。

这种差异性首先表现在，家庭教育是家长对个别儿童所进行的个别化的教育活动，因而具有很强的针对性。"知子莫若父，知女莫若母"，由于父母与子女朝夕相处生活在一起，双亲对子女的情况最为熟悉，最为了解。因而极有利于对孩子进行有针对性的个别化教育。但是在幼儿园目前的条件下，每个老师要同时面对十几个、几十个幼儿，要让每个老师对每个幼儿都做到全面了解并在此基础上做到因材施教的确是一件很不容易的事。而在家庭教育过程中，家长就比较容易做到这一点。在了解孩子、因材施教方面家长具有天然的优势。

家庭教育的差异性还表现在家传、家风的继承性上。正如每个人都有自己的个性特征一样，每个家庭也有自己的家庭个性特征，这就是家传和家风。家传和家风是家庭教育的重要条件和内容。人们在家庭里接受了父祖辈对自己的教育，在自己长大成家立业后，也用同样的教育内容和方式、方法去教育自己的后代，用从父祖辈那里接受影响和教育所形成的思想观点、行为习惯和家庭传统，去影响教育自己的后代，从而实现了家传、家风的代代相传。如在我国宋代，杨继业的爱国精神在杨家就代代相传，成了杨家的家传。家风往往与家庭成员从事的职业有关，自古至今，我国涌现了许多"杏林世家""梨园世家""教育世家"，说明家风、家传往往要延续几代人，甚至于十几代、几十代。

在我国，众多家庭都有着优秀的家风和家传，它们是我国优秀文化的重要组成部分，应该通过家庭教育得到继承和发扬光大。

二、学前儿童家庭教育的局限性

家庭教育是在特定的家庭范围、特定的家庭关系中所进行的一种教育活动，与幼儿园教育相比，也有其自身的先天不足或一些局限性，主要表现在如下几个方面。

（一）家庭教育的条件具有不平衡性

每个家庭都是不同的，家庭教育的条件也是多种多样、千差万别的，并不是所有的家庭都具备教育子女的良好条件。因此，很难保证每个儿童都能受到正确的家庭教育。

首先，由于家长素质参差不齐，并不是所有的家长都能胜任家庭教育。有的家长品德好，修养高，重视子女的教育，也有教育的能力，能够自觉地严格要求自己，努力创造良好的条件，对子女施以良好的教育。但也的确有一些家长素质不高，对子女不负责任，不管不教，或者没有管理教育子女的能力，子女难以受到正确的家庭教育。总体上看，家长所掌握的知识、经验、技能的深度和广度总是有限的。尤其是家长大多不是从事教育的专业人士，其教育水平与教育能力有着很大的局限性。因此，不是人人都能完全胜任对子女的教育职责的。

其次，由于家庭生活条件差别很大，并不是所有的家庭都具有适宜儿童健康成长的良好环境。家庭教育主要取决于家长自身及家庭环境、家庭生活对儿童潜移默化的影响，不同儿童所处的家庭环境、家庭生活是复杂的。从我国当前的实际情况来看，不论是家庭的物质生活条件还是精神生活条件都比以前有了很大的改善，但老问题并没有完全消失，而且还带来了新的问题。例如，部分家庭生活仍然比较困难，不仅影响了对家庭教育的投资，家长为了生计也难以把很多时间和精力放在子女的教育上；有些家庭虽然生活富足，但家长工作社交繁忙，也难有较多的时间和精力与子女相处。家庭物质生活条件改善了，电视、电脑普及了，如果家长不能正确地加以利用和引导，它们也会对孩子的身心带来很大的负面影响。

对子女影响更大的是家庭的精神生活状况，其中，家庭中的人际关系对孩子的影响最大。夫妻之间、父母与子女之间的关系是人世间最亲密的人际关系，家庭成员之间少有戒心，因而思想作风、行为习惯表现得最真实、最充分，成年人尤其是家长身上的一些不良习惯和言行，也会充分地展现在子女面前；孩子在亲人面前也容易撒娇、任性、蛮横，不服管教。家庭成员之间的人际交往也是最频繁的，容易发生各种摩擦和矛盾，处理不好就会造成家庭关系紧张，如婆媳关系不和，夫妻关系紧张，甚至闹分居和离婚等。由于育儿理念不同，父母之间、祖辈与父辈之间对孩子的教育要求常常不一致。这些都对家庭教育带来了不利的影响。

（二）家庭教育的非理性

由于家庭教育一般缺乏科学理论的指导，家长容易感情用事，因此，家庭教育的盲目性大、随意性强。表现在如下几个方面。

第一，教育内容具有片面性。家长的知识面再宽广，能力再强，也不可能教给儿童发展所需要的全部知识和技能，只是把自己仅有的智慧和才能教给孩子，这就使家庭教育在内容上不可避免地产生片面性。有的家长往往是会什么就教什么，干什么就教什么，有什么技艺就教什么技艺，家长的个性、品德素质怎么样，就怎么样来影响、教育自己的孩子，使家庭教育处在自发的水平和盲目的阶段上。有的父母受社会"热点"的左右，功利意识重，盲目跟风，今天社会上重视体育，他们就期望孩子将来当个运动员；明天社会上强调艺术，他们又期望孩子将来当个音乐家，而不考虑孩子自身的特点。由于父母的儿童观、教育观偏差，家庭教育也会出现片面性。如在保育和教育问题上，一些家长过分重视对孩子的养育，而轻视孩子的教育；在孩子的发展上，过分重视对孩子的知识培养和潜能开发，而轻视文明行为和良好习惯的养成；重视孩子艺术技能的培养，忽视审美素养的熏陶等。

第二，教育方法往往缺乏理性。缺乏理智、感情用事是家庭教育的通病。家庭教育是以亲子关系为基础的，其间充满了亲情，如果正确对待和利用，这种亲情关系就成为教育子女的有利因素。但是，这种亲情关系却常常导致家长缺乏应有的理智，遇事感情用事，容易产生种种非理性的教育行为，对孩子时而严格要求，时而娇宠溺爱；时而放任不管，时而又专制有加，使孩子无所适从。正如蔡元培先生曾经指出的："父母闲暇了，高兴了，子女就是有不好的事，也纵容他；忙不过来了，不高兴了，子女就是有好事，也瞎骂一阵，乱打几拳。这又是大多数父母的通病了。"可见，如果父母不能控制自己的感情，父母子女之间的亲情关系就会成为教育子女的不利因素。

（三）家庭教育的封闭性

"鸡犬之声相闻，老死不相往来"，恰当地描绘了中国传统社会家庭生活方式的封闭状态。现代社会，家庭生活与社会生活的联系日益紧密，家庭教育也逐渐由封闭走向开放，但由于家庭本来就是一个较为封闭的社会组织形式，所以，家庭教育仍然具有一定的封闭性。

首先，幼儿家庭教育是在家庭内部进行的，教育的内容、途径、方法和培养目标主要由家长主观决定。一般的家长都希望子女只听从自己的教育，接受自己的影响，按照自己的意志行事，朝着自己所期望的方向发展。但父母的知识经验、智力能力是有限的，家庭的生活内容、生活方式也是有限的，这都必然会使家庭教育局限在某一个范围之内。

其次，随着城市化建设步伐的加快，越来越多的家庭居室走向了独门独户，这在某种程度上也使家庭教育的天地越来越小。有不少家长面对复杂的社会生活和不可控制的社会环境，生怕孩子学坏，关起门来进行教育，企图阻止不良社会环境对孩子的影响；有的家长担心孩子在与伙伴交往中吃亏，害怕孩子之间的矛盾而引起邻里不和，担心邻里的孩子会把居室搞脏搞乱，便限制孩子与同伴的交往。这些做法缩小了孩子的社交圈，必然会阻碍孩子社会化的进程。

家庭对学前儿童来说，是一种不可选择的环境，特别是家庭关系，是天然造就的，不能更改。这就需要全社会尤其是家长必须重视家庭教育，正确认识家庭教育的优势和不足，努力创设良好的家庭环境，提供良好的家庭教育，促进儿童的健康成长。

家庭教育案例评析

80后父母的另类学前教育

如今，宝宝够年龄就上幼儿园似乎是每个家庭的不二选择，甚至有家长提前一两年就已经为孩子上哪家幼儿园操心。然而，有这么一群家长的观念开始悄然发生改变，他们在孩子该上幼儿园的时候，选择了让孩子留在家中，由父母自己教育并照顾。这一群"少数派"的80后父母为何选择这样的另类学前教育？这种教育方式又有哪些优缺点？昨日记者通过走访了解了家长及幼儿园多方的观点。

案例：5岁宝宝一天幼儿园都没上过

宁宁今年5岁，但她却一天幼儿园都没上过。"她现在的生活要比上幼儿园丰富多彩得多。"在佛山一家电视媒体工作的爸爸丁先生告诉记者，宁宁现在主要由妈妈照顾，为了更好地教育女儿，妈妈辞去了在杂志社当编辑的工作。

按照爸妈给她制定的时间表，宁宁现在每天8时准时起床，和妈妈一起做早餐，妈妈在做早饭的时候会给宁宁放一些儿歌。吃完早餐后，宁宁就在妈妈的带领下出去跑步，然后到市场买菜。上午11时多回到家后，妈妈开始做家务，给宁宁安排的课程是画画，或者做手工，又或者练上半个小时的琴。中午午饭后，宁宁开始午睡，下午3时睡醒后，妈妈陪宁宁玩耍，然后吃点小零食。下午4时后，小区其他宝宝陆续从幼儿园回来，妈妈就带着宁宁到小区花园里找其他小朋友一起玩耍。

晚上6时，宁宁吃晚饭，等爸爸回家后就变成"父女时光"，由爸爸带着宁宁在小区附近上兴趣班，或者到小区游泳。晚上9时多，爸爸开始为宁宁讲故事。结束故事时光后，晚上10时宁宁准时睡觉。

为了让宁宁和更多的人群有接触，爸妈一有时间就会带着她到亲戚好友家玩，通过串门来增长见识和增加学习的机会。爸妈还经常到花鸟市场给宁宁买来小宠物，甚至在家里，宁宁还有一片自己的小菜地。

宁宁这样的学前教育生涯到明年才会结束，爸妈计划，在宁宁6岁的时候为其联系一家幼儿园让她再上一年大班，在上小学前再让她适应集体生活，完成顺利过渡。

宁宁爸爸称，选择不送她上幼儿园，主要是当时看了一本孩子教育的书籍，称孩子在6岁前这一阶段，是行为习惯养成最重要的时期，而在这一阶段父母的教育影响至关重要。"我们想孩子在6岁前的教育主动权把握在自己手上。"丁先生称，在宁宁早两年还小的时候，家里对这样的决定也曾有过争议。"特别是家里的老人很反对，认为培养孩子的妈妈大学毕业，工作也不错，自己教就要变成主妇，另外孩子不上幼儿园培养结果如何仍是未知数。"丁先生称，最终他还是和妻子达成一致：自己教。

两年后，丁先生对女儿的表现感觉非常满意。"现在她在电梯里见到人，都会主动叫叔叔阿姨好。"丁先生表示，和同龄上幼儿园的一些孩子相比，女儿显得更有礼貌和有爱心。

观点PK：另类家庭教育好不好？

观点一：在家教孩子针对性或更强

对于现在家长在学前教育阶段的"反潮流"做法，有年轻妈妈表示愿意尝试。"如果家附近的幼儿园确实不大好，那还不如自己教。"家住城南的家长陈小姐称，幼儿阶段老师对小孩的心理养成影响很大。"现在的幼儿园1个班30多个人，最多配3个老师，孩子如果得不到关注和合适的教育，有些甚至产生逆反心理。"陈小姐称。

观点二：同龄人相处机会家里难提供

家长刘先生却对此持观望态度。"首先两个人都要上班，没有这个时间。其次，孩子总是在家里自己玩，不跟其他小朋友交流，对孩子的成长不好。"

惠景幼儿园梁园长分析称，在家的时候孩子得到的是父母无保留的关注和照顾，但在幼儿园，孩子处于一个大集体间，得到老师关注的机会是均等的，这样的环境就会促使孩子要学会和别人沟通合作的技巧，孩子也可以得到模仿同龄人作为参照物学习的机会，而这样的环境家里是不具备的。"

梁园长表示，"虽然家长可通过尽可能多的时间为孩子和其他人提供接触的机会，但相对于有一整天的时间在幼儿园吃住玩，家里能够提供的时间空间其实很可能是不够的。"

专家建议：上小学前上一年幼儿园很有必要

"父母在孩子3～5岁这段时间选择不上幼儿园，自己教育孩子的关键在于要确保孩子与其他群体合作交流方面有足够的时间和空间。""而且这样的教育不能交给保姆或者亲戚，最好还是由父母自己把控。"

在孩子上小学前的一年，非常有必要让孩子上一年幼儿园，让孩子了解在集体生活中如何进行沟通交流。"因为校园生活是非常有规律的，例如一节课大概多长时间，孩子必须要坐下来。"

（案例摘编自《广州日报》2012年9月25日FSA16版）

思考与练习

1. 什么是家庭？它有什么特征？
2. 家庭的功能有哪些？在当今的中国，家庭的功能发生了哪些变化？
3. 如何理解家庭教育的概念和性质？
4. 学前儿童家庭教育有哪些特点？
5. 请比较家庭教育与幼儿园教育的差异性，并分析学前儿童家庭教育的优势和局限性。
6. 5岁的玲玲把几十件积木玩具扔得满屋子都是，妈妈要求她一定要收到盒子里，玲玲不理，最后哭闹到奶奶处，于是奶奶动手收拾起来，但妈妈还是说："小孩子应该自己学会收拾玩具。"后来爸爸对玲玲说："这次就原谅你，我来收拾，你来帮助我，下一回，自己干。"爸爸在盒子里放了5件积木，其他的都藏了起来。第二天，玲玲玩过这5件积木以后自己也收了起来，爸爸又奖给她5件积木。对这件事情你是怎么认为的？

拓展阅读

丁文，1997.家庭学.济南：山东人民出版社.
毕诚，1997.中国古代家庭教育.北京：商务印书馆.

第二章

学前儿童家庭教育的制约因素

【学习目标】

了解：我国传统文化中影响家庭教育的积极因素和消极因素。

理解：影响家庭教育质量的因素及其作用。

分析：良好的家庭教育应具备的条件。

影响学前儿童家庭教育质量的因素是多方面、多层次的，既包括家长自身的条件，如教育素养、道德素养、文化素养、心理素养、教养态度和教养方式，又包括家庭结构、家庭生活方式以及家庭内部的关系。同时，家庭教育还受到社会政治经济因素、本国文化传统和家庭所处的时代特征的影响。有学者认为家长素质在很大程度上决定着家庭教育的成败，又有学者认为家庭生活方式是一种十分重要的家庭教育，而社会大背景对家庭教育的影响也十分关键。

第 一 节 家长自身素质

一、家长的教育素养

（一）家长的教育观念

在家长的各种教育素质中，家长的教育观念是决定家庭教育质量的核心问题。

家长的教育观念通常是指家长在培养子女过程中，在孩子发展、教育等方面所持有的观点，包括人才观、教子动机、教育观等。正确的教子动机是为社会和国家育人的责任感和自豪感。把自己对孩子的关怀、教育和爱护当作社会义务，视教子为义不容辞的责任。

作为一个家长，不仅要有科学的家庭教育观念和期望达到的目标，还需要有丰富的教育知识和良好的教育能力，只有这样才能完成家庭教育的任务。教育具有自身的规律，掌握教育规律并不是人生来就会的，即使具备了某种专业技术，也并不一定具有教育的能力。过去，人们认为一个人只要生理成熟、生殖系统健全，就可以有孩子而成为父母，今天看来这种观点是十分错误的。我国著名教育家陈鹤琴先生早就提出"'做父母'是一桩不容易的事情"，"实在是要有一种专门的技能、专门的知识"。苏联教育家苏霍姆林斯基主张："应当在中学时代就给未来的父亲和母亲以教育学的知识。""没有研究过教育学基本知识的青年公民不应当有成立家庭的权力。"

案例 2-1

谁动了我的面粉

年年（4岁）把厨房弄得一片狼藉，灶台上黑乎乎的，就好像刮过龙卷风。年年兴奋地说他正在给爸爸妈妈做馅饼，可惜面和水的比例总是掌握不好。妈妈一见便怒不可遏，大声吼道："谁允许你动水和面粉了？"之后，妈妈看到了永远不会忘记的一幕：大滴泪珠从年年的脸上滚落下来，落在他乖乖捧着的那个装着黑乎乎面糊的碗里。妈妈突然意识到自己的行为有多粗暴，懊恼地问自己为什么要这样对待孩子，他只是想做些自己认为非常了不起的事情，并且给爸爸妈妈一个惊喜而已。

其实，父母不妨尝试告诉自己用另一种眼光看待孩子的那些坏表现。如果父母总是被孩子无拘无束的童趣而激怒，这对孩子非常不公正，也会给整个家庭笼罩上一层阴云。孩子们每每制造"恶性事件"的后面都有让父母感到惊讶的一面，比如孩子新学到的技能、孩子的探索精神。家长为什么不换种心情、换个角度来看待呢？

（二）家长的教育能力

教育能力是家长在一定的教育观念指导下，运用教育知识在家庭教育的实践中处理亲子关系，分析解决家庭教育问题的能力。学前儿童家长的教育能力主要包括学习家庭教育知识的能力、了解和认识学前儿童的能力、分析和处理家庭教育问题的能力、指导和发展学前儿童的能力、把握教育分寸的能力、协调亲子关系的能力。家长的教育能力是在实际中锻炼出来的，不少年轻的家长认为，只要经常翻阅有关教育子女的报刊、书籍，就能教育好孩子，但是，事实上，有许多教育孩子的能力必须在实践中磨炼、体会，反复思考，才能逐渐形成，教育能力的提高不是一蹴而就的事情。

从学前儿童家庭教育的角度来讲，了解、认识孩子是家长必备的能力，因为不了解孩子就无从关心孩子，也就无从教育孩子。首先，家长要从孩子的年龄特点出发，了解孩子的各种需要，在温饱获得的前提下，学前儿童最需要的是心理的安全感。其次，家长要了解孩子发展身体的需要，这种需要不仅要通过摄取营养来实现，而且需要通过各种身体活动来实现，家长要提供给孩子足够多的活动机会。再次，孩子也有交往的需要，以剥夺孩子人际交往的需要来换取房间的美观整洁、家庭的安静，无论怎样讲代价都太大。最后，成功的体验对孩子来说实在太重要了。它是孩子建立自尊与自信必不可少的条件。父母的正确做法是由衷地赞赏孩子，而不是经常把孩子的缺点与其他孩子的优点进行比较。

（三）家长的教育知识

家长应该掌握基本的教育知识，包括基本的优生知识、学前儿童心理学、学前儿童教育学、学前儿童生理卫生学以及各种文化科学知识。优生知识是指关于如何生育一个身心健康的孩子的科学知识。学前儿童心理学是研究学前儿童心理发展一般规律和年龄特征的科学，家长经常想当然地把孩子视为"小大人"，殊不知学前儿童有与成人截然不同的心理特点。学前儿童教育学是结合学前儿童的身心特点，对学前儿童进行全面、协调教育的科学知识，家长只有学习、掌握了学前儿童教育学的知识，了解并能灵活运用教育原则和方法，才可以科学地教育学前儿童。学前儿童生理卫生学是介绍有机体的生命活动和体内各器官机能发育发展知识的科学，家长只有掌握了生理卫生学的知识，才可以提供给孩子良好的物质生活条件和精神生活条件，合理地指导学前儿童的体育锻炼，保障孩子的身体健康发育。同时，家长还需要掌握广博的文化科学知识，一方面，可以满足孩子的求知欲望，能正确地解答孩子的疑问，另一方面也可以树立家长在孩子心目中的良好形象，掌握教育的主动权，为子女树立热爱学习、热爱知识的榜样。

另外，家长需要不断地学习，更新自己的教育知识。社会在变化，科学在发展，我们在教育孩子上，昨天不明白的知识，也许今天的科学发现已经有了更进一步的解释。教育观念是否需要不断地更新，在今天这个时代，家长已经没有了选择的余地，孩子们已经向家长发起了挑战。社会在变化，子女在成长，家长只有通过学习适应社会的变化，与孩子一起成长。

二、家长的文化素养

（一）家长文化素养的含义

家长的文化素养是指家长所拥有的知识、技术、气质以及文化背景的总和，拥有较高文化素养的父母通常会更加重视子女接受教育的状况，可以通过言传身教和营造家庭文化氛围，使子女养成较好的学习习惯等，进而使其子女能够接受更多更好的教育。姚先国等人的研究表明，父母的受教育情况对子女有影响，父母受教育程度的提高会相应地增加子女上大学的机会。

家庭教育从其现象上看是家庭中父母及年长者对子女、年幼者的教育，而实质上则首先是对父母、年长者的教育，或者说是父母及年长者的自我教育。要教育孩子成才，首先要使家长受到良好的教育。无数事实证明，孩子是父母的镜子。孔子说："正人先正己""其身正，不令而行；其身不正，虽令不从。"

苏联作家巴甫连柯说："一个不读书的家庭，就是精神残缺的家庭。"而一个知识渊博的家长往往是爱学习的家长，他们会给孩子创设一个学习、阅读的家庭环境，他们会给孩子树立一个经常学习、读书、看报的榜样。观察学习是学前儿童阶段最重要、也是最有效的学习方式之一，"染苍则苍，染黄则黄"，正所谓身教重于言教。

（二）家长的文化素养在家庭教育中的作用

家庭是孩子成长的第一环境，父母是孩子的启蒙教师。家长接受教育的类型、层次、所获得的科学文化知识与专业技术水平都会影响子女的教育。学前时期，儿童的好奇心、求知欲极强，他们经常向家长提出各种各样的问题，上至天文，下至地理，大至宇宙，小至分子、原子，无所不包，无所不问。如果家长没有丰富的科学文化知识，就难以应对孩子提出的问题，如果对孩子提出的问题家长经常回答不出，就会失去传授某一知识的最佳时机。由于家长不会或不懂，就会使孩子大失所望，一方面家长的威信会在孩子心目中降低，另一方面，家长给孩子树立了可以不会的榜样，在孩子的头脑中就会形成爸爸妈妈都不知道，我也可以心安理得地不用去学、不去知道。

父母的文化素养作为家庭系统的结构要素，还直接影响家庭的心理环境和学前儿童的发展。正是因为许多家长的知识结构不完善，使得大批孩子心理素质发展与智力发展失衡。家长过分注重孩子的智力开发，反而使孩子的心理发育严重滞后。相反，文化素质高的家长对教育子女更自信，较少表现出溺爱、专制、忽视和惩罚等行为，而是更多地使用说理方法，给予孩子一定的尊重与自由，对孩子心理的正常发展起到了良好的作用。

小资料

父母文化程度与教养方式的关系（%）

文化程度	父亲			母亲		
	民主	宽容	专制	民主	宽容	专制
小学及以下	18.6	32.6	48.8	21.1	45.6	33.3
初中	35.9	31.3	32.8	37.4	29.0	33.6
高中	66.0	21.1	12.8	75.9	10.6	13.5
大学及以上	81.8	8.0	10.2	81.5	7.6	10.9

可见，文化水平越高，采取民主型教养方式的比例越高，而且每一文化层次间的相差幅度较大。相反，文化水平最低的一组采取宽容和专制教养方式的比例是最高的。

（方建移，何伟强，2005. 家庭教育与儿童社会性发展. 杭州：浙江教育出版社：203.）

三、家长的道德素养

（一）家长道德素养的含义

家庭作为社会的一个组成细胞，家长的道德素质、家庭的德育水平是奠定子女品德的基础。人的品德是在社会交往实践中形成和发展的，一个孩子从降生到完全独立地进入社会，有2/3的时间是在家庭中度过的，学前儿童的意识极为单纯，行为习惯不固定，加之他们在生活上对家长的依赖、心理上对父母的信任，就使得家长的行为举止、品德习惯很容易在他们幼小的心灵中留下深刻的烙印。家长注重自身的道德修养，并自觉地对孩子施以正确的道德影响和道德教育，处在学前儿童期的孩子，生理和心理发生了和正在发生着一系列变化，在道德社会化中可塑性很大。接受不良的道德影响，就容易导致道德社会化的失败，造成个体堕落和一定的社会危害。接受良好的道德影响，则会加速道德社会化进程。

父母作为与孩子接触最多、孩子最经常的教育者，其道德人格对孩子的影响更为重要。老舍在缅怀母亲时，深情地说："从私塾到小学，到中学，我经历过最起码有百位教师吧，其中有给我影响很大的，也有毫无影响的，但是我的真正的老师，把性格传给我的，是我的母亲。母亲并不识字，她给我的是'生命的教育'。"

（二）在学前儿童道德社会化过程中家长的作用

1. 认同作用

从学前儿童的认知特点来看，由于各方面发展的不成熟，儿童缺乏客观地认识事物、辨别是非的能力，而对他们的父母则保持着一种依赖的心理状态。父母的言行用道德标准评判无论是正确或错误，孩子往往都会作为正确的、积极的东西加以肯定。从学前儿童的思维方式来看，在很大程度上属于经验型，抽象逻辑思维并没有占优势。在这种情况下，父母作为孩子在家庭中接触最多的成年人，他们的道德人格状况、道德修养水平，往往成为孩子道德认知的标准。父母良好的道德人格、高水平的道德修养，往往会对孩子产生潜移默化的作用。

2. 示范作用

模仿是学前儿童的一个重要心理特点。父母与孩子朝夕相处，孩子在为人处事、言谈举止等方面常常把父母作为自己的模仿对象，所以说父母的道德人格在很大程度上对孩子起了示范作用。比如，朱自清的爱国。在贫困交加的日子里，铁骨铮铮的朱自清毅然拒绝了美国的救济。朱乔森（朱自清之子，原中共中央党校教授）回忆，那时朱自清病得非常厉害，经常是疼痛、呕吐，彻夜不眠。他急需营养和治疗，但是他拒绝了美援，一下子使我们家的生活来源损失了 2/5。穷困和劳累加剧了朱自清的病痛，体重降到 77 斤，最后终于病倒。他最后还叮嘱家人："有件事要记住，我是在拒绝美援面粉上签过名的，我们以后不买国民党的美援面粉。"他的这种品格，对子女的影响很大。

3. 导向作用

学前儿童处于人生的基础阶段，在他们的道德社会化过程中，由无知无识到有了基本的道德规范，已经产生了相当大的飞跃，但尚未达到成熟期，仍有很强的可塑性。在道德认知、道德情感、道德意识、道德观念、道德习惯等方面都可以通过教育而获得、改变和提高，但也会由于教育的不力而出现偏颇。在家庭中，父母的道德人格在儿童道德品质形成过程中起着重要的导向作用。父母们按照自己的道德认识对孩子肯定与否定、赞赏与斥责、奖励与惩罚，孩子将会逐渐地接受这些认识，并变为自己的某种认识和习惯，从而表现出或优或劣的道德行为。因此，父母的道德人格对学前儿童的导向作用不可忽视。曾国藩的家庭教育目的："吾辈读书，只有两事：一者进德之事，讲求乎诚正修齐之道，以图无忝所生；一者修业之事，操习乎记诵词章之术，以图自卫其身。进德之事难以尽言，至于修业以卫身，吾请言之——卫身莫大于谋食。农工商劳力以求食者也，士劳心以求食者也。故或食禄于朝，教授于乡，或为传食之客，或为入幕之宾，皆须计其所业，足以得食而无愧。科名者，食禄之阶也，亦须计吾所业，将来不至尸位素餐，而后得科名而无愧。"

正是有曾国藩这种思想的引导，才有了曾国荃、曾纪泽日后的从政。

四、家长的心理素养

父母的心理素养对儿童的心理健康具有深远的影响。首先，家长是孩子的第一任老师，孩子的性格、情感、意志很大程度上是靠体验、模仿家长的内在和外在的形象逐步发展起来的。因此，家长心理素养的好坏直接影响到孩子的心理，影响到他们将来能否以健康的心态去对待生活和工作。其次，家长的心理素养往往决定着家长养育子女的方式和家庭的精神生活氛围，直接影响着家庭教育的质量，对子女的身心健康影响很大。情绪平稳、心态豁达、行为具有理性的父母，会使孩子的身心得到健康发展，并为他们的健康人格奠基。如果成年人心理不健康，就会在不经意中向孩子传递不健康的思维方式和行为模式。

现代社会，快节奏的生活、高强度的工作、巨大的精神压力，都有可能使得年轻的家长出现心理上的亚健康状态。及时调整自我心理轨迹，为子女展示健康向上的精神风貌，也是为人父母的责任。

从家庭教育的角度看，家长的心理素质应包括以下内容。

（一）敏锐的观察力和正确的分析能力

一个好家长首先应当具有敏锐的观察力和正确的分析能力，善于观察和分析孩子，这是正确施教的前提。家长要善于学习，掌握相关的心理科学、教育科学的常识，了解自己孩子的个性特点，根据孩子的特点恰当施教。更要善于在日常生活中及时了解子女的一言一行，捕捉到各种细微的变化，进行正确分析。切忌以成人的要求为标准，总把孩子往坏处想。对引起孩子变化的主客观原因要了解清楚，切勿主观臆想或道听途说。

（二）稳定的情绪状态和健康的情感

孩子的情感很大程度上是在与家长的相处过程中产生和形成的。一个好家长的情感应该是温和而慎重的，要避免大起大落、喜怒无常，尤其要善于"制怒"，不能把孩子当作"出气筒"。如果家长情绪波动较大，甚至将自己在工作中的不满情绪带回到家中，把孩子当作发泄对象，就会使孩子经常处于一种紧张、恐惧和戒备状态，影响孩子的身心健康和人际交往。所以，家长一定要善于用理智来驾驭自己的情感，努力培养自己的健康情感，努力给家庭创造一个祥和欢乐的心理氛围。同时，家长要在一些具体事情上做出榜样，例如，同情弱小，使孩子从小富有同情心；爱护动植物，使孩子知道生命是珍贵的；夫妻以及其他家庭成员之间关系和睦、互敬互爱，使孩子在家庭生活中时时感受到温馨和谐的爱。

（三）持久的恒心和耐心

一个好家长做任何有益的事情，都应该有决心、有恒心、有毅力，不怕困难，勇于战胜困难，这才能为孩子树立一个好榜样，使孩子知道，做任何事情都要付出巨大的努力，没有辛勤的付出，就没有成功后的喜悦。生活中，每个人都不可避免地遇到痛苦和挫折，有的家长表现出沮丧、情绪低落，从这种家庭走出的孩子往往经不起挫折，遇到困难就畏缩。而有的家长总是满怀信心地对待困难，以乐观向上的态度对待挫折，用自己的聪明才智去克服困难，这样的家庭走出来的孩子无论是在顺境还是逆境中都能以乐观向上的态度对待困难、对待生活。

同样，这种坚强的意志，也表现在对子女的教育上。教育好孩子不是一朝一夕的事。学前阶段的孩子正处在人生的启蒙阶段，他们模仿性强，辨别力弱，可塑性强，自制力弱，既易接受好的影响，也易沾染坏的影响，要把他们教育好，要经历一个长期而又艰苦的过程。家长要有恒心和耐心，不怕反复，要做到循序渐进、持之以恒，还要耐心细致、具体周到。

（四）不断完善的性格

性格特征是有好坏之分的，家长应不断完善自己的性格。虽说性格是一种相对稳定的心理特征，但是并非"江山易改，禀性难移"，人的性格是可以改变的，良好的性格可以培养，不良的性格也能矫正。家长应有一个良好的心态，对自己要不断反省、不断完善，逐渐改造不良的性格，形成良好的性格特征。为此，家长应该努力做到：一要不断提高自己的道德修养，树立正确的人生观；二是要热爱生活、热爱集体、热爱劳动，在日常生活中能够经常保持愉快的情绪、广阔的胸怀，乐观豁达，不以自我为中心；三是富有同情心，待人要宽厚，能经常想到别人，不一时冲动感情用事；四是遇事能客观冷静地分析，理智地进行判断和处理，不固执己见，不主观；五是要自信、坚韧、果断，没有依赖性，勇于克服困难，善于解决矛盾。

（五）健康的兴趣爱好

家长要有健康的兴趣爱好，多参加一些提高自身素质的活动，用以提高生活的情趣和质量，丰富家庭生活的内容，如读书、健身、集邮、养花、养鱼、下棋、欣赏世界名曲、写字作画等，从而引导孩子从小参加健康的文化体育活动，培养孩子的兴趣爱好，塑造孩子美的心灵。千万不要自己什么都没有兴趣，却逼迫孩子培养兴趣，更不要让孩子只停留在仅仅满足吃、穿、用的简单愉悦之中。

（六）自觉减轻心理压力

"养不教父之过"，教育子女成人、成才，是家长的责任，这必然会给家长带来一定的心理压力。心理压力适度，会促进家长重视对孩子的教育；但如果压力过重则将可能导致家庭教育的失误。例如，当参加家长会时，孩子的表现不如别人，不能为家长"争气"时；当跟同事、邻居谈论孩子，或带孩子看望亲友感到孩子比别人差，不能为家长"争脸"时；当孩子受到长辈责怪，说家长管教不严时，都会给家长心理上带来无形的压力。如果再受虚荣心的驱使，将更感到压力沉重，家长很可能在这种"恨铁不成钢"的情况下，情绪急躁，教育子女时方法简单粗暴，造成家庭气氛紧张。因此，家长自身要做好心理调适，自我减轻压力，保持一颗平常心，对孩子要有合理的期望值，不要提一些不切实际的虚高目标，努力在家庭教育中形成宽容的心理环境。

小资料

从具体事例悟出普遍规律　你也可以成为"研究型父母"

在不久前举办的"全国育儿日记群"群友北京笔会上，参与育儿日记点评的专家之一、中国科技大学信息与决策科学研究所原所长、中国科技大学人文学院教授司有和告诉记者："育儿日记是父母的日记，自己的孩子只能是自己教。一个孩子一个样，没有现成的针对自己孩子的方法。具体的、教育自己孩子的家庭教育规律，只能是通过研究自己的孩子和教育孩子的实践才能够被发现。市场上销售的各种家庭教育方法是普遍规律，不是教育你孩子的规律。把普遍规律和自己家庭教育的实践相结合，就是自己的孩子的成长规律。从一个具体的事情出发，悟出了一个普遍规律，这就是'研究型家长'的行为。每位家长只要学着用研究的眼光观察孩子，用研究的思维琢磨方法，用研究的态度审视自己，用研究的笔触记育儿日记，那么，每位家长都可能成为'研究型父母'。"

如何学做研究型父母，司有和教授提出了以下几点建议。

（一）消除自责心理，轻装上阵

目前，相当一部分群友，在日记、在QQ交流中，表现出很大的自卑情绪、自责心理，学习得越深刻，知道得越多，越觉得自己过去的失误太多，越感觉到对不住孩子。这种思想情绪阻碍了家长的继续提高。

一个人不断地看到自己过去做得不合适的地方，这本来是一种认识的提高。但是，心里总是想着过去做得不好，过分自责，就会在内心形成一种挫折感，长此以往，就会失去教育好孩子的自信心。

（二）虚心好学，不懂就问

要学习，要提高，就要不懂就问。

一方面，建立并保持育儿日记群的联系，另一方面每一个人都可以在自己的范围内寻找老师。"三人行，必有我师。"这是真理。在交流中，如果感到和对方交流有许多共通之处，就可以继续保持，相互提高。

（三）有选择地阅读，急用先读

应该读一点教育学、心理学、社会学方面的书籍。

在家教类图书和各种媒介中，要学会选择，不要见书就买。现在家教图书中有一种不正之风：书名起得非常吸引人，可是内容和书名之间名不副实。选图书时，一定要注意书中对家教方法的表述是否具有可操作性，不要过多地追求那种所谓的名言、警句。因为名言、警句虽然很好，但是具体方法，如何实施，并没有阐述，读过之后，只感叹一番，怎么做，仍旧不会。

（四）认真写好育儿日记，多写多改

育儿日记是培养研究型父母的实验室，是研究型父母的载体。

在写的过程中会反思和孩子相处过程中的对与错，得与失，会明白究竟想要什么，也懂得自律和自我的监督。通过写日记提高自己的家庭教育水平，把自己在日记中的认识和思考，落实到自己的家庭教育实践中去，再把家庭教育的实践返回到日记中来，检验和证实自己在日记中提出的理论和方法的正确性。如此不断循环往复，获得提高。

（摘自《中国妇女报》2014 年 5 月 22 日 B3 版）

第二节　家长的教养态度与方式

一、家长的教养态度

（一）家长教养态度在学前儿童家庭教育中的作用

家长的教养态度是家长教育观念、情感的反映，并会转化为教育行为表现在家庭生活中，直接影响孩子的行为。台湾学者朱瑞玲提出："自婴儿时期开始，一直到青少年阶段，父母的教养或纪律方式成为子女人格、认识能力及社会行为发展的基本要素。"教养态度是教养行为的预备阶段，而教育行为则是教养态度外在的实现与完成，态度决定了行为方式。家长的教养态度是家长教育素质众多构成成分的核心，对家庭教育的目标、方向以及家长的教育行为起着制约和指导作用，也是影响家庭教育质量的决定因素，历来为国内外心理学家和教育专家所重视。如果说父母良好的教养态度是学前儿童健康成长的前提和基础，一点也不过分。

（二）学前儿童家长教养态度的类型及其影响

1. 专横、遵循封建旧规

这类家庭常常强调辈分，强调绝对服从父母的意志，学前儿童只要稍有不听从就会受到父母的惩罚。在这类父母的教养态度下，孩子自身缺少自主权，要看父母脸色做事，儿童会形成胆小、自卑的心理，缺乏自信和独立性，或者儿童会暴戾、横蛮、撒谎、逆反心理强，并往往爱在捉弄别人、寻找报复中得到心理上的补偿和平衡。

2. 过分娇宠，有求必应

这类家庭，家长只想为儿童提供无所不到的帮助和保护，想方设法满足孩子的一切要求，甚至是无理要求，对子女只有赞许和肯定，没有批评和惩罚，对子女的不良行为不加以适当引导。父母的权威丧失殆尽，教育无从谈起，同时由于父母过分包办代替，使孩子养成极大的依赖性，形成自私、任性、放肆、易发脾气、好夸口的品性。

3. 放任自流，不闻不问

这种忽略型家庭无论子女想做什么一点也不关心，放任儿童自行发展，对子女的行为没有明确的或者根本就没有要求，对孩子的奖惩往往是随心所欲，没有一定的标准和依据。儿童因为得不到关心和得不到父爱与母爱而产生孤独感，逐渐会形成富于攻击、冷酷、自我放荡的不良品质，常常会有情绪不安、反复无常、容易触怒、对周围的事物漠不关心的心态。

4. 民主型

这类家庭中父母与子女平等相处、随和谅解、互相爱护、关心，父母能多给子女鼓励和诱导，而对子女的缺点、错误能恰如其分地批评指正，并提高子女的认识，使其改正缺点。这样就逐渐培养了孩子对别人坦诚友好、自尊、自立、大方、热情的性格，并能接受批评，经受压力，关心他人，有独立处事的能力。

可见，不同类型的家庭教养态度对学前儿童个性品格、心理素质的形成的影响是不同的。年轻的父母是学前儿童家庭教育的主要承担者，是孩子言行举止的示范者，待人接物的指导者，孩子成长的责任人，因此有责任形成正确的教养态度，使家庭呈现民主、和谐、平等的融洽气氛，才能培养孩子讲责任、讲民主、讲勤奋、讲进步、不骄纵、自尊自强的好品格。

二、家长的教养方式

在家庭教育中，家长教养方式是一个重要的内容。采取何种家庭教养方式对学前儿童进行家庭教育，是家长必须重视的一个重要问题。

家庭教育方式是由家庭成员之间的权利分配和沟通方式决定的，是家庭教育思想观念的真切反映。教养方式与父母的人生观、价值观密切相关，也受当前社会经济、文化、意识形态的影响，它不单纯是由个人知识多寡、文化高低决定的，家长一贯的品德修养、性格倾向、待人接物方式、兴趣爱好都会从中反映出来。

家庭教育方式是指在对孩子的教育中，家长的态度和采取的具体教育方法，是一种相对稳定的行为风格。父母教养方式指的是父母对待孩子的比较稳定的教养观念（如儿童观、教育观、养子观、人生观）和已经习惯了的教育行为。父母教养方式往往具有连贯性。

小资料

国内外家长教养方式之比较

（一）美国学者鲍姆林德提出的学前儿童父母的教养风格

1. 专断型父母

专断型父母在教育子女中表现出对儿童的完全控制和要求儿童对父母的绝对服从。父母是完全正确的，家长的尊严受不到半点挑战，儿童要严格遵从父母的标准。如果需要，父母可能会使用体罚来强迫儿童顺从他们的意志。这种类型的父母，主要是通过奖励和惩罚来控制孩子。孩子没有提问题和与父母商量的机会。

2. 权威型父母

权威型父母会在考虑到儿童的发展阶段和个性差异的基础上，对儿童的行为进行适当的限制。这种教养类型的家长在不损害他人利益和权力的前提下，给孩子一些自由，允许孩子对规则和责任提出自己的意见，并以此来培养儿童的责任感。大多数的美国父母认为自己是这种类型的家长。

3. 纵容型父母

纵容型父母希望子女能有良好的自我管理能力，在这种思想的影响下，家长给了孩子很大的权力，让孩子尽可能地进行自我调控，而不是依赖成年人的控制性训练。

（二）我国学者的家长教养方式研究

我国的教育学者也做过这方面的研究，关颖曾就家长的教养方式做过调查，关颖列出 32 项教育行为，请家长做出符合自身情况的选择。经过对所得数据进行统计分析，归纳出目前家长所采用的 6 种教养方式类型，即溺爱型、否定型、民主型、过分保护型、放任型和干涉型。

1. 溺爱型家长

溺爱型家长把孩子摆在高于父母的不恰当的位置上，过多地满足孩子的各种愿望，包办孩子的一切，家长宁肯自己省一点也要满足孩子，常常因为心疼孩子而迁就他，使得孩子勤劳俭朴的作风较差，而且助长了孩子学习不努力的不良习惯。

2. 否定型家长

否定型家长经常批评、责怪、打骂孩子，对孩子否定多于肯定，管教过于严厉，使得孩子较少接受正面的教育引导，这样不利于孩子的社会道德的养成和学习努力精神的养成，而表现出文明素养较差、个人信用较差、勤劳勤俭精神较差。

3. 民主型家长

民主型家长给孩子自我发展的自由，尊重和信任孩子，并以平等的身份与孩子交流，鼓励孩子上进，这样有利于培养孩子的社会道德规范。而且孩子在和谐的家庭气氛中容易产生发挥自身潜能的动力，在学习上主动性较强，很少有学习不努力的情况。

4. 过分保护型家长

过分保护型家长把孩子围于家长控制之下，经常按照自己的意志为孩子安排学习内容，陪孩子做作业，帮孩子做他力所能及的事情，结果妨碍了孩子独立性的发展和勤劳俭朴道德的养成，同时助长了孩子的不良习惯和不思进取的思想状态。

5. 放任型家长

放任型家长对孩子的独立行为了解较少，甚至对不良行为也不加干涉或过分迁就，孩子缺乏来自于家长的道德规范教育，这不利于培养孩子的社会道德，同时使孩子学习不努力、勤劳节俭精神较差。

6. 干涉型家长

干涉型家庭家长对孩子的日常活动包括看电视、交友等日常活动限制过多，管教过于严厉，使得孩子经常处于被动状态，缺乏自制能力。因而在学习的主动性方面表现较差，学习不努力的情况十分突出。"严厉"的教养方式指的是家长过分重视自己的尊严和权威，总认为孩子年龄小，不懂事，幼稚可笑。他们要求孩子事事处处"听成人的话"，平时不和孩子商量就决定一切。常粗暴地压制孩子的意愿，禁止子女的活动，或当着别人的面粗暴地批评、责骂、体罚孩子，孩子不愿对他们讲心里话，不敢向他们提出特别的要求和问题。

家长正确的教养方式应当考虑以下因素。

1. 信任

父母对子女较为放手，注意培养子女的独立自主精神。在日常生活中常委托孩子一定的任务发展其责任感。重大问题家人共同商量，父母往往提建议而不威逼，让孩子自己选择、决定，即使有错误也让孩子在行为后果中增长其经验和能力。

2. 民主

父母能尊重子女的人格和意见，保护子女的自尊心、自信心，在日常生活中较多和子女交流思想、感情，很少命令强制或包办代替。这样，就能全面地关心子女体、智、德、美诸方面的发展。

3. 宽容

父母应承认儿童和成人有着不同的思维方式和行为特点。接受孩子不成熟、不稳定的心理状态和偶发性的行为过失。对子女的错误或反抗，常采取耐心地说服、分析是非、宽容忍耐的态度，但是不掉以轻心或听任发展，不放弃教育引导他们的责任，关心热爱子女而不迁就、偏袒子女。

案例 2-2

小东去年上幼儿园了，但他妈妈却不解地说，为啥小东在家霸道得像只小老虎，出门却变成了胆怯的小猫咪。在家时，小东讲话很大声，想要什么就得给他什么，还会对外公外婆呼来唤去，有时还会和家人顶嘴。但一到幼儿园，他就像变了个人：低着头不肯和小朋友和老师打招呼。想玩一只毛绒玩具，也不敢和小朋友商量，要妈妈出马替他解决。虽然经过一个学期，他的在外"胆怯病"有所好转，但暑假过完重新上学，他又"旧病复发"。开学第一天，他就躲在妈妈背后，不肯进教室。

分析：有些孩子天生胆子较小，但小东的情况主要还是家长娇惯的结果。据观察，在外胆怯表现较严重的孩子，往往在家中受到过多的宠爱与纵容，与社会的接触欠缺。幼儿园和家中还是有所区别的，有一定的规范要遵守，因此，假期过完小东从家中宽松的环境到幼儿园有秩序的环境，难免不适应。

因此，家长不应让孩子由着性子，或凡事替他包办，应适时放手，让他多到社会上去见识见识。

第三节　家庭生活环境和生活方式

一、家庭结构

因血缘和婚姻而组建起来的家庭，由于其成员之间的关系不同，便有了不同的结构类型。不同的家庭结构类型，会影响儿童的成长和发展。

家庭结构就是家庭成员不同的层次和序列的结合。当今中国社会较有影响的家庭结构类型主要有以下几种。

（一）主干家庭

主干家庭是我国传统的家庭结构形式，随着社会的发展，核心家庭的数量在不断增长，但三代同堂的主干家庭在我国家庭结构形式中还占有相当大的比例。

主干家庭也叫直系家庭，是指父母和一对已婚子女组成的家庭。在我国，主干家庭曾为主要家庭类型，但随着社会的发展，此家庭类型已不再占主导地位，但仍占有较大的比例。在主干家庭中，为数较多的是祖父母外祖父母、父母和其未婚子女三代组成的家庭。三代人生活在一起，人口较多，规模较大，层次比较复杂，家庭生活的内容比较丰富。

儿童在家庭中要和两代的家庭成员交往，扮演子女、孙子女等不同的社会角色，通过观察祖辈与父辈，处理相关的各种关系，学习与锻炼适应社会生活的能力和交往能力。有一些主干家庭中由于祖辈丰富的人生阅历，儿童容易从祖辈那儿习得一些优良的文化传统。在这种家庭中，祖父母有充裕的时间可以协助父母照顾、管理、教育孙子女，学前儿童可以得到更多的爱和更充分的教育。在帮助子女照顾孙辈的同时，家庭中的老人，也需要儿女照顾，这样孩子们就很容易地从父母身上学到关心、照顾老人的好品质。

但是，在主干家庭经常出现隔辈疼爱（是一种溺爱）的现象，由于生活经历不同，也往往会导致父辈与祖辈不同的家庭教育观念，容易使儿童对一些问题形成错误的观点，严重的会使学前儿童形成双重性格。

（二）核心家庭

核心家庭是指由已婚夫妇和未婚子女两代组成的家庭。核心家庭已成为我国主要的家庭类型。核心家庭的特点是人数少、结构简单，家庭成员之间容易相处和沟通，教育者之间思想容易协调，教育观念容易达到一致。子女跟父母关系密切，家长对孩子的身心健康以及学业发展十分关注，教育工作能做到全力以赴，有教育的自觉性和责任感。在这种家庭结构中，子女对家长信任、依赖，对家长的教育容易接受，家长的教育思想能得到贯彻，教育目的能够实现。但是，这种结构的家庭，对子女的成长与发展也有不利的一方面。我们经常在城市中见到"脖子上挂钥匙"的孩子，父母不在家时，就需要这些孩子自己独立处理学习和生活中遇到的问题，尤其是在寒暑假里，父母根本没有足够的时间在学习和生活上照顾孩子，很容易使孩子在思想、学习或品德上出现不良现象。

（三）单亲家庭

单亲家庭又称为缺损家庭，是指夫妻双方因离婚、丧偶而仅有一方同未婚子女生活在一起的家庭。父母缺少一方，现存的一方因丧偶或离异，往往精神上受到极大的打击，严重的还会出现变态心理，情绪不正常。另外失去某一直系亲属，也会直接给孩子带来伤害，从而会造成学前儿童成长过程中严重的负面影响。单亲家庭尤其是离异家庭的儿童在智力、同伴关系、亲子关系、情绪控制等方面，与完整型家庭的儿童相比，存在显著的差异。这主要是因为在父母离婚的最初 18 个月里，父母离婚的阴影会弥留在儿童的心灵里，他们拒绝、生气、失望、悲痛，在这个时期，儿童普遍感到内疚和恐惧——他们为父母的离婚有自己的责任而感到内疚，他们也害怕再次失去他们的新父母。大部分儿童在父母离婚两年后心理调试能力开始改善。但有一些孩子仍然很焦虑，并会产生成年早期的适应困难。

（四）隔代家庭

隔代家庭是主干家庭的一种特殊形式，是由祖父母或外祖父母中的一方与孙子女组成的家庭。

在生活节奏越来越快的今天，不管是在城市还是在农村，由祖父母代替父母承担家庭教育任务的家庭越来越多。农村中的父母远离家庭和子女，到异地他乡打工，经常是一年甚至几年才回一次家；在城市里许多双职工父母迫于生存和发展的压力，没时间和精力带孩子，直接把孩子送到祖父母家中。这种家庭的学前儿童虽然有父母双亲，但是由于长时间得不到父母的疼爱，也很容易受到心理伤害，不能与父母建立良好的亲子依恋关系，不利于学前儿童的良好发展。尤其是在农村，由于农村老人知识能力等的缺陷，对孩子监护不力或缺乏应有的教育能力，导致留守儿童家庭教育缺失，进而形成一系列社会问题，"留守儿童"问题已经引起了全社会的高度关注。

二、家庭经济生活状况

（一）家庭经济生活状况的含义

家庭经济生活状况是指家庭经济收入的多寡，生活水平的高低，家庭收入的来源和支配的情况。家庭经济生活状况与家长的社会地位有直接的关系。

（二）家庭经济生活状况对学前儿童家庭教育的影响

马克思主义认为经济是基础。这个道理对于一个国家来说是如此，对于构成"社会细胞"的每一个家庭来说也不例外。教育是人力资本投资，对教育的投资越多，未来收入也越多。教育经济学家认为，教育首先是一种消费，能否进行这种消费，接受什么质量、等级类型的消费和家庭的经济收入呈正相关。许多研究者发现不同文化家庭背景出身的子女在占有各类教育资源方面存在较大的差异。父母拥有较好的经济生活状况，就意味着他们有较为雄厚的经济支付能力，能够为子女的教育投入更多的资金，从而能够为其子女提供充足优质的教育，使其子女在各级教育机会的竞争中能抢占先机。姚先国等人的研究表明，家庭经济收入与上大学具有很大的关联性。

另外，经济收入的高低会影响父母的自尊、抱负、价值观，并间接地影响他们对子女的期望，从而潜移默化地影响着子女的发展。国外有学者研究发现，那些社会经济地位较低、工作性质是听命于他人的人，由于必须顺应、服从权威才能维持工作稳定，因此在教育孩子时就倾向于强调服从、干净、整齐、尊重权威，认为这些行为特征会给孩子带来帮助和好处；而经济收入较高，工作性质是指挥、管理他人的人，则更强调儿童要有理想、好奇心、要有创造性等。

家庭收入多，生活水平高，虽然不是家庭生活幸福的唯一条件，但是这种家庭里的子女会有一个更加舒适的生活环境，会有良好的营养保障，会有更多的玩具与图书，会旅游与参观，会得到更多的智力投资。贫穷会给家庭带来压力，削弱家庭内的关系，给家庭带来许多日常生活中的烦恼。家庭贫困发生越早，持续的时间越长，对儿童生理和心理发展的破坏也就越大。在农村，贫困家庭仍然为数不少；在城市，由于经济结构调整和经济体制的改革，人们就业受到不同程度的影响，贫困家庭出现增多趋势。虽然家庭经济条件差，生活品质低下，但拥有良好的心理健康和人际关系的城市贫困家庭少年的比例并不低于普通家庭的孩子。由于家庭经济情况比较拮据，贫困家庭的住房条件普遍较差。在拥有独立厨房、独立卫生间、孩子拥有独立房间等方面，贫困家庭都比普通家庭差。家庭经济状况的拮据，使得贫困家庭孩子的身体健康状况明显低于普通家庭子女：普通家庭中身体状况良好的占74%，但在贫困家庭孩子中，这个比例只有57%。家庭经济的困难，还直接反映在家庭教育经费支出水平低于普通家庭上。但经济上的紧张和总体较差的身体健康状况，并没有影响儿童的心理健康状况。我们的调查表明，在心理健康水平、自尊、学校或单位的人际关系等方面，贫困家庭儿童与普通家庭儿童相比并没有显著差别。

三、家庭成员之间的关系

（一）家庭成员之间关系的含义

家庭教育是家庭系统内部互动的过程，家庭系统内部存在各种不同的子系统，如主干家庭的婆媳关系、父子关系，核心家庭内部的夫妻关系和亲子关系等。家庭系统理论认为，每一个子系统都执行着特定的功能，家庭中的每一个成员的行为都会对其他成员的行为、感情带来影响。

（二）家庭成员之间的关系在学前儿童家庭教育中的作用

家庭成员之间的关系在家庭教育中的作用不可忽视，未成年的子女缺乏独立生活的能力，不能脱离家庭、父母而独立生存，家庭成员之间的关系好坏影响到他们能否感受到安全、温暖、快乐。

1. 家庭成员之间的关系直接影响学前儿童的健康成长

许多教育家都认为，儿童在家庭关系比较和谐的家庭环境中发展最好，可以增强家庭成员之间的相互了解，感情亲密，家庭生活幸福，子女会有安全感、幸福感，心情愉快，积极向上。

如果家庭关系冷淡紧张，不仅可以导致学前儿童心情抑郁、苦闷，以至妨碍消化，影响睡眠，有损于身体各组织器官的正常运转，而且还会导致孩子的心理不健康。

主干家庭里的婆媳不和与核心家庭里的夫妻不和，是今天家庭关系中家庭成员不和的最主要表现。婆媳之间既没有血缘关系，又没有婚姻关系，来自不同的生活背景，有不同的生活习惯，在各个方面存在着年龄差异，因此彼此很难适应，容易产生矛盾。但是，对于孩子而言，不管是祖母还是母亲，都是他们十分亲近的人，祖母与母亲之间的矛盾，会使孩子经常感到无所适从，容易使其形成双重性格。

夫妻关系紧张，直接的受害者就是孩子。有相当一部分的父母在婚姻纠纷中，只注意个人感受，对孩子的感情、心理甚至身体的健康都考虑很少，使子女的身心受到很大的伤害。父母的感情破裂，经常争吵、谩骂甚至打架，会给学龄前的孩子很大的刺激，使他们失去了天伦之乐和安全感，年龄小的孩子感觉十分灵敏，这种不幸的刺激会深深地保留在他们的脑海中，成为日后发展中潜在的令人担心的危险。另外，在家庭不安的环境中，子女失去了家庭的温暖和管教，自我控制力无法正常地发展，经常表现出散漫、无组织纪律性。

2. 教育孩子的态度上不一致会导致家庭成员之间的矛盾

在主干家庭里，经常有祖父母与父母在教育学前儿童上出现矛盾的现象。年轻父母如何处理跟老人教育孩子的不一致？应该承认，有些祖父母有丰富的育儿经验：不仅对孩子的身体发育了如指掌，能从容应对头疼脑热，更可贵的是对孩子严爱适度，不娇纵，有利于培养孩子良好的生活习惯、活泼开朗的性格。这些都是隔代教育有利的一面。但现实生活中，能够做到这一方面的老人并不多。

在核心家庭里，也会出现父母教育子女不一致的现象。我国传统文化一贯视"严父慈母"为最佳组合，认为在家庭教育中，父母对子女的教育要求和态度应是一严一松，父亲"扮白脸"，对子女严格要求，态度要严厉；母亲"唱红脸"，对子女以慈爱为主。事实上，这种教育的不一致会对孩子的成长造成许多消极的影响，妨碍学前儿童的健康成长。他们因父母之间的意见不一，认定家庭成员之间关系不协调，进而影响与父母之间的亲情与关系。

四、家庭生活方式

真正的家庭教育渗透在家庭生活每一个环节中，弥漫在每一个家庭的每一天里。具体地说，家庭的生活方式贯穿于孩子日日月月的生活历程，对孩子习惯的养成、品格的形成，起到潜移默化的巨大作用。所以，每个家庭都应当有意识地建立一种良好的、健康的生活方式。

（一）家庭生活方式的含义

家庭生活方式是人们在家庭中的各种生活活动的典型形式。它是家庭成员在长期的共同生活中逐步形成的较为稳定的生活模式。包括家庭生活观念、家庭生活活动和家庭生活条件三个基本要素，三者相互联系、相互影响。家庭生活方式中对子女身心发展有直接影响的因素有：家庭饮食营养习惯、生活起居习惯、消费方式、闲暇利用方式、家庭人际交往方式等。

（二）家庭生活方式对学前儿童的影响

1. 对学前儿童健康状况的影响

世界各国都非常关注家庭生活方式对学前儿童的影响。世界卫生组织（WHO）庄严地向世界宣称："生活方式病将成为全世界的头号杀手""21世纪对人类的最大威胁是生活方式病""大约在 2015 年发达国家和发展中国家的死亡原因大致相同，都是生活方式病"。我国的一项有关儿童健康问题的调查表明，与以往相比，儿童肥胖、性早熟、近视、过敏、龋齿、心理疾病等疾病的发生率日益增加，这些疾病的出现与家庭的不良生活方式有直接的关系。儿童肥胖主要是因为家庭的饮食习惯不好，油腻食品和甜食摄入过多，再加上父母没有良好的运动习惯，闲暇时用于看电视、上网的时间太长。"性早熟"也与饮食有关，不加控制地食用洋快餐、吃用激素催肥的果蔬及过量补钙都会导致儿童的性早熟。今天许多处于换牙期的孩子，恒牙长出来了，乳牙还不掉，原因是孩子吃得过于精细，牙齿、牙床得不到应有的锻炼。龋齿的形成与学前儿童摄入软质、黏稠、含糖量高的食品过多有关。根据北京市的一项调查，3、4 和 5 岁年龄组儿童患龋率分别为 40.3%、52.2%和 60.3%[①]。由此可见，家长更应该重视家庭的营养饮食习惯。

2. 对学前儿童社会交往的影响

家庭生活方式还会影响孩子的社会交往能力。现代社会的发展需要孩子从小具有合群、开朗、自信以及适应环境的能力，而社会交往是他们不可缺少的人际交往方式。通过交往，他们才能与别人进行正常的情感交流，使自己的行为、思想得到别人的理解和尊重，从而形成良好的个性、健康的心理。经常带孩子外出玩耍、旅游的家长，多让孩子与邻居、同伴接触，孩子接触社会多，见识广，社会交往能力也相对较强。

国外目前流行 FUN 的家庭生活方式，对提高人们的健康有良好的效果。FUN 是英文健身、和谐与营养 3 个单词的首字母缩略词，而 FUN 本身也是一个英文单词，意思是"欢乐"。FUN 的具体内容包括以下几点。

F——健身，是指家庭成员每天进行一定时间的健身，一般为 30 分钟，如跑步、散步、跳绳、打球、健美操等。在进行健身活动时，要注意运动量由小逐步增大，运动时间不宜过长，一般每周 3~5 次，运动形式经常变换，以提高运动兴趣，平衡肌体发展。

U——和谐，主要是指一种轻松协调的居家环境，使家人在工作学习之后，从体力和心理上彻底得到放松休息。和谐的生活方式包括：定期的家庭成员聚会与交流，外出旅游、野餐，共同准备晚餐，组织家庭游戏，压缩看电视时间，保证足够的睡眠等。这种家庭成员之间的亲密交流，能解除一天工作、学习的疲劳和烦恼，让身体得到彻底的放松。

N——营养，是指一种合理的营养，其原则是适宜的碳水化合物、中等量的蛋白质、低脂肪，做到既有丰富的营养摄入，又有科学的饮食结构。平时多吃鸡、鱼、豆等动植物蛋白，多吃新鲜水果和蔬菜，少吃油炸等高脂肪类食物及加工类食品，每日食盐应有所控制，不吃太咸的食物。

小资料

功能健全的家庭的特征

美国学者大卫·奥尔森（David Olson）总结了"好的"家庭的特征的研究。他认为

---

① 刘敏，等，2013 年北京市 3~5 岁儿童乳牙龋病患病状况调查报告. 北京口腔医学，2015，23（5）：282-284.

功能健全的家庭一般有以下特征。

1. 家庭自豪感

好的家庭对于每一个家庭成员都是忠诚的。家庭成员之间互相合作，他们以积极的观点看待问题，以积极的方式解决问题。

2. 家庭支持

一个好的家庭对于每个成员都是关爱和理解的。它是一个有利于孩子抚养和成长的环境。在这个环境中，家庭成员的需求都能敏感地反映出来。

3. 凝聚力

好的家庭在依赖与独立之间保持一种健康的平衡。家庭的每一位成员都互相信任和欣赏。

4. 适应性

在今天这个瞬息万变的世界里，健康的家庭还有可塑造性，能够适应社会变化。

5. 交流

良好的交流技巧无疑对家庭的正常运转非常重要，我们要在谈话中考虑相互交流。功能健全的家庭很好地掌握了与他人交流的技巧，尤其是善于倾听。

6. 社会支持

就像家庭成员以家庭为荣、为家庭尽力一样，他们还能积极地加入到社区、邻里、学校等各种场合的实践中去。换句话说，这是他们对社会应尽的义务。功能健全的家庭鼓励它的成员为社会作贡献。

7. 价值观

好的家庭有一个核心的、与目标一致的价值观。这些家庭的父母总是努力通过他们的行为模式来显示家庭的价值观。

8. 欢乐

好的家庭拥有一个欢乐的、自然的、愉快的生活。

第四节 家庭教育的社会历史背景

一、社会政治经济背景

作为社会的一个组成细胞，家庭总是处在一定的政治经济环境之中。家庭生活与社会生活总是存在着千丝万缕的联系，家庭教育势必会受到社会政治经济的影响。

（一）社会政治对学前儿童家庭教育的影响

政治主要是指国家性质、各阶级和阶层在政治生活中的地位、国家管理的原则和组织形式。家庭教育受国家、社会的影响。我国政府历来十分重视儿童的家庭教育，为了提高家庭教育的质量，全国妇联、教育部等部委先后颁布和执行了全国家庭教育工作"九五""十五"计划、"十一五"规划和《关于指导推进家庭教育的五年规划（2011—2015年）》。1997年国家教委、全国妇联针对新时期家庭教育面临的新情况、新问题，联合颁发了《家长教育行为规范》，对新时期的家长教育行为提出了明确要求。1999年，为了丰富家长的家庭教育知识，提高教育能力，"把知识送给家长，把知识变成行动"，全国妇联儿童工作部和全国家庭教育学会组织编写了《现代家长应知应会手册》丛书，从营养膳食、家庭卫生、早期学习与智力开发、情绪情感等各个方面对家庭教育知识进行了介绍，对广大家长普及了家庭教育知识。2010年2月，全国妇联、教育部、中央文明办、民政部、卫生部、国家人口计生委、中国关工委联合颁布了《全国家庭教育指导大纲》，这是在总结多年来我国家庭教育理论与实践经验的基础上，适应家庭教育科学发展的时代要求和家长需求以及儿童发展的需要，经过深入研究论证制定的国家层面的家庭教育指导大纲，是全国各级各类家庭教育指导服务机构和家庭教育指导者开展家庭教育指导的重要依据。

国家和政府的高度重视，有力地推动了全国的家庭教育工作。全国各地普遍加大家庭教育工作力度，扩大家长受教育的覆盖面，广泛开展家庭教育指导和咨询服务，注重家庭教育工作的基础建设，科学的家庭教育知识与方法得到普及，家庭教育水平有了大幅度提高。

（二）国家经济对学前儿童家庭教育的影响

经济是指一个国家国民经济的总称或社会生产关系的总和。教育是经济发展的重要条件，同时其发展规模、水平和速度，又受经济发展水平的制约。党的十一届三中全会以来，随着改革开放的不断深入发展，我国的经济状况越来越好，社会经济的发展，科学技术的日新月异，对教育事业的发展提出了新的要求。只有提高了教育质量、提高了劳动后备军的文化素质，才能适应当今我国经济发展的步伐。家庭教育的发展也必须与经济的发展水平相适应。家庭教育的最主要目的之一就是把子女培养成为社会发展的有用人才，使子女能顺利参加生活和社会生产劳动。不管是在城市还是农村，家长都十分重视家庭教育投资，在学前儿童阶段，家长就把孩子送到各类早教机构，开发孩子的智力，促进孩子的全面发展。不仅如此，随着家庭经济情况越来越好，许多家长还为孩子购买了图书、益智玩具等，在家庭里对子女进行教育和训练。

二、文化传统

文化的基础和核心是哲学，每种文化都体现在这种文化的具体的价值观念、价值取向和思维方式上。而每种价值观念和思维方式又体现在每个民族的生活方式中。因此有些学者把文化定义为是一种生活方式。中国文化也可以说是中国人的一种生活方式。

学前儿童教育与文化无论在形式上还是在内容上都存在着必然的、内在的联系。一般来说，在相对稳定的社会中，社会的文化传统与学前儿童教育大致保持着相对适应和功能互相配合的状态。一方面，一定社会特有的文化传统（包括一定社会的政治指导思想、道德观念、价值取向、风俗习惯、思维方式等）蕴含在整个社会中，渗透在人们生活的各个方面，它强烈地制约着人们对子女的教养方式和教育内容；另一方面，这种特定的教育内容和教育方式又使传统文化在下一代身上得以再生。

中华民族历来重视家庭教育。中国古代以农立国，家庭不仅具有生产和生活的功能，而且具有突出的教育功能，子女在家学私塾中、在父母的言传身教中完成教育。中华民族自古十分重视子女的家庭教育，家教文化成为了中华民族特有的一种文化现象。在中国家庭教育史上，不但出现了孟母断机、岳母刺字这样的教子有方的楷模，而且许多名人、许多家族都立有家戒、家训、家规和家范。早期的记载有《韩诗外传》中关于周公诫子伯禽"礼贤下士，勿恃位傲人"的典故，《国语》中公父文伯之母教诲儿子勤劳勿逸的"母训"，《论语》中孔子教育儿子孔鲤"学礼"的故事等。从秦汉开始，出现了大量的家训著作，如东汉马援的《诫兄子严、敦书》、郑玄的《诫子书》、班昭的《女诫》、蔡邕的《女训》等；三国时有诸葛亮、刘备的《诫子书》，魏晋时有嵇康的《家诫》、陶渊明的《与子俨等疏》，南北朝时期有颜之推的《颜氏家训》，唐朝有柳玭的《柳氏家训》，北宋有司马光的《温公家范》，南宋有陆游的《放翁家训》、朱熹的《家礼》，明朝有被朱元璋赐为"江南第一家"美称的浙江浦江郑氏家族的传世家训《郑氏规范》、曹端的《家规辑略》、袁了凡的《训子言》、朱伯庐的《朱子治家格言》，清代有陈确的《新妇谱补》、曾国藩的《家书》等。这些典籍详细论述了家庭教育的重要性并提供了许多教育计划，形成了中国特有的蔚为大观的家教文化，这些传统家教文化至今仍然发挥着重要影响。

（一）中国传统文化中优秀的家庭教育思想

1. 重视早期教育

我国提倡学前儿童早期教育的思想渊源出自儒家"正本""慎始"的哲学观。《易经》称："正其本，万物理。失之毫厘，差之千里。"因此，我国历来重视对子女进行早期家庭教育，甚至主张"胎教之法"，为子女一生的发展打下良好的基础。比如，西汉的贾谊在《新书·胎教》中就提出要"正本慎始"，须行"胎教之道"；刘向在《列女传》中提出了"慎外感"的主张，重视孕妇对外界事物的感应。在此基础上，唐代著名医药学家孙思邈在《千金方》中，高度重视外界事物和周围环境对孕妇和胎儿的影响，提出了"外象内感"的胎教理论，奠定了我国胎教学说的理论基础。

古人不仅重视胎教，而且认为孩子出生后要尽早对其进行家庭教育。《礼记·内则》就提出了按年龄安排的早期家庭教育计划："子能食食，教以右手。能言，男唯女俞。男鞶革，女鞶丝。六年，教以数与方名。七年，男女不同席，不共食。八年，出入门户及即席饮食，必后长者。"颜之推在《颜氏家训》中认为"人生小幼，精神专利。长成已后，思虑散逸。固须早教，勿失机也。"宋代理学家朱熹在《大学衍义补·家乡之礼（上）》中也指出："人之初生，童孺之时，元气未漓，天真未散，善性未斫，情窦未开。当此时而开导之，则顺而易；过此时而防闲之，则逆而难。"

2. 提倡正面教育

《易经·蒙卦》称："蒙以养正，圣功也。"意思是要对蒙童及时地以正当、正确、正面的内容和方法进行教育。这是我国古代学前儿童家庭教育的根本指导思想。颜之推在《颜氏家训》中说："古者，圣王有胎教之法：怀子三月，出宫别居，目不斜视，耳不妄听，音乐滋味，以礼节之。"以此来说明圣王之家讲究胎教，用优美的音乐对胎儿进行良好的正面教育。宋代程颐在《近思录》中指出："人之幼者，知思未有所至。便当以格言至论，日陈于前，虽未晓知，且当熏聒，使盈耳充腹，久自安习，固若有之。后虽以他言惑之，不能入也。"强调在学前儿童阶段就用格言、警句进行正面教育，对人的一生都会有很大的帮助。及至明代丘濬在《大学衍义补》中指出："古人为教，方其子在胞胎之中，已谨其所感。及其子在孩提之日，尤谨其所示。禀之于初者，纯全而无伪；养之于幼者，端正而无邪。所见必正事，所闻必正声，所视必正色，所言必正理。非但男有教，而女亦有教，非但养其心，而又养其身。"

3. 注重教子做人

德教为本，把行为规范和道德品质的教育放在首位，是我国传统家庭教育的显著特点之一。历代家庭教育论著和各种家规、家范、家戒，无一不是强调"忠孝传世"，把教子做人作为论述的重点，以勉子立德、诫子自立、教子孝亲、训子以俭为教育的基本内容，正如《增广贤文》中说："不求金玉重重贵，但愿儿孙个个贤。"在教育方法上，非常重视父母言传身教的作用。《颜氏家训》中说："夫风化者，自上而行于下者也，自先而施于后者也，是以父不慈则子不孝，兄不友则弟不恭，夫不义则妇不顺矣。"明代学者陆世仪在其《思辨录辑要》中更是强调"教子须是以身率先"。

4. 量力而行，循序渐进

学前儿童教育要从实际出发，按照科学规律进行，必须适合儿童的生理、心理特点。这一点在我国的传统家教文化中也有所体现。孔子提出了"欲速则不达"，孟子也批评了"揠苗助长"的愚蠢做法。王筠在《教童子法》中指出："学字亦不可早。小儿手小骨弱，难教以拔蹬法。"认为幼儿的体力尚弱，不可以识字写字。崔学古在《幼训》中专写"量资循序"一节，谈到："为师父者，不量子弟之资禀，不顾学向之生熟，而惟欲速以求成。不知功夫有序，何可一旦助长？故昔谓教子弟不必躐等，当知循序；不必性急于一时，而在操功于悠久。"

5. 尊重本性，因材施教

孩子的气质、性格、兴趣等个性特征各有不同，家长对子女进行教育要因人而异。孔子在春秋时期就采用了"因材施教"的教育方法。论语中有这样一个故事：子路与冉有向孔子请教同一个问题，听说了一件事，要不要马上去做？孔子对子路说："有父兄在，不可以如此。"对冉有却说："可以去做。"孔子的另一个学生公西华对此发生疑问，孔子解释说："冉有退缩，故鼓励其进取；子路则勇于进取，故使之知有所退缩。"（见《论语·先进》）

6. 慈爱与教育并行

慈爱自己的子女是人之天性，宋代袁采在《袁氏家训》中指出："父母于其子婴孺之时，爱念尤厚，抚育无所不至。"但是如果一味地溺爱，对子女的成长反而不利。在《颜氏家训》中颜之推有这样的论述："吾见世间无教而有爱，每不能然。饮食云为，恣其所欲。宜诫反奖，应呵反笑。至有识知，谓法古尔。骄慢已习，方复制之。捶挞至死而无威，忿怒日隆而生怨。逮于成长，终成败德。"他认为正确的做法应是："当及婴稚，识人颜色，知人喜怒，便加教诲。使为则为，使止则止。比及数岁，可省笞罚。父母威严而有慈，则子女畏慎而生孝。"司马光在《家范》中也明确指出："为人母者不患不慈，患于知爱而不知教也。""爱而不教，使沦于不肖，陷于大恶，入于刑辟，归于乱之，非他人败之也，母败之也。"

（二）中国古代传统家教文化中的消极因素

中国传统文化中积累了丰富的学前儿童教育经验，留下了许多宝贵的遗产，但也有消极的、陈腐的、不科学的内容，因此，我们要辩证地看待我们的传统文化，分析传统家教文化中的不利因素。

1. 传统文化中"万般皆下品，唯有读书高"的思想依然影响着众多的家长

传统的家庭教育中充斥着功名思想，教育的目的就是为了获取功名，光耀门楣。当今许多家长依然过于重视攫取功名的考试，把考大学作为子女未来的唯一出路，对孩子的学业寄予厚望，甚至是不切实际的期望。为了使自己的孩子早成才、快成才、成大才，有的家长盲目地进行"过早教育"和"过度教育"，这里就有一个极端的例子。2005年12月24日，年仅3岁、身高不足1米的郑博，只因不肯识数认字，死在了亲生父母的棍棒下。

2. 家长本位的亲子关系不利于儿童独立意识、独特个性的培养

传统文化中的等级制度把人分成九等，上下尊卑、等级森严。表现在亲子关系上就是"父为子纲"。父亲在家中享有绝对权威，子女必须绝对服从。朱熹在《童蒙须知》中写道："凡为人子弟，常低首听受，不可妄自议论，长上检查或有过失，不可便自分解。"这是家长本位的教育模式，一味强调家长意志，完全忽视子女的意志，扼杀其创造精神和健全的个性。当代的许多家庭仍然把顺从、听话、老实看作好孩子的标准。长期处于这种环境下，孩子时常表现出自信心不足，主动性、独立性、自学性和进取精神差，缺乏强烈的主人翁思想和创新欲望。

3. 传统文化中的中庸之道不利于儿童创新及竞争意识和健全人格的培养

"中庸之道"作为儒学的重要思想，已经渗透到我国传统的家庭教育之中。古代童蒙读本《太公家教》中说："言不可失，行不可亏。他篱莫越，他事莫知……口能招祸，必须慎之。见人善事，必须赞之；见人恶事，必须掩之。"教育孩子从小学会不说对自己不利的话，不做对个人不利的事，学会回避矛盾，明哲保身。这种利己的教育观念不利于培养儿童的创新和竞争意识，不利于培养儿童正直正义的人格。

此外，把子女当作私有财产的观念、重男轻女的观念、崇尚体罚的观念等传统家庭教育观念也根深蒂固，至今在一定程度上影响着现代人的教育思想。我们应该对传统的

家庭教育理论和实践加以总结和研究，汲取其精华，剔除其糟粕，推动我国家庭教育走向科学化。

三、时代特征

近几十年我国实行一对夫妻只生育一个孩子的计划生育政策，因而独生子女比例高，面对家庭中的"骄子"，家长对孩子正常的爱就会蜕变成溺爱，社会也对独生子女的教育给予特殊的关注。人民生活水平逐渐提高，家长有可能把更多的力量用于培养下一代，社会的进步也使人们日益认识到从小培养人才的重要性。在今天这应试的学习环境里培养成功学习的孩子，使得家长很难对课业成绩不在乎。注重孩子的智力开发，已经成为当代家庭最敏感的话题，也是家长们关注最强烈的焦点，因为智力开发的成败关系到孩子将来能否成才，能否达到家长的期望。但是，孩子在这种环境里的压力很大，家长要尽量体谅他们，不要拔苗助长。古人云："大抵童子之情，乐嬉游而惮拘俭，如草木之始萌芽，舒畅之，则条达；摧挠之，则衰萎。"家长不要对孩子期望太高，更不要自己没有实现的理想一定要在孩子身上实现，而不管孩子愿意不愿意，或者有没有天赋。太高的，不合理的期望都只会给孩子太大的压力，而产生对不起父母的罪恶感。不要把成绩看得太重，只要尽力就行，不必老是要求孩子考第一，只要今天比昨天有进步就可以了，打好基础和真的理解远比成绩更重要。

我们身处一个不断变化的社会，"市场"代替"计划"，人们的思想观念、价值观念不断变化。著名的管理学家彼得·德鲁克（Peter Druker）指出：因为信息时代取代工业时代、世界无边的竞争、放权自由的管理模式，"未来的历史学家会说，这个世纪最重要的事情不是技术或网络的革新，而是人类生存状况的重大改变。在这个世纪里，人将拥有更多的选择，他们必须积极地管理自己"。进入社会后，孩子必须自己决定自己的行业、自己的老师、自己的老板、自己的公司，创业还是加入公司，学工还是学商，每一天面临的都是选择。孩子需要独立性、责任感、选择能力、判断力。一个孩子如果长大了还是只会背诵知识，听话被动，等着别人帮他做决定或做事情，那他进入社会就算不被欺负，也不会被重视。孩子要在这样的社会里生存、竞争、成功，就必须学会自主选择。在今天的中国，父母对孩子的关爱特别的深，生怕孩子受一点伤害。所以对孩子更多的是保护，放不开手脚，这样导致了孩子有很大的依赖性，而这种依赖性将会严重影响到孩子的社会适应能力。

我们身处一个飞速发展的时代，一个信息高速发展、知识获得途径空前广阔的时代。学前儿童不仅可以从家长、教师那儿获得知识，还可以通过多种媒体——电视、电脑获得知识。孩子在学前儿童阶段由于电视的显著的感知觉特征而被其吸引，当电视节目中包含了人物的快速走动、特技效果、响亮的音乐、独白或者小孩的声音时，它们往往特别容易抓住孩子的心。许多年轻的家长不去考虑电视对孩子产生的影响，就把孩子推给电视，甚至让电视做孩子的保姆。事实上，电视既可以丰富孩子的知识，开拓孩子的视野，也会使孩子产生暴力倾向，抵不住广告的诱惑形成消费主义。因此，家长要注意合理地让学前儿童收看电视，比如，限制孩子观看电视的时间，规定孩子看电视的内容，不把看电视作为对孩子的奖赏，鼓励孩子收看有意义的节目，就电视内容对儿童进行解释等。如今大多数的城市家庭都拥有计算机，并且连接了互联网，计算机提供给儿童许多有利的学习条件，但同时也引发了人们对儿童和青少年将大量时间用于利用家庭计算机来进行娱乐活动的严重忧虑，特别是玩游戏，速度和动作类游戏虽然培养了儿童注意力和空间能力的发展，但也使一些孩子沉迷于带有暴力色彩的游戏中不能自拔。

这是一个国际化趋势越来越明显的时代，中国与国际的交流、合作越来越普遍，因此，家长眼光要放长远，中国已经走向国际的舞台，在对孩子进行道德教育的时候，家长不仅要培养孩子团结友爱、尊老爱幼、助人为乐、文明礼貌、讲究卫生、不打架、不骂人、勇敢、有错认错、知错就改等品质，更要以国际化的思维方式和价值观念判断生活中的现象，以身作则，从小培养孩子讲诚信、重合作、尊重差异、人人平等等观念，把孩子培养成为一个具有世界胸襟、能与国际友人进行合作与交流的合格的世界公民。

家庭教育案例评析

妈妈敬老爱老　女儿感动津门

主人公自述：

我的家曾经和成千上万的家庭一样平凡而普通，祖孙三代和和美美，"敬老孝亲"是我们家多年传承的优良家风。

孩子的二爷一直生活在我们身边，他患有脑膜炎后遗症，只有两三岁小孩的智商，平时连穿衣吃饭这些琐碎的小事都不能自理，全靠家里人照顾。然而"天有不测风云"，孩子的爷爷又查出患有糖尿病，奶奶被确诊为乳腺癌。为了让公公婆婆安心住院治疗，我和丈夫承担下照顾孩子二爷的全部事情，经常是做好饭趁热送到医院，然后再赶忙回到家照顾二爷，丈夫下班后到医院值夜班，我就带着孩子在家照顾二爷。

人们常说"家庭是孩子的第一所学校，家长就是孩子的第一任教师"，爷爷奶奶对智障弟弟的不离不弃，精心呵护，我们做父母的对长辈孝敬关爱，身体力行，都会潜移默化地影响着孩子。如今，每每从女儿孔德怡的身上，我能欣慰地看到她对我们家"敬老孝亲"这一优良家风的传承。

2011年，孩子的父亲由于劳累过度被查出患有尿毒症。这一消息如同晴天霹雳，给了我们这个本就困难重重的家庭致命的一击。我默默流泪时让女儿看见了，她拉着我的手说："妈妈放心吧！还有我呢！每次您和爸爸照顾爷爷奶奶和二爷时，我都在仔细地看，现在我已经基本上学会了，我可以帮您照料他们！"

特殊的成长环境让女儿早早学会了独立。德怡知道奶奶因为做过手术，提东西很困难，和奶奶出去买菜时，一定要帮奶奶提篮子。一次，篮子里的硬物把德怡的腿划得伤痕累累，奶奶想抢过来提着，德怡硬是护着篮子不给，坚持提回了家。虽然没有同龄人那样的安逸生活，但德怡却从不抱怨。

女儿德怡早早地就学会了照顾家人。身高不够，她就站在凳子上炒菜，帮我做饭。家里有人睡了，她会悄悄地过去帮他们盖上被子。患有脑膜炎后遗症的二爷，常常情绪失控。每当这时，是德怡耐心地哄他，陪他说话。有一次，德怡所在的学校在配送的午餐中放了一块马蹄酥，她知道爸爸爱吃，自己就没舍得吃，而是悄悄把它收好，放学回家时给爸爸带了回来。

或许是因为我与孩子的父亲对三位老人的不离不弃，才让女儿有了敢于直面困难的勇气和能力，让她在逆境之中收获了成长。

今年才9岁的女儿在学校里也会不遗余力地帮助同学，做事情不计较个人得失，尽自己的力量帮助需要帮助的人。坐公共汽车时，见到老人上车，她会主动让座；在小区里也经常帮老人家推车，帮邻居取报纸；学校开展爱心捐款活动时，她都会积极参与，多次被学校授予"爱心大使"称号，特别是在去年12月天津市举办的第三届感动津门十大孝亲爱心学子的评选中，女儿斩获这项殊荣。《今晚报》《天津新闻》《都市报道60分》，天津北方网、优酷网等多家媒体对此进行了专题报道。

我相信，坚持正直做事、孝敬老人、友善待人，给孩子做一个好榜样，孩子在她成长的过程中一定会把这份正能量不断地回馈给社会，回馈给身边需要帮助的人。

案例评析：

这个家庭曾经是一个祖孙三代的六口之家，温馨和睦、幸福美满。然而在家庭遭受接二连三的打击中，妈妈身体力行"敬老孝亲"，为孩子树立了学习的榜样，在母亲不断的影响下，今年才9岁的女儿学会了正直做事，友善待人，不仅悉心照顾患病的爷爷奶奶及智障的二爷，同时会主动帮助社区老年人买菜、送报纸，2013年底被评为"感动津门十大孝亲爱心学子"。这充分说明了，家长自身的素质是决定家庭教育质量的关键。

（摘编自《中国妇女报》2014年5月29日家教周刊B1）

思考与练习

1. 你认为影响家庭教育的最主要因素是什么？说明理由。

2. 有许多生活在父母文化水平不高的家庭中的孩子，顺利地考上了大学，而又有许多生活在父母文化水平很高的家庭里的孩子，却与大学无缘，你如何解释这种现象？

3. 小东是一个活泼可爱的5岁男孩，与爸爸妈妈、爷爷奶奶住在一起，平时妈妈工作很忙，每天很晚回家，也没有心思关心他。虽然奶奶很疼小东，但他还是渴望能引起妈妈的关注。随着年龄的增长，小东发现做错事更能引起妈妈的关注，所以就不断闯祸。每当做了错事被妈妈打，虽然身上疼痛，心里总是得意妈妈还是在意自己的。所以小东会在幼儿园里打小朋友，在家里欺负疼自己的奶奶，甚至拿刀吓唬奶奶，其实小东这么做都是为了引起妈妈对自己的关注。请以小东为例，分析在主干家庭中，母亲应该怎样更好地承担起家庭教育者的角色？

4. 2010年6月，嘉兴市营养协会与秀洲区教育文化体育局联合发布了《秀洲区幼儿园中小学营养状况调查报告》，指出"这次营养调查反映出来的最大问题就是：营养过剩与营养不良在少年儿童中并存，'小胖墩'和'豆芽菜'的比例占到了总数的一半以上"。幼儿中"小胖墩"表现尤为突出，幼儿园孩子体质指数高于正常水平的比例达到了 34.9%。请结合家庭生活方式对幼儿健康的影响，给这些"小胖墩"的家长提出合理的建议。

拓展阅读

赵忠心，2013．中国家庭教育观察．北京：学苑出版社．

缪建东，2001．家庭教育社会学．南京：南京师范大学出版社．

第三章

学前儿童家庭教育的
目的、任务和内容

【学习目标】

了解：学前儿童家庭教育的目的。

理解：学前儿童家庭健康教育、认知教育、社会教育以及艺术教育的内涵。

掌握：学前儿童家庭教育的任务与内容。

相对于有组织、有计划的幼儿园教育，学前儿童家庭教育的随机性、随意性比较强。但是，同幼儿园教育一样，学前儿童家庭教育也同样肩负一定的教育目的，承担一定的教育任务，承载相应的教育内容。

学前儿童家庭教育的目的是家庭教育活动的起点和依据，也是家庭教育实践活动的归宿。明确的学前儿童家庭教育目的，是确定教育内容、选择教育方法、评价教育效果的重要依据。缺失了家庭教育的目的，家庭教育的任务和内容将无从选择；缺失了家庭教育的任务和内容，家庭教育的目的将是一纸空文，无从实现。

第一节 学前儿童家庭教育的目的

教育活动是一种理性引导之下的有目的的活动，学前儿童家庭教育作为一种教育实践活动，当然也不例外，它应该有目的、有计划地进行，并且与幼儿园教育、社会教育紧密结合，为国家培养全面发展的创新型人才。不管学前儿童的家长是否意识到自己对孩子的教育目的，家庭教育的目的都是客观存在的，只是有些家长比较明确具体，有些家长则比较模糊笼统。

学前儿童家庭教育目的确定的依据是多方面的，但主要是社会的发展需要和人的发展需要。首先，教育目的是从社会的角度提出来的，反映了一定社会对学前儿童的要求，它要根据一定社会的政治、经济、文化、科学技术发展的要求和状况进行确定，学前儿童家庭教育目的必须首先服从整个社会的教育目的。另外，家庭教育由各位家长具体实施，学前儿童的家长依据自身的经验和需要对教育价值做出选择。因此，家长的文化素养、职业、兴趣、社会阅历乃至个性特点、家庭所处的社会环境等诸多因素都会影响学前儿童家庭教育的目的。

学前儿童家庭教育的目的是家庭教育的中心问题，早已引起了世界各国的广泛关注。综合世界各国对教育目的的总要求，学前儿童家庭教育的目的可以表述为：家长充分利用家庭优势和社区资源，创设良好的家庭环境，对学前儿童施以多种影响，培养学前儿童良好的生活习惯和自理能力，增强体质，激发认知兴趣，提高认知能力，掌握社会行为规范，塑造良好个性品质，发展审美能力，促进学前儿童身心全面、和谐、健康地发展。

🐚 小资料

各方对"学前儿童家庭教育目的"的解读

联合国第 44 届大会提出教育儿童的目的应是：（A）最充分地发展儿童的个性、才智和身心能力；（B）培养对人权和基本自由以及《联合国宪章》所载各项原则的尊重；（C）培养对儿童的父母、儿童自身的文化认同、语言和价值观、儿童所居住国家的民族价值观、其原籍国以及不同于其本国的文明的尊重；（D）培养儿童本着各国人民、族裔、民族和宗教群体以及原为土著居民的人之间谅解、和平、宽容、男女平等和友好的精神，在自由社会里过有责任感的生活；（E）培养对自然环境的尊重。

我国政府也格外重视学前儿童家庭教育的目的这一关键性问题，在不同的历史时期提出了不同的要求。《中国儿童发展纲要（2011～2020 年）》提出了 2011～2020 年的总目标是：完善覆盖城乡儿童的基本医疗卫生制度，提高儿童身心健康水平；促进基本公共教育服务均等化，保障儿童享有更高质量的教育；扩大儿童福利范围，建立和完善适度普惠的儿童福利体系；提高儿童工作社会化服务水平，创建儿童友好型社会环境；完善保护儿童的法规体系和保护机制，依法保护儿童合法权益。

我国各省市依据各地的具体情况，制定了符合各地实情、富有地方特色的学前儿童家庭教育大纲。例如，北京市 1997 年制订了《北京市学前儿童家庭教育大纲（3～6 岁）》，规定：学前儿童教育要实行保教结合的原则，进行体、智、德、美全面发展的教育，促进孩子身心和谐发展。学前儿童家庭教育要通过家庭生活和家长的言传身教，着重于良好品德和行为习惯的培养。同时，学前儿童家庭教育要充分考虑孩子的年龄特点与发展规律，注重科学性，有效地促进孩子身心健康成长。

第二节　学前儿童家庭教育的任务和内容

通过家庭教育，家长把子女健康发展所需具备的优秀的品质、渊博的知识、丰富的生活经验，潜移默化地传授给他们。原则上讲，学前儿童家庭教育与幼儿园教育的目标是一致的，因此在教育任务和教育内容上也是与幼儿园教育相互配合、相互促进、共同发展的。参照目前幼儿园教育的任务和内容，结合目前我国学前儿童家庭教育的具体现状，学前儿童家庭教育的任务和内容主要包括：学前儿童家庭健康教育、学前儿童家庭认知教育、学前儿童家庭社会教育、学前儿童家庭艺术教育。并且，在各个不同的层面和不同的年龄阶段，学前儿童家庭教育的具体任务和基本要求也不尽相同。

一、学前儿童家庭健康教育的任务和内容

学前儿童健康教育是根据学前儿童身心发展的特点和需求，保持和促进学前儿童身心健康的系统性教育活动。健康是学前儿童的幸福之源，离开健康，学前儿童就不可能尽情玩耍、专心学习，甚至无法正常生活。学前儿童的健康不仅可以提高学前儿童的生命质量，而且为其一生的健康打下了坚实的基础。

（一）学前儿童家庭健康教育的内涵与价值

学前儿童家庭健康教育是指家庭成员对学前儿童进行的以身心健康为主要内容的教育。健康，按照世界卫生组织所下的定义，包括"身体、心理和社会适应三方面的完满状态，而不仅仅是没有疾病或虚弱现象"。2001年9月开始实施的《幼儿园教育指导纲要》也明确规定："树立正确的健康观念，在重视幼儿身体健康的同时，要高度重视幼儿的心理健康。"无论是原始的健康思想还是世界卫生组织的健康定义，都为健康注入了生理、心理等多层面的内涵。

学前期作为个体成长与发展的起始阶段和终身教育的奠基阶段，健康教育构成了该时期家庭教育最重要的组成部分。因为个体的健康存在是保证个体全面发展的前提，是一切活动的前提与保障。学前儿童家庭健康教育的目的不仅是为了提高学前期儿童的生活质量，而且是为个体一生的发展打基础，它对儿童的发展具有独特的教育价值。

1. 增强学前儿童的体质

学前儿童家长为孩子创设和谐、舒适、丰富的家庭环境，提供丰富的营养、充足的睡眠、合适的衣着，借助各种活动方式进行身体锻炼，发展孩子爬、走、跑、跳等的活动能力，促进全身的新陈代谢，加速血液循环，促进骨骼的生长发育，从而促进孩子身体机能的和谐发展，保证孩子身体健康发展和正常的生长发育，增强孩子的体质。

2. 促进学前儿童认知的发展

学前儿童认知经验少、自立性差、自我保护意识相对欠缺。因此，通过家庭健康教育活动可以让学前儿童在积极主动的探究活动中真正地理解和掌握健康知识。比如家长在和孩子一起玩球的过程中，不仅提高了孩子的身体协调能力和自控能力，而且孩子在探讨如何有效控球（怎样把球踢得更远、怎样把球踢得更准确）的过程中，也提高了注意力、观察力、想象力等。因此，我们说多样的健康教育活动可以有效地促进儿童认知的发展。

3. 促进学前儿童社会化的进程

学前儿童家庭健康教育在促进学前儿童身体健康发育的同时，对学前儿童社会化的发展也有着积极的影响。世界卫生组织在1982年召开的"健康教育的新任务和新的工

作方案"座谈会的总结中指出：实现新的改革，要求在选择重点对象上与过去有所不同，在特定的生活方式下，无论劝阻或者鼓励哪种行为，都必须把力量集中到习惯形成的最早场合，以家庭为工作重点。家庭是儿童实现社会化的最初场所，儿童早期的社会化行为首先是在家庭中获得的。

4. 促进学前儿童审美能力的发展

学前儿童身体的生长发育会受多种外在因素的影响，处理不善，会造成身体组织和器官在形态与功能方面的不良发展，如视力斜视、身高不符标准、体重不符标准（过轻或过重）等。与此同时，学前儿童在健康教育的过程中习得良好的生活习惯、学习自理能力，需要意志努力，表现出意志美；关心社区环境，表现出公德美；与他人和谐相处，感受着情感美。因此，学前儿童家庭健康教育在帮助学前儿童创造和体验身体美的同时，还培养学前儿童的审美能力。

（二）学前儿童家庭健康教育的主要任务和内容

学前儿童家庭健康教育的主要任务和内容主要包括以下方面。

1. 为学前儿童创设良好的家庭生活环境

家庭生活环境对个体的影响非常深刻，对学前儿童来说，影响更为深远。家庭是学前儿童成长的摇篮，也是他们主要的生活场所，再加上学前儿童的可塑性比较强，家庭生活环境对他们的身体发育、行为习惯、心理健康等各方面的影响极为深刻。因此，我们应特别注重为学前儿童创设一个良好的家庭生活环境，以提高家庭教育质量，促使学前儿童更加全面、和谐、健康地发展。家庭生活环境主要包括物质生活环境和精神生活环境两大方面。

家庭物质生活环境包括家庭衣、食、住、行的条件等，它们的优劣会在一定程度上影响学前儿童生理以及人格的健康发展。学前儿童身体生长发育迅速、可塑性大，但是身体器官和神经系统尚未发育完全，身体形态结构没有完全定型，比较娇嫩柔弱，抵抗力也相对较弱，容易受到外来伤害。学前儿童生长发育的特点决定了家长必须精心照顾孩子，其中一个极其重要的方面就是家长为孩子创设良好的家庭物质生活环境。比如，儿童寝室、活动场所要保持良好的环境条件，做到室内空气流通，温度湿度适宜。长时间生活在门窗紧闭、有暖气和空调环境下的儿童，免疫力低下，更容易染病。另外，家庭物质生活环境对学前儿童良好生活习惯和健全人格的发展也具有重要影响。比如，单就家庭住房的整齐清洁来说，一般情况下，整洁、有条理的环境不仅使孩子感觉心情愉悦，同时也有利于他们从小养成良好的生活习惯。相反，污浊杂乱的环境，则会使孩子心情烦躁，容易养成松懈、懒惰的不良习惯。

家庭精神生活环境主要指家庭成员的品德修养、行为规范、家庭成员之间的关系、兴趣爱好等。良好的家庭精神生活环境非常有益于学前儿童身心的健康发展，因此，我们应注重优化家庭精神生活环境，为学前儿童创造有利于健康成长的家庭精神生活环境，让孩子拥有一个温馨、健康、快乐的成长氛围。家庭成员之间应该互相尊重、互相关爱，父母之间要互敬互爱，既不要在孩子面前大声争吵，也不要在孩子面前过分亲昵；还要尊老爱幼，邻里团结。同时，更重要的是，父母对子女的爱应当严爱有度，既要在情感上给予爱抚、同情和鼓励，又要有所节制，避免过分放纵。由于学前儿童自我调控能力差，常会犯下许多"过错"。这时家长应该理解他、体谅他，帮助他分析原因，让他知道以后应该怎么办，而不是简单粗暴地批评、埋怨甚至恐吓。比如，当孩子帮父母扫地而越扫越脏的时候，父母应该给他演示正确的扫地方法，并且尽可能给他提供适合学前儿童身体发育水平的清洁工具，而不是简单地禁止他参加家务劳动。如果孩子生活在欢乐、和谐、有序的家庭精神生活环境中，他们会产生温暖感和安全感，能够顺利地适应生活中的各种要求，顺利地解决生活中遇到的困难。

2. 培养学前儿童良好的生活习惯

学前期是生理、心理发展的重要时期，也是生活习惯形成的关键期。良好的生活习惯对学前儿童的健康成长十分重要。俗话说："五岁成习，六十亦然。"这一说法虽然有些夸大，但是，学前期养成良好的生活习惯确实能让个体终身受益。良好的生活习惯不仅会影响学前儿童的身体健康，而且对学前儿童自信心、意志力以及交往能力等方面的培养都具有重要影响。比如，有的孩子玩完玩具后，总是由家长收拾，自己从不动手，养成做事虎头蛇尾，无法善始善终的习惯。

良好的生活习惯包括饮食习惯、睡眠习惯、卫生习惯、劳动习惯等。饮食习惯主要包括：正确使用餐具，独立进餐；文明进餐（细嚼慢咽，不呲嘴等）；不挑食、不偏食、不剩饭；定时按量喝水，口渴时随时喝水等。睡眠习惯主要包括：按时睡眠、起床；独立安静睡眠；掌握正确的睡姿等。卫生习惯主要包括：饭前便后正确洗手，早晚刷牙，饭后漱口等。劳动习惯主要包括：自己能做的事情自己做；爱惜劳动成果；帮父母干些力所能及的家务活等。家长应注重在培养学前儿童良好生活习惯的过程中培养他们独立生活的能力。

🐋 小资料

如何培养儿童良好的生活习惯

1. 重视幼儿良好个人卫生习惯的养成

幼儿的个人卫生包括用眼卫生、口腔卫生、饮食卫生、个人整洁等多方面的要求。当前上海市区幼儿的视力不良，农村幼儿的龋齿率高已成为突出问题。

城市大多数家长虽然重视孩子眼睛的保护，但望子成龙，望女成凤，自觉不自觉地加重了孩子的用眼负担；有些家长对龋齿缺乏常识性了解，认为"乳牙不好没关系，还可换牙"，持无所谓态度。

0～6岁的儿童视力逐年增加，到六七岁时，视觉系统基本发育完全。3岁幼儿的视力达到0.5～0.6，6岁时正常视力已达1.0。所以幼儿时期的视力保健非常重要，千万不能忽视。幼儿龋齿如不及时治疗，极有可能造成日后恒牙排列不齐。甚至有些孩子由于长期用一侧咀嚼，从而造成面部发育的不对称，影响了孩子日后的正常生活。幼儿的视力保健和牙齿保健与他们的良好个人卫生习惯密切相关。

家长在家中要避免让幼儿连续长时间观看电视、玩电子游戏；要多做户外运动；

进行阅读活动的场所要保证足够的照明，保持正确的阅读姿势，不过近、过远或躺着看书；定期检查幼儿视力并及早做好不良视力的矫正；教育幼儿适当地控制甜食特别是不在临睡前吃糖；坚持饭后漱口，早晚刷牙，并学会正确的刷牙方法，养成良好的个人口腔卫生习惯。

2. 培养幼儿的自理能力和劳动习惯

幼儿的劳动习惯包括自我服务、适当家务劳动和参加公益性劳动，它的养成从形成自理能力开始。当前幼儿自理能力普遍较差，家长的包办代替、教育方法简单、缺乏耐心和只重结果轻视过程的做法，直接影响幼儿自理能力的培养，制约了幼儿劳动习惯的养成。

不能形成自理能力将直接影响孩子今后的生活、工作和才能的发挥；幼儿自理能力培养和劳动习惯的初步形成完全取决于家庭中家长的做法和要求。

家长要放手让幼儿去做力所能及的事情，即使初期出现些反复也要坚持下去；要根据自己孩子的实际情况，提出具体的要求和做法；可在日常生活中，采用游戏、奖励等多种方法，鼓励幼儿去尝试和完成。

（摘自《上海市 0～18 岁家庭教育指导内容大纲》）

3. 培养学前儿童坚持体育锻炼的兴趣和能力

体育锻炼可以促使学前儿童的肌肉有节律地收缩和放松，促使神经中枢有节奏地兴奋和抑制，还可以改善中枢神经的灵活性和均衡性，可以改善学前儿童的体质，增强自身免疫力，并在体育锻炼中逐步培养学前儿童坚强、勇敢的性格，促进学前儿童身心全面、健康、和谐地发展。因此，家长应尽可能地让学前儿童多接触阳光、新鲜空气，并利用上下楼梯、走路等多种方式锻炼孩子的身体，与他们一起进行走、跑、跳、散步等活动，锻炼孩子的速度、耐力、协调性、灵敏性等。

开展体育锻炼时应注意以下问题：首先，根据学前儿童的生理特点，有计划、有步骤地逐步开展。由于学前儿童的肌肉、骨骼、心血管、呼吸系统、神经系统的功能尚未完善，所以家长应注重积极锻炼和适当保育相互结合。其次，体育锻炼必须持之以恒。因为机体必须经过多次反复刺激，才能在大脑皮层产生兴奋灶，并逐渐增强适应能力。最后，注意体育锻炼时的安全问题。比如，所用器械必须牢固、光滑；周围环境要安全，要尽量避免污染源，如充斥废气的马路、充满器械声的活动场所；孩子情绪不佳时也不要勉强活动。

4. 注重学前儿童心理的健康发展

学前儿童的心理健康是指学前儿童的心理发展达到相应年龄组儿童的正常水平，情绪积极、性格开朗、无心理障碍、能较快适应环境。心理健康是学前儿童全面和谐发展的有力保证。但是，许多调查显示，我国学前儿童心理健康状况不容乐观。据对内蒙古学前儿童心理健康的调查，幼儿在情绪、性格、社会适应、行为、交往、饮食与睡眠等方面不同程度地存在心理健康问题，有 1/3 的幼儿存在不良习惯，随着幼儿年龄增长，存在的问题有增多的趋势[①]；对珠海市 4～5 岁学龄前儿童行为问题的调查表明，在被调

---

① 王星，2002. 内蒙古学前儿童心理健康的现状调查与分析. 内蒙古师范大学学报（教科版），5.

查的 1022 名儿童中有行为问题者为 192 名，总检出率为 18.8%[1]；对长沙市在园幼儿问题行为的调查表明，幼儿问题行为的检出率为：饮食问题 21.19%，睡眠问题 11.47%，行为问题 9.08%[2]。不过，学前儿童心理健康问题多属发育障碍和行为障碍，大多数心理健康问题是儿童发育过程中出现的问题，通过良好的教育，随着儿童身心发育成长会逐渐消失。早期家庭教育是影响学前儿童心理健康的重要因素之一，家长对学前儿童心理的健康发展起着至关重要的作用。因此，我们应特别注重学前儿童心理发展的家庭辅导。

孩子成长的每一阶段都有相应的心理发展目标。家长要懂得孩子心理发展的每个阶段的特点，并且给予正确的引导，以促进孩子心理的健康发展。对孩子心理发展的辅导不仅仅是帮助孩子具备适应社会的良好心理品质，更重要的还在于充分发挥孩子的潜能和创造性，让孩子的个性得以良好发展。

学前儿童心理发展的家庭辅导内容包括以下几个方面。

（1）人格辅导

培养孩子对爱的感受能力，接受愉快的情绪体验；在与同伴、师长交往、交流时，懂得基本的交往原则，对尊重、正直、合作、宽容、帮助等良好交往品质有初步的体验；喜欢自己，乐于自我体验和自我探索；有日渐发展的对真善美的感受能力和判断能力，并能学习以此来衡量别人和自己的行为；有乐于自主选择，做出决定并努力去实现的倾向和初步的能力等。

（2）生存辅导

引导孩子在养成良好的生活习惯的同时，逐步形成积极、健康的生活方式；乐于探索、体验多方面生活，并从中发现生活的美好；能平静地接受生活的复杂性，并有相对正确的判断和选择，有初步的安全自我保护意识和自主自立意识；培养初步的责任感。

（3）学习辅导

在激发孩子对周围世界强烈的好奇心的同时，在日常生活中了解事物现象间的简单关系；培养学前儿童积极地、尽快地掌握口头语言，形成主动与别人交流的良好习惯；为学前儿童提供丰富的玩具，激发孩子的求知欲。

100 个孩子就有 100 种发展模式。学前儿童心理发展的家庭辅导不是要把孩子纳入某种发展模式，而是要引导孩子在发现世间万物，包括发现自我的同时建立起一种积极健康的态度和看法。

学前儿童心理发展的家庭辅导只能由家长来承担，别人不能代替。学前儿童时期是儿童心理发展的重要时期，错过了这个时期，也许就会给孩子留下一生的遗憾，因此，家长必须尽早承担起这个神圣的职责。

为做好学前儿童心理发展辅导，家长应做以下准备。

（1）认识环境

人是在与环境的相互作用中发展的，学前儿童心理发展的家庭辅导不可能在真空中或在特意设定的小环境中进行。所以，家长首先要对孩子的生长环境有较为全面深入的

① 梅文华，张燕，等，2003. 珠海市 4～5 岁学龄前儿童行为问题的研究. 中国儿童保健杂志，4.
② 刘国华，张桂英，2003. 在园幼儿问题行为调查. 邵阳学院学报（社会科学），1.

了解，有尽可能正确的分析和认识。如孩子身边的传统文化环境，哪些是优良的，哪些是不健康的，如何扬弃。这里有观念上的认知，有生活方式上的继承和批判。又如孩子所处的时代特点、发展趋势，人的生存环境和变化，科技迅猛的发展，都要求学前儿童心理发展的家庭辅导在动态中不断地进行调整，既要因地制宜，又要有发展的眼光。

（2）认识孩子

学前儿童心理发展的家庭辅导的基点是承认孩子是一个发展的主体，而不是任人"塑造"的客体。所以，认识孩子首先是认识孩子成长的身心规律，按规律引导，而不是凭主观意愿行事。其次要认识孩子的个性特点，根据孩子的特点，灵活运用各种方法，使孩子在原有的基础上得到更好的发展。

（3）认识自己

作为学前儿童心理发展的家庭辅导实施者的家长，本身的自我认识和自我教育非常重要。家长一方面在明确自己职责的同时，提高自己的教育意识，时时注意到自己的言行；另一方面还要不断提高自己的心理素养，并根据自己的个性特点和实际情况扬长避短，选择经过努力可以实现的目标并付诸行动，以提高对孩子辅导的实效。

小资料

增强幼儿的抗挫能力

现在家庭大部分是独生子女，大部分家长给孩子过多过细的照顾保护，造成幼儿依赖性强，自觉性和独立性差；有些家长在教育观念上存在偏差，重智轻德，重知识轻能力，尤其是对幼儿的应付挫折能力的培养重视不够；还有些家长对挫折教育持歪曲的态度，认为挫折教育就是通过谩骂、罚站等方式与孩子对着干，让孩子服输。所有这些现象都是造成幼儿应付挫折能力普遍较差的原因。

挫折伴随着孩子成长的每一步。家长可以有意识地让幼儿受点苦和累、受点挫，使幼儿明白人人可能遇到困难和挫折；教育幼儿敢于面对困难、挫折，并提高克服困难的能力。抗挫能力的增强不仅是时代发展的需要，也有利于幼儿的身心发展。

家长应给孩子树立面对挫折时的良好榜样并积极暗示孩子；充分利用现有条件，利用图画、文学作品、影视作品等传播媒介达到教育的目的；让孩子在各种实践活动中体验生活、经历挫折，为孩子创设一定的情境，给孩子提供更多的锻炼机会，如有意识地拒绝孩子的一些要求；当孩子遇到挫折时，家长要以肯定、鼓励的方式引导孩子，并在鼓励幼儿独立思考、独立操作的同时，给予必要的帮助。

（摘自《上海市 0～18 岁家庭教育指导内容大纲》）

（三）实施学前儿童家庭健康教育时应注意的问题

1. 从学前儿童的实际情况出发

学前儿童的实际情况是开展家庭健康教育的前提和基础。学前期包括胎儿期、婴儿期、幼儿期，每个时期的儿童分别具有不同的生理特点和心理特征，家长应根据各时期儿童的特点实施适宜的健康教育，切忌拔苗助长。同时，每个孩子都是与众不同的，家长必须依据每个孩子的个性差异因材施教，保证每个孩子健康、快乐地成长发展。

2. 因地制宜，积极创造条件

家长在实施家庭健康教育的时候应根据各自家庭的特点、家庭所处的社区环境等各种具体条件，因地制宜，充分利用一切自然资源和社会资源，为孩子创造丰富适宜的健康教育条件。比如，就开展体育锻炼而言，南方可以多利用水，北方可以多利用冰雪；沿海可以玩水玩沙，山区则可以爬山。家长还可以就地取材，甚至是废物利用，为开展体育锻炼创设物质条件。比如，废旧的饮料瓶子可以作为孩子脚下的球、手中的"手榴弹"等。

3. 悉心照顾学前儿童和培养学前儿童的独立生活能力相结合

结合学前儿童身心发展的特点，对其生活予以悉心照顾是完全必要的，我们要高度重视和满足学前儿童受保护、受照顾的需要。同时还要尊重和满足他们不断增长的独立需要，避免过度保护和包办代替，鼓励并指导他们自理、自立的尝试。只有教养结合、养中有教、教中有养、教养并重，才能在保证学前儿童身心健康发展的同时，逐步培养和提升其生活自理能力。

二、学前儿童家庭认知教育的任务和内容

学前期是智力发展、智能开发的黄金时期，个体发展的关键期多在学前期。例如，2～3岁是儿童口头语言发展的关键期；4～5岁是儿童学习书面语言的最佳时期，这一阶段，儿童掌握词汇的能力发展最快；儿童掌握数的概念的最佳年龄是5～5.5岁等。学前儿童对外界的刺激特别敏感，容易接受外界信息。家长应把握早期教育的重要时机，掌握孩子学习的关键期，依据学前儿童好奇好动、求知欲旺盛的特点，给予适时适当的教育，充分发展孩子的智力，开发孩子的潜能，促进孩子认知的发展。

（一）学前儿童家庭认知教育的内涵与价值

学前儿童家庭认知教育主要是丰富学前儿童的知识经验，激发求知兴趣，培养学前儿童动手、动口、动脑的能力，促进其认知能力发展的教育。学前儿童家庭认知教育对于学前儿童乃至个体一生的健康和谐发展具有独特的教育价值。

1. 促进学前儿童智力的发展

美国著名心理学家布鲁姆认为：如果把一个人17岁时所达到的智力水平看作100%的话，那么，从出生到4岁就获得了50%，4～8岁获得30%，余下的20%则是8～17岁期间获得的。学前儿童家庭认知教育依据学前儿童生理心理发展的特点，培养学前儿童的注意力、观察力、记忆力、想象力、思维能力等，促进学前儿童智力的发展，对个体一生的发展都具有深远的影响。

2. 促进学前儿童社会性的发展

学前儿童家庭认知教育在对学前儿童进行科学启蒙、认识周围世界或者是进行语言训练、提高语言驾驭能力的过程中，学前儿童的社会适应能力也得到了有效的促进和发展。比如，语言教育就可以有效地促进学前儿童社会适应性的发展。通常，言语发展比较好的儿童，往往善于通过协商、说服的方式提出请求或化解双方的矛盾。这些儿童比较容易受到同伴的接纳和喜欢。相反，言语能力发展欠缺的儿童在社会交往中有的因不善于表达自己的意见而退缩；有的则通过"武力"表达自己的情感和态度。这两类孩子往往处于被排斥和被忽视的地位，与他人的人际关系也较为紧张。

3. 促进学前儿童审美能力的发展

发展学前儿童的审美能力必须从他们感知美、认识美开始，因而在家庭认知教育中，家长可以有意识地渗透审美教育，通过巧妙的点拨，引导孩子去发现、感知、认识语言、科学、数学等各类知识中所蕴含的美，具备对美的事物的感知能力。同时，引导孩子在认知活动中欣赏美、表现美、创造美，在潜移默化中不断提高孩子的审美能力。

（二）学前儿童家庭认知教育的主要任务和内容

学前儿童家庭认知教育的主要任务和内容是：激发学前儿童的认知兴趣，丰富学前儿童的生活常识，发展学前儿童的感知能力，培养学前儿童的注意力、观察力、记忆力、想象力、思维能力等，提高整体认知能力。

1. 激发学前儿童的认知兴趣

兴趣反映着个体对客观事物积极的认识倾向，推动学前儿童主动认知、自主探索、大胆表现，是学前儿童探索、认知的动力。但是，学前儿童活泼好动，坚持性较差，注意容易转移，对自己感兴趣的活动，他们常常表现出极大的积极性、主动性、参与性，能够长时间地专注于活动之中；对无兴趣的活动，他们往往不能或很难进入状态，探索也就无从谈起。因此，家长应特别关注孩子的兴趣，并迎合孩子的兴趣，以充分调动孩子参与认知活动的动力；同时，还要注意激发孩子新的兴趣，引导孩子参与多种认知活动，促进孩子多方面的认知发展。比如，孩子喜欢梅花鹿，家长可以带孩子去动物园近距离观察，引导孩子注意观察梅花鹿：皮肤颜色、鹿角形状、爱吃的食物、如何进食，并进一步引导孩子思索：梅花鹿现在身上有没有花纹，什么时候身上会有花纹？梅花鹿喜欢生活在什么地方？同时，家长还可以引导孩子去关注其他动物：梅花鹿都有哪些朋友？我们一起在动物园找一找、看一看，引发孩子对其他动物的兴趣。家长应该特别注重利用周围的各种资源，为孩子提供一个丰富多样、富于变化的认知环境，满足孩子的好奇心和自发探索的需要，因势利导地培养和激发学前儿童多角度、多层面的认知兴趣。同时，家长还要为孩子提供良好的榜样，家长的认知态度对孩子的认知兴趣也具有重要影响，家长热爱学习、喜欢探索，孩子在潜移默化中对外部世界也会倾注很大兴趣，所以父母要善于给孩子创造一个良好的认知氛围。

案例 **3-1**

探索的路上不设障碍

周末的一天，我在阳台上发现了一个旧的小蛋糕盒，盒中装满了液体，层次分明。最上面一层呈金黄色，中间一层是透明的，下面一层则呈浑浊状。不用说，就知道一定是孩子在做实验。

我第一反应是感觉这个三层盒子看上去挺漂亮的，第二反应就是觉得有点浪费。我问孩子这是在做什么？好端端地油和淀粉怎么能放进水里呢？孩子说是想冻有颜色的冰块，于是就在水中放了白色的淀粉和金黄色的油。原来如此！

孩子是一个好奇心强又喜欢动手操作的探索者，他一定是受了什么启发和触动，才有了这样的奇思妙想。他反复试验，对勾兑液体产生了浓厚的兴趣。我除了惊讶于他一个接一个积极的探索尝试之外，更令我愧疚与反思的是，我在指责孩子"浪费"的同时，并没有真正尊重和鼓励他的探索。

评析：在孩子的世界里，所有的生活材料都服务于他的游戏和探索；是否漂亮、是否浪费，是家长在意的，但对孩子来说都不重要。呵护孩子的好奇心、鼓励探索是对孩子最好的支持。

（中华人民共和国教育部门户网站 http://www.moe.gov.cn/publicfiles/business/htmlfiles/moe/s8732/201505/188224.html）

2. 丰富学前儿童的知识储备

学前期是个体知识储备迅速增长的时期，也是认知能力迅速发展的时期。实践也证明，学前儿童对其生活的环境认识越多，其自信心就越强，探索欲望就越高，对周围环境的感知能力、理解能力、分析能力、判断能力也就越强。因此，家长应因地制宜，创造一切机会引导孩子认识周围的自然环境和社会环境，扩大孩子的眼界，丰富孩子的知识。家长可以引导孩子观察周围的自然环境，认识简单的自然现象，如黑夜白昼、四季变化、阴晴风雨；认识常见的动植物，如虫鱼鸟兽、花草树木、蔬菜水果、各类农作物等。家长还可以引导孩子进行社会常识方面的认知，如附近的商场、书店、公园、博物馆、儿童活动中心，常见的火车、汽车、自行车以及日常生活用品等。在认知过程中，家长除了引导孩子观察、倾听之外，还要尽可能让他们亲自动手感知一下。同时家长还要注重语言交流，启发孩子多提问、多思考："为什么会下雨？""苹果从哪里长出来的？哪里的苹果很好吃？"大多数的孩子都很喜欢提问，这是激发孩子认知兴趣、丰富孩子知识储备的好机会，家长要耐心地给予解答。如果家长不了解相关问题，可以和孩子一起寻找答案，寻找答案的过程，既是增进亲子感情的过程，也是丰富孩子知识储备，帮助孩子逐步了解掌握解决问题方法的过程。

3. 发展学前儿童的认知能力

家长丰富孩子知识储备的目的并不仅仅只是为了学习而学习，而是在学习知识的过程中发展他们的认知能力，引导孩子在已有认知能力的基础上自觉主动地学习新知识，进一步增强认知能力，实现知识与能力之间的良性互动。因此，家长在向孩子传授知识时，要引导他们多看、多听、多摸、多闻、多尝；引导他们把看到的各种事物比一比，什么地方相同，什么地方不同，启发孩子多思考。

学前儿童时时参与日常生活，对日常生活最为熟悉、最好理解，从日常生活中得来的知识也是学前儿童最容易感知、最感兴趣、最易接受的。因此，家长应特别注重日常生活中的认知教育，在日常生活中培养孩子的认知兴趣、扩大孩子的认知范围、发展孩子的认知能力。比如，孩子比较喜欢玩富于变化的食物，那么包水饺的时候，家长就可以引导孩子一步步观察：加多少面，放多少水，如何把面、水调和在一起，如何揉面等，在此过程中，家长可以给孩子一块面团，让孩子在自由操作的过程中发展孩子的注意力、观察力、记忆力、想象力。家长还可以充分利用自然资源，经常带孩子到大自然中去，在孩子与自然界的互动中，发展孩子的认知能力。比如，家长带孩子一起秋游，那么秋游的过程既是家人身心放松的过程，也是增加孩子知识储备、发展孩子认知能力的过程。家长还可以抽时间与孩子做智力游戏，如对反义词、走迷宫、猜谜语等，练习识别、比较、选择、配对、改错、回忆、猜想、寻找等智力活动，在游戏中不知不觉发展和提高孩子的认知能力。

（三）实施学前儿童家庭认知教育应注意的问题

"望子成龙，望女成凤"是每位家长的心愿，家长应特别关注学前儿童的认知教育，促进孩子认知能力的较好发展。在具体实施的过程中，家长应注意以下问题。

1. 依据学前儿童生理心理的发展特点

学前儿童的身心发展特点是家长实施认知教育的基础和前提，也是认知教育获得成功的保证。如果违背了学前儿童身心发展的特点和规律，那么我们不仅达不到预想的效果，有时还可能得不偿失。就思维发展特点而言，学前儿童的思维发展趋势是从直觉行动思维过渡到具体形象思维，再发展到抽象逻辑思维。因此，家长应注重语言、动作的参与，让孩子在亲自摸摸、看看、做做、玩玩中认识物体的基本特征、形态及用途。比如，孩子帮助家长摆放餐具时，家长让孩子给每人准备一个碗、一双筷子、一把勺子，这样，孩子在认识各种餐具的基础上，还学会了数量以及一一对应的科学知识，发展了孩子分析、综合和抽象概括的能力。

2. 丰富学前儿童的生活内容，扩大学前儿童的认知范围

生活是认知的源泉，没有多彩的生活，就不可能有丰富的认知内容。只有不断丰富学前儿童的生活内容，他们的认知内涵才会充实而丰满。因此，我们应创造条件让儿童多接触社会，扩大其生活空间，为学前儿童创造一个丰富多彩而又富有教育意义的日常生活环境，把家庭认知教育生活化。例如，带孩子外出游玩时，看到花草树木、虫鱼鸟兽、蓝天白云等一切孩子可以认知的事物，家长就可以因势利导，教他认识波光粼粼的河水、金灿灿的稻谷、婉转鸣唱的小鸟、攀附山岩的爬山虎等，在丰富多样的日常生活中，孩子的认知数量在潜移默化中不断增加，认知能力也会获得相应的提高。

3. 在人际交往中提高学前儿童的认知能力

学前期是语言学习、计数能力、整体记忆能力等发展的关键期，学前儿童的认知是在个体和环境相互作用中，尤其是在人与人的交往实践中发展起来的。人际交往越频繁，学前儿童获得的磨炼就越多，认知能力也就发展得越快。因此，家长在生活中要多创造条件，增加孩子人际交往的机会，让孩子在交往中接受各种认知的熏陶和培养。比如，家长可以多和孩子交流，在交流的过程中因势利导，随机教育，引导孩子观察外界事物的变化："宝贝，你看墙壁上长了一层苔藓，这是因为这段时间经常下雨，空气特别潮湿的结果。"另外，家长应多带孩子走出家门，让孩子在与更多的人交往中丰富体验、充实经验，增加孩子认知学习的机会。比如，有的小朋友喜欢恐龙，其他孩子在和他的交往中也会逐渐关注恐龙，认识恐龙，了解许多有关恐龙的知识。久而久之，孩子的注意力、观察力、记忆力、想象力、思维能力就会在潜移默化中得到进步和发展。

三、学前儿童家庭社会教育的任务和内容

学前儿童社会教育主要是对学前儿童进行社会认知、社会情感、社会行为等方面的教育。作为一名社会成员，学前儿童必然要认识周围的环境，与他人进行各种社会交往，学习社会所认可的行为方式、价值取向等，并把行为方式、价值取向逐渐内化为自己的行为准则，成长为社会所需要的人。

（一）学前儿童家庭社会教育的内涵与价值

学前儿童家庭社会教育是指家长对学前儿童进行的以发展学前儿童的社会性为目标，以增进学前儿童的社会认知、激发学前儿童的社会情感、引导学前儿童的社会行为为主要内容的教育。家庭教育的一项重要目标就是培养儿童适应其所在的社会，学前儿童家庭社会教育有助于推进学前儿童社会化的进程，为学前儿童成为未来社会的合格公民打下坚实的基础。

1. 有助于学前儿童正确价值观的形成

学前儿童家庭社会教育的过程实际上是向学前儿童传递正确的价值观的过程。在此过程中，学前儿童可以从家长的言传身教中学习社会的基本价值观念，如责任感、尊重他人、合作意识、分享意识等。比如，家长平时和家人、朋友经常联系，互致关心问候，孩子在潜移默化中不仅学会了人际交往的方式，也明白了人与人之间应当和谐相处，要多关心他人、体贴他人。

2. 有助于学前儿童良好情感的陶冶

情感是人的社会化的一个重要方面。对学前儿童进行社会教育，丰富学前儿童情感的内容，培养学前儿童良好的社会情感，可以帮助孩子与人和谐交往，懂得关心爱护他人，体谅、宽容、同情、尊重别人，使孩子适应未来社会的竞争与压力，在逆境和挫折中充满自信，并积极进取。家长应该创设民主和谐的家庭氛围，使孩子乐观、勇敢、诚实、正直、富有同情心、自信心，并逐渐学会控制自己的情感，增加情感的深刻性和稳定性。

3. 有助于学前儿童社会性的发展

学前儿童早期的社会行为处于自我中心和真正社会化之间的中间阶段，只有当他们从自我中心状态中解脱出来，具备了与同伴进行有效协作的能力时，社会化才进入一个新阶段。在学前儿童家庭社会教育的过程中，学前儿童不仅可以学会与他人进行社会交往的技能，建立融洽的人际关系，而且还可以把社会知识、社会规范内化为自己的行为准则，逐步形成符合社会需求的情感和态度，做出适当的行为，使社会性得到良好发展。

案例 3-2

想让宝宝未来成功，先给他们机会去失败

查理还在 2 岁的时候，就对洗碗产生了兴趣。他的父亲麦克明知以他的年龄是不可能胜任洗碗的，但他还是让查理尝试了洗碗。查理不仅把自己浑身弄湿还打碎了碗。当查理沮丧地哭起来后，麦克给他洗了澡，换了干净衣服，然后自己系好围裙，给查理示范如何把碗洗干净抹干。查理就这样学会了洗碗。麦克的想法非常简单：要给孩子失败的机会，面对失败，一次次改正错误，直到成功，这不只是教孩子学习并掌握能力，同时也是教他一种人生态度。

（摘编自山东学前教育网，http://www.sdchild.com/jtye/jygy/2013-03-13/26878.html）

（二）学前儿童家庭社会教育的主要任务和内容

学前儿童家庭社会教育的内涵丰富，其主要任务和内容也比较复杂、多样，综合起来，主要包括以下几点。

1. 帮助学前儿童树立正确的自我意识

自我意识是一种认知心理结构，它组织、调整、综合着个体自身的行为。自我意识是学前儿童个性形成的重要组成部分。积极正确的自我意识，是个体进步不可缺少的内在动力，对学前儿童认知的发展和健全人格的形成具有重要作用。初生婴儿尚无自我意识，他们玩自己的手脚就像玩身体之外的玩具。1 岁左右，孩子对自己的身体有了初步认识。2 岁以后，孩子从称呼自己的名字逐渐发展到用"我"来表达自己的愿望和态度，这是自我意识发展过程中的一个重要转折，孩子开始认为自己是独立存在的个体。3～4 岁时，孩子的自主性进一步提高，在与同伴的交往中，开始把自己与别人的行为进行比较，逐渐形成初步的自我认识和自我评价。

自我意识主要包括三大方面，一是正确认识自己、评价自己、接纳自己。每个学前儿童都是与众不同的，家长应引导孩子真正认识自己，知道自己的身体特点，如"我是女孩""我皮肤很白"，明白自己的性格方面有什么优点，有什么缺点，对自己有一个相对全面的认识，如"我学得很快，但有时不够仔细"。在全面认识自己、评价自己的基础上，引导孩子不仅接受自己的优点，也要正确看待并能够容纳自己的缺点，如"我弹琴不如他好，但是只要我努力，我一定会赶上他的"。二是学会调控情绪。学前期是个

体情感发展的关键期，家长应该帮助孩子形成初步的情绪调控能力。首先，家长应该树立良好的榜样，让孩子在潜移默化中明白，每个人都有喜怒哀乐，都可以表达自己的情绪情感。另外，家长也应该明白孩子和成人一样，也有自己的喜怒哀乐，应在尊重孩子的基础上去有效地疏导孩子的不良情绪，引导孩子用恰当的方法表达自己的情绪，如告诉别人"我生气了"，或者暂时不理人，但是不能打人、骂人、摔东西等。三是学会自由选择、自我决断等。自由选择、自我决断是学前儿童独立性、自主性的重要表现。家长应该尽可能地多为孩子创造自我选择、自我决断的机会，如"明天我们一家人出去玩，植物园、动物园、大明湖，你选哪个地方？"

2. 帮助学前儿童认识他所生活的社会环境

社会环境是学前儿童生活游戏的场所，也是学前儿童各种秩序形成的场所。家长应丰富孩子的社会经验，增进孩子对社会环境（家庭、幼儿园、社区、家乡、祖国等）的认识，引导他们关心和了解社会事物和社会人员，发展他们的社会认识能力、社会知觉能力、移情能力和道德判断能力，提高他们对美、丑、善、恶、是、非、对、错的辨别能力，以及在社会生活中解决某些实际问题的能力。同时，还要注重培养孩子积极的社会情感，引导孩子认识并理解人与环境之间相互依存的关系，培养孩子爱护环境、保护环境的意识，引导孩子关注并参与周围社会生活，萌发各种社会意识。另外，传统节日是中华民族文化的有机组成部分，每一个节日都有它的历史渊源、美妙传说、独特情趣和广泛的群众基础，它们反映了民族的传统习惯、道德风尚。家长向孩子介绍传统节日的过程也是一个民族文化教育的过程，可以增强孩子对本民族文化的认同感。

3. 提高学前儿童社会交往的能力

社会交往对于学前儿童心理的健康发展和健全人格的塑造具有重要作用。社会交往能力是指人与人交往以及参与社会活动时所表现的行为能力。学前儿童正是在与不同的人打交道的过程中，逐步形成了待人处事应有的态度，获得社会交往的能力，促进了社会性行为的发展。家庭是学前儿童生活的主要场所，家长应为孩子创设交往的环境，使他们在与人交往的过程中，逐渐掌握符合社会要求的行为方式，并能初步根据社会规范来调节自己的行为，发展交往能力，使孩子成为顺应时代发展需要的人。家长在让孩子感受家庭温馨的气氛的同时，还应让孩子走出家庭多接触外部的社会，比如，可以让孩子自己邀请其他的小伙伴到家中来做客，也可以让自己的孩子到小伙伴家中去玩耍。孩子在和别的小朋友相互交往的过程中，会逐渐学会尊重、分享、合作、同情、谦让等社会交往能力。

（三）实施学前儿童家庭社会教育应注意的问题

应该尽力创设一个能使学前儿童感受到接纳、关爱和支持的环境，为学前儿童提供人际间相互交往和共同活动的机会和条件，让学前儿童在与成人、同伴的共同生活、交往、游戏中学习各种社会知识，培养积极的社会情感。

1. 创设良好、适宜的家庭社会教育环境

对学前儿童来说，因其年龄较小，社会活动和独立思维的能力较差，缺乏自觉、主

动地选择外界环境的能力，外界环境对其社会能力的培养和提高影响很大。学前儿童在家庭中的时间最多、最长，与父母的接触也最多、最密切，因此，家长应特别注重创设良好、适宜的家庭社会教育环境，通过塑造环境更好地促进孩子社会性的良好发展。就环境创设而言，家长首先要关注家庭物理环境，家庭物理环境的大小以及空间使用状况对孩子的行为会有较大的影响；同时，也要关注家庭的精神环境，家庭的精神环境直接影响着孩子情感、交往行为和个性的发展。

2. 注重正面教育

学前儿童的社会认知水平不高，辨别是非的能力较差，为他们提供一个优秀的榜样让他们模仿，并适当渗透社会认知教育，容易收到较好的教育效果，有时甚至可以取得事半功倍的效果。因此，家长要特别注重为孩子树立正面的范例，让孩子形成对社会的正确态度。例如，家长和孩子一起出门，家长把一个冰糕棍拿在手里，一直等到看见垃圾桶之后才丢进去，这一行为比家长常常口头说"爱护环境"的效果要好得多。另外，家长要注重以积极的方式对孩子提出要求。我们在希望孩子按照这样的方式做一件事而不是按照那样的方式去做的时候，要直接告诉他具体做什么，而不是告诉他不要做什么。比如，告诉孩子爱护环境时，家长应该说"把垃圾扔到垃圾筒里"，而不是说"别到处乱扔垃圾"，前者的语言描述更符合学前儿童的思维习惯。

3. 注重纵向比较而不是横向比较

中国家长教育孩子时，惯用的教育手段是表扬与批评，家长多喜欢选择横向比较法。当纠正孩子不良行为时常常采取表扬其他孩子，以其他孩子做榜样的方式。而美国家长则注重孩子自身的纵向发展而避免对孩子进行相互比较。相比而言，横向比较容易使孩子产生自卑感，缺乏前进的力量；而纵向比较更容易激发孩子的自尊心、自信心，形成孩子的成就感，增强孩子前进的动力。因此，教育学前儿童时，家长应更加注重纵向比较而不是横向比较。

四、学前儿童家庭艺术教育的任务和内容

苏联教育家苏霍姆林斯基曾说过："儿童时代错过了的东西，到了少年时期就无法弥补，到了成年时期就更加无望了。这一规律涉及孩子精神生活的各个领域，特别是美育。"[①]在重视素质教育、创新教育的今天，越来越多的家长意识到艺术教育对开发孩子智力、陶冶孩子情操、激发孩子自信、锻炼孩子意志所起的重要作用。

（一）学前儿童家庭艺术教育的内涵与价值

学前儿童家庭艺术教育是指家庭成员对学前儿童进行的以感受美、表现美、创造美、追求美为主要内容的教育。学前儿童对美的事物的感受带有直觉性，虽显幼稚、肤浅，但已经具有初步的审美意识，因此，通过艺术教育，给予学前儿童多方位、多元化的感知，培养学前儿童热爱生活的情感，促进学前儿童态度、情感、意志、智能、知识及身体诸方面的发展。

---

① 苏霍姆林斯基，1984. 让少年一代健康成长. 黄之瑞，等译. 北京：教育科学出版社.

作为素质教育的重要组成部分，艺术教育不仅可以培养学前儿童感受美、表现美和创造美的能力，而且可以培养学前儿童自主、自律、尊重他人、善于合作、有创新意识等多方面的主体性品质。

1. 有助于学前儿童审美能力的发展

通过日常生活、大自然以及音乐、美术、舞蹈等多种艺术形式，家长积极引导孩子亲自体验和感受美，发现外部世界中的对称、节奏、韵律、疏密、缓急、错综等各种美的样态，培养孩子发现美、感受美、欣赏美、表现美、创造美的能力。比如，大自然中的红花绿叶、雨后彩虹、鸟儿的婉转低鸣、大海的波澜壮阔……各有特色，各具魅力，孩子徜徉在大自然中，其审美能力也会逐渐提高。

2. 有助于学前儿童情感的良好发展

通过旋律、节奏、美术构图等艺术要素，艺术教育把美好的情感付诸声音、图像之中，在学前儿童的内心产生强烈的情感体验。例如在欣赏乐曲《两只老虎》时，每当那优美欢快的旋律一出现，孩子们总是不由自主地随之歌唱、随之舞蹈。从学前儿童的接受能力来看，艺术教育在培养学前儿童良好的情感方面具有独特的效果。当然，学前儿童的情绪情感也存在个体差异，这就需要家长在多方观察了解的基础上依据不同孩子的个性特点因材施教。

3. 有助于培养学前儿童的规则意识

心理学家指出，儿童社会化的发展终结在善于协调各种关系，并在一定社会秩序中达到相对自治，这是一种相互作用的关系。艺术本身包含着许多规则，如音乐中的节奏、音高，美术中的构图比例、色彩搭配等。只有严格遵循这些规则，艺术才能表现出自身的美。通过艺术活动所获得的这种规则意识会对学前儿童产生潜移默化的作用。家长可以有意识地引导孩子在感受艺术、表现艺术的活动中理解并遵守这些规则，以增强孩子的规则意识。

4. 有助于学前儿童语言的发展

艺术教育具备了促进学前儿童语言发展的诸多因素。优美的歌曲能使儿童积累许多精练、优美、富有感情色彩的语汇。比如歌曲《春雨春雨沙沙下》中，"春雨春雨沙沙下，浇开一片小伞花，小伞花呀回头低，飘飘洒洒走进家"。优美的歌词不仅很容易吸引学前儿童的注意，而且容易被学前儿童记忆、诵唱，在潜移默化中促进了学前儿童语言的发展。同时，家长应当有意识地引导、鼓励孩子自编自唱，让孩子在自编自唱中丰富语汇，体会语言创编的快乐，发展孩子语言的组织能力和表达能力。

（二）学前儿童家庭艺术教育的主要任务和内容

学前儿童家庭艺术教育的主要任务和内容是：引导学前儿童感受日常生活美、自然美，欣赏艺术作品，发展学前儿童感受美、享受美的能力；发展学前儿童表现美、创造美的能力；培养并逐渐提高学前儿童的艺术素养。

1. 引导学前儿童感知、欣赏日常生活的美

学前儿童的可塑性强，思维特点具有具体形象性，因此，家长对孩子实施艺术教育时，应注重运用孩子可以具体感知的、生动鲜明的形象，以增强艺术教育的效果。日常生活的美是学前儿童最接近、最熟悉、最容易感知的，学前儿童的审美能力也是从日常生活中熏陶出来的，家长应注意引导孩子感知、欣赏日常生活的美，在日常生活中实施艺术教育。在日常生活中到处都存在着艺术美：家庭和社区内的花草树木，公园的楼台亭阁，小巷的青砖红墙，张灯结彩的节日街头、色彩缤纷的广告霓虹……日常生活中有许多美好的事物，家长要善于引导孩子留意美、欣赏美，抓住各种教育契机来进行艺术教育。比如，在日常生活中教育启发孩子理解整齐美（衣服整整齐齐是美的；头发梳整齐了才漂亮；玩具玩完以后，看摆整齐没有）。再比如，通过日常生活中的着装，引导孩子感知各种色彩以及色彩的搭配、服装的款式风格，对孩子都是一种潜移默化的审美教育。

2. 促进学前儿童对自然美的理解和升华

丰富多彩、富于变化的大自然是学前儿童家庭艺术教育的丰富源泉。苏霍姆林斯基就很重视大自然当中所蕴含的艺术教育的价值，他经常带着孩子到大自然中感受美、欣赏美。"静静的傍晚，我们来到牧场。伫立在我们面前沉思的柳树已发出嫩叶，池水映照着深邃的苍穹，成排的天鹅掠过晴朗的天空。我们凝神静听这优美黄昏的乐声。一会儿从池塘那边一个什么地方传来了奇妙的音，好像有谁轻轻地触动了一下钢琴键，似乎池塘、池岸和蓝天都发出了声音。"[①]大自然具体、直观、生动形象，容易为学前儿童所感知、体验、理解，并且容易引起学前儿童情绪情感上的共鸣。家长应多带孩子接触大自然，春踏青，夏游泳，秋远足，冬赏雪，让孩子们投入大自然的怀抱，感受大自然的美，享受大自然的美。在孩子享受绚烂多彩的大自然时，家长可以让孩子把感受最深、感觉最美的景色表现出来，比如看到形状多样、变化奇特的朵朵白云，孩子可以用优美的语言描述出来，用肢体表现出来，用绘画描绘出来。千变万化、生气勃勃的大自然不仅满足了孩子的好奇心和探索欲望，孩子在与大自然的接触中也获取了多方面的经验和能力。

3. 关注具体直观、鲜明生动的艺术形式美

音乐、美术、舞蹈等艺术形式美具体直观、鲜明生动、富有表现力，容易使学前儿童接受，引起情感上的共鸣，对发展学前儿童的审美能力具有极大的促进作用。因此，音乐、美术、舞蹈等艺术形式美既是艺术教育的重要手段，也是艺术教育的重要内容。单就音乐教育而言，音乐是美的音响艺术，它生动活泼、感染力强，悦耳的音乐使人精神愉快，增强活力，解除疲劳。可以通过音乐艺术启迪孩子的心灵，从形式和内容上进行美的教育，发展孩子的音乐感受力、理解力、表现力等各种音乐才能，培养音乐素质。此外，家长还可以让孩子接触真正的艺术作品。歌德说过："鉴赏力不是靠观赏中等作品而是要靠观赏最好的作品才能培育成的。"[②]因此，家长应引导孩子欣赏本民族或全世

---

① 苏霍姆林斯基，1981. 把整个心灵献给孩子. 唐其慈，等译. 天津：天津人民出版社.

② 爱克曼，1980. 歌德谈话录. 朱光潜译. 北京：人民文学出版社.

界最优秀的艺术作品，通过艺术的熏陶刺激孩子审美能力的发展。

（三）实施学前儿童家庭艺术教育应注意的问题

1. 培养学前儿童的艺术兴趣

对学前儿童来说，没有兴趣的学习是无源之水，无根之木。因此，兴趣培养是对学前儿童进行艺术教育的前提和基础。但是学前儿童的兴趣具有偶然性、不稳定性，往往停留在"好玩"的水平上。因此，家长应注重调动儿童的积极性和自信心，同时，还要把儿童的兴趣引向获得满足感和成就感上。另外，每个儿童都有被家长肯定的心理需要，家长积极的评价对发展学前儿童的艺术兴趣也非常重要。

2. 创设良好的艺术环境

艺术教育是一种培养学前儿童手、眼、脑协调活动的操作教育，在艺术活动中，儿童用脑去想象、理解、加工审美意念，用手操作材料等，所以必须为学前儿童提供充分的操作机会。家庭应为儿童提供相对充足的物质材料，为他们创设良好的艺术环境，让他们自由思索、大胆想象。另外，创设宽松的心理环境也为孩子提供了自由发展的空间，孩子在心情良好的状态下思路开阔敏捷，而心情低沉或忧郁时则思路堵塞，操作迟缓，无创造性可言。

3. 鼓励学前儿童进行艺术创造

在对学前儿童实施艺术教育的过程中，家长要尊重孩子的个性，尊重孩子的奇思妙想，发展孩子创造美的能力。学前儿童的世界和成人的世界存在很大差别，学前儿童对外在世界有自己的认识和理解，也有自己不同的表现手法。因此，家长要为孩子创造轻松、自由、愉快的家庭环境，鼓励孩子在艺术创造中表现出首创性、互异性和多样性，充分发展孩子的艺术潜能。当孩子有自己与众不同的表现手法时，家长不要急于对孩子富有创造性的行为予以评判，更不要越俎代庖，而是延迟判断并给予启发，使他们有足够的时间、机会，使他们能够想象和创造。有时对孩子来说，想象和创造的过程比结果更有意义。

家庭教育案例评析

小孩子爱撒谎怎么办

案例故事：

2 岁 11 个月的玲玲跑过来要拿奶瓶喝水。爸爸说："你都快 3 岁了，不要用奶瓶了，还是用杯子喝水吧！"可玲玲非要用奶瓶喝水。这时她看到妈妈走过来，就告状说："妈妈，爸爸不让我喝水。"妈妈说道："爸爸不是不让你喝水，只是让你用水杯喝水。"

原因分析：

1. 孩子混淆想象和现实

这一阶段的孩子有时不免将想象的事情当做真实的，其实不是在故意说假话。例如，明明听了孙悟空的故事，会告诉妈妈他跟孙悟空一起玩，并一起打妖怪。又如，珍珍告诉老师："我们家有汽车，是红颜色的。"其实，孩子不是在有意撒谎，而是他在其中融入了自己的想象。

2. 家长在引逗中无意强化

成人有时会在无意中强化孩子说谎的倾向。例如，姥姥问 3 岁的青青："你喜欢姥姥，还是喜欢妈妈？"青青说："喜欢妈妈。"这时，姥姥板起脸孔，教训她："好没良心的东西，从小我就带着你，给你买吃的，买穿的，你却喜欢妈妈！"青青一看这势头，马上改口说："我喜欢姥姥，姥姥好！"于是，姥姥笑得嘴都咧开了，又是抱又是亲。从此，青青学会了看什么人说什么话，当着妈妈说妈妈好，当着姥姥说姥姥好。

3. 家长有时候不让孩子讲真话

有时成人为了避免麻烦，会教孩子说谎。例如，4 岁的文文不小心打碎了邻居的花盆。妈妈告诉文文："如果有人问你，就说不是你打碎的，要不，邻居要打你的，妈妈还得赔花盆。"文文按照妈妈的话做了，妈妈夸奖道："文文就是聪明！"从这件事中，文文能得到一个结论，妈妈喜欢撒点谎的人。

还有时候，家长在家议论别人的短处，被孩子听见了，要求孩子别到外面说。

4. 孩子为了避免受罚

当孩子说实话受到惩罚时，他就会用撒谎来自卫。例如，爸爸发现自己的钱少了，问到孩子，孩子承认是他拿了，爸爸不由分说，一顿饱拳，还大声骂道："你这么小，就会偷钱了，今天，我要好好教训你！"孩子对这种教训记忆犹新，每遇到犯错误或不中爸爸意时，说话就要动脑筋了，要不就会受惩罚。

教育建议：

1. 父母以身作则

要时刻注意不要给孩子说谎的机会，既不要引逗孩子说谎，也不要让孩子出于自卫撒谎，更不要教孩子说谎。

2. 坦然面对孩子撒谎

孩子说了谎，也没必要教训他一顿，而应当面对现实，想办法让孩子明白撒谎是没有必要的，撒谎并不能真正解决问题，可以用别的方法解决问题，任何人都不喜欢撒谎的人。

3. 故事引导

家长给孩子多讲一些有关诚实的故事，如"华盛顿砍树""手捧空花盆的孩子"等，使他认识到为人诚实的益处。

4. 强化孩子说实话的意识

孩子做了错事，家长要鼓励孩子说实话。当孩子真的说了实话后，要就事论事，首先要表扬他的诚实，然后再妥善处理他的错误。家长千万不能因为孩子说出了所犯的错误而狠狠惩罚他，致使他以后为了逃避惩罚而不再报告实情。陶行知先生的四块糖的故事是值得借鉴的。一次，一个孩子打了另外一个孩子，陶先生批评了打人的那个孩子，同时因为他勇于认错、诚实可信而奖励了他四块糖。

5. 帮助孩子分清现实和想象

当孩子想象与现实分不开的时候，如上例玲玲喝水，家长只需要用正确的语言给孩子表达一遍，让孩子知道这种情况应该如何用语言表达。对于孩子充满幻想的"谎言"，妈妈没有必要大惊小怪，而是注意引导孩子从幻想的世界中走出来关心现实。

（摘自太平洋亲子网，http://edu.pcbaby.com.cn/action/0810/326559.html）

思考与练习

1. 结合目前自身实际，谈谈学前儿童家庭教育的目的。

2. 结合社会现状，分别谈谈学前儿童家庭健康教育、语言教育、社会教育、艺术教育的主要任务和内容。

3. 结合社会现状，分别谈谈实施学前儿童家庭健康教育、语言教育、社会教育、艺术教育时应注意的问题。

4. 有一天，涵涵家来了妈妈的同事李阿姨，李阿姨还带了个小妹妹秋秋。秋秋看到涵涵的钢琴，马上奔过去，爬到琴凳上，随手弹了起来。涵涵妈妈听到琴声，笑着对李阿姨说："你家秋秋真聪明，钢琴弹得好极了。"李阿姨客气地说："哪里，哪里，涵涵才棒呢。"等把李阿姨一家送走，涵涵马上对妈妈发起了脾气："你说，秋秋有什么好？你是不是不喜欢我了？"试分析涵涵的心理特点，并帮助妈妈提出教育建议。

拓展阅读

教育部基础教育司，2004.《幼儿园教育指导纲要（试行）》解读. 南京：江苏教育出版社.

幸福新童年编写组，2012.《3～6 岁儿童学习与发展指南》家长读本. 北京：旅游教育出版社.

第四章

学前儿童家庭教育的原则和方法

【学习目标】

了解：学前儿童家庭教育的原则和方法的意义。

理解：学前儿童家庭教育的原则和方法的内涵。

掌握：学前儿童家庭教育的原则和方法的要求。

应用：运用学前儿童家庭教育的原则分析家庭教育现象，学会家庭教育方法的应用技巧。

家庭教育必须从学前儿童开始，为了使家长们在家庭教育中不走弯路，了解学前儿童家庭教育的原则和方法是很有必要的。本章主要介绍学前儿童家庭教育的原则和方法。学前儿童家庭教育的原则有：理智性原则、主体性原则、一致性原则、从实际出发原则、正面教育原则、言传身教原则。学前儿童家庭教育的方法有：环境熏陶法、实际锻炼法、说理教育法、榜样示范法、兴趣诱导法、暗示提醒法、活动探索法、奖惩激励法。

第一节 学前儿童家庭教育的原则

学前儿童家庭教育的原则是指学前儿童的家长在实施家庭教育时必须遵循的基本要求和基本准则。它是根据我国社会主义教育目的的要求和我国学前儿童身心发展特点和个性、品德形成的规律，以及儿童家庭教育的任务、家庭教育过程的规律制定的，是学前儿童家庭教育经验的总结和概括。学前儿童家庭教育原则有着它自己固有的特点和方式，是进行良好家庭教育的重要依据。

学前儿童家庭教育原则具有明确的目的性和实践性，它指导学前儿童家庭教育的各个方面及其全部过程。家庭教育原则对于确定家庭教育内容，选择教育方法和具体的教养方式，组织和实施家庭教育过程，都起着指导作用。正确理解、掌握和贯彻学前儿童家庭教育原则，是提高学前儿童家庭教育质量，顺利完成教育任务的重要保证。

一、理智性原则

（一）含义

理智性原则是指学前儿童家长在教育孩子时，在感性地对孩子关心和热爱的同时，需要理智地对孩子进行严格要求。只有把二者结合起来，才能更好地促进孩子的健康发展。爱孩子是教育孩子的前提，父母只有爱孩子，才有教育孩子的积极性和主动性。孩子也只有切身体验到父母的爱，才会从感情上和行动上接受父母的教育，朝着父母所期望的方向发展。但是，并非怎样爱都能促进孩子的发展，父母必须理智地爱孩子，才能使孩子健康成长。

（二）要求

1. 理性施爱

爱是父母的天性，也是教育的基础。家长通过无私的爱去感化孩子。他们针对孩子的身心发展水平与特点对其进行教育，既不拔苗助长，也不放任自流；既不一味地溺爱、放纵孩子，也不过分地限制、压迫孩子，而是施加一种受理性支配的爱。只有将感情与理智相结合地施爱，孩子才能健康成长，否则可能会造成孩子的心理障碍。但是目前的实际情况是广大的家长对学前儿童普遍地娇生惯养。现在的孩子基本上都是独生子女，父母就只有这么一根独苗，因此往往事事依着孩子，再加上三代同堂的现象也比较普遍，祖父母辈更加过分地娇宠溺爱孩子。家长这样无原则的娇惯很容易使幼儿滋生出任性、骄横、不讲道理的习惯，并在心理上加以强化。同时，家长又往往会对孩子保护过度，过分地溺爱、娇宠，不让孩子做他自己应该做的事，使孩子越养越弱，不利于培养幼儿克服困难和处理实际事务的能力。法国教育家卢梭反对家长对孩子百依百顺，他曾经这样告诫年轻的父母："你们知道造成孩子不幸的最可靠的方法是什么吗？那就是他要什么便给他什么。"他又说："惯见一切事物都屈从于自己的儿童，一旦投身社会，到处碰到的尽是违逆自己意思的事情，从前以为世界上的事可以从心所欲，现在这个世界竟沉重地压倒自己。"在百依百顺的环境中长大的孩子，一旦步入社会，就会表现出明显的不适应，进而失去独立生活的勇气。

2. 要求适度

没有要求就没有教育，严格的要求才是认真有效的教育，但严格要求不等于过度苛刻的、不合理的要求，而是从教育目标出发，符合儿童年龄特点和身心发展水平的要求。倘若标准过高，孩子达不到，便会使他们由经常的自我怀疑而走向自卑。因此，千万别硬性对孩子提出过高的期望、要求，要注意给孩子减轻过重的精神压力。每一位家长都要正确看待孩子的成长。每一个孩子都是独一无二的，他们有鲜明的个性，有自身潜在的各种能力，在他们成长的过程中表现出极为明显的个体差异，他们的某些方面有快有慢、有先有后，这些都是很正常的。家长要了解自己孩子的成长与发展，给他们提供适宜的教育，不要盲目攀比，切忌用一把尺子衡量所有的孩子，要理性对待孩子的未来。人生之路十分漫长，孩子的成长是谁也代替不了的，应该相信孩子可以选择自己未来发展的道路，家长不要越俎代庖，更不能苛求孩子尽善尽美。一味追求孩子"成龙成凤"，其结果可能恰恰相反——家长对学前儿童期望值越高，可能失望越大。正确的方式是应该理性地对待孩子，尊重他们的兴趣，尊重他们的选择，尊重他们的发展。每一位家长对待孩子的成长应该抱有轻松的态度，在生活中发掘出孩子的天分，用平常心对待孩子的成长。

3. 严爱结合

严爱结合，即理性施爱和要求适度相结合。每位家长都深爱自己的孩子，但有一些家长对孩子爱得过度，出现了娇纵、溺爱的现象，这是应该避免的。应该说，过分的严或爱都不利于孩子的身心健康发展。在教育孩子上，家长应做到严爱结合，对子女要爱护，但绝不可溺爱。民间有句俗语说："宠狗，狗上灶；宠儿，儿不肖。"反对对孩子太娇惯，这是对的，但主张"棍棒之下出孝子"，则有失偏颇。过分的严厉会使孩子变得胆小自卑。这里所说的严并不是指板起面孔严厉对待孩子，而是指在教育孩子时要坚持原则。严要出于爱，爱要寓于严，严要合理，爱要适当，该严则严，该爱则爱。但是，在学前儿童家庭教育实践中，真正做到严爱结合并不是件容易的事。不少家长从道理上也知道应该将爱与严结合起来，但是一遇到问题，特别是当孩子哭闹不止时，就往往会动摇严格管理和教育的决心，常常以感情代替理智，不能坚持原则。因此，要做到严爱结合，还需家长有坚强的教育意志。

有一位优秀的家长以《藏起一半的爱》为题，写了一篇短文，说了她对亲子之爱的看法，其中有这样一段："我说对孩子要藏起一半的爱，不是说只给孩子一半的爱，不是说要减少对孩子的爱，而是说家长应理智地爱孩子，赋予爱以更广博、更深刻的内涵。我觉得，这才是家长对孩子真正的爱，真正的负责。"这段话启示广大家长，只有严爱结合才能教育好孩子，才是对孩子真正的负责。例如，有位母亲为了锻炼孩子，送5岁的女儿上幼儿园，到了大门口，她让女儿自己去教室，而自己悄悄地在后面跟着，不让女儿看到自己，这就是藏起一半的爱，是理智的爱。

案例 4-1

有一天下午，幼儿园某班组织游泳活动。小明的爸爸妈妈在午餐前就来到了幼儿园。到了用餐的时间，只见他的爸爸妈妈一个帮忙端饭，一个帮忙拿菜、喂饭、擦嘴巴，忙得不可开交。快去游泳了，他们忙前忙后，又是帮忙换泳衣、泳裤，又是戴泳帽的。后来甚至一个帮忙拿游泳圈，一个抱他去游泳池。

评析：对孩子给予关爱是必要的，但要注意适度。如果过分宠爱，处处袒护，事事包办，反而剥夺了孩子学习和锻炼的机会，增强了孩子对大人的依赖心理，在这样的家庭里成长的孩子跟温室里养育出来的花朵没有什么区别。试想：孩子总有一天要步入社会独立生存，家长还能包办一切吗？

二、主体性原则

（一）含义

主体性原则是指在学前儿童家庭教育过程中，要尊重孩子的主体地位，发挥孩子的主体作用，调动孩子的主动性、积极性。学前儿童家长应认识到孩子是社会的人，是独立的个体，有着做人的尊严和价值，有着自己的想法和特点，渴望得到家长的尊重和理解。因此，家长要尊重孩子的人格，把孩子当朋友，尊重孩子的选择，使孩子真正成为自我发展的主体。

（二）要求

1. 尊重并平等地对待学前儿童

尊重、平等是创造良好家庭氛围的基础。"蹲下来，与孩子平视"是每个父母和孩子沟通交流所应该遵循的。在家庭中，父母应尊重孩子的意见、兴趣和自尊心，不能忽视孩子的地位，不能轻视、压制孩子的正确意见，而应该把孩子作为家庭中的一员，使孩子乐于发表自己的见解。只有保持家庭成员的人格平等，彼此之间才不会产生心理隔阂。但是我们发现，当年幼的孩子兴奋地谈起他们的理想和愿望时，成人往往不屑一顾，感到他们太小，不值得把他们的愿望当回事。"爸爸，我长大了想当警察。""当警察多没出息，咱们以后出国留学。""妈妈，我想把压岁钱捐给灾区的小朋友。""你懂什么，有妈妈呢，不用你操心。"我们常常听到这种不平等的对话。在成人眼里，自己过的桥比孩子走的路要长，他们的想法实在是幼稚可笑，没有必要当真。古往今来，孩子的一生由父母去精心设计、合理安排已成为许多家庭的责任，这种传统做法使孩子的理想在成人面前得到一次又一次的否定，他们的理想和愿望逐渐淡化，甚至消失，在家长的高度控制和约束下，孩子们学到的是高度的依赖和服从。也有的家长做得非常好，尊重孩子，平等地对待孩子。例如，6岁的甜甜曾经按照父母的意愿开始学习书法，在父母的督促下，她每天进行书法练习，虽然在书法上有了一点进步，但是在学习时总提不起精神来。一段时间后，她父母觉察到了这一点，便找她谈话。她向父母说出了自己的真实想法，说自己的最大兴趣是学拉小提琴。父母非但没有训斥她，反而尊重她的选择，满足了她的要求。正如孔子说的那样："知之者不如好之者，好之者不如乐之者。"正因为有兴趣，她学拉小提琴非常自觉，并且在练琴的过程中融入了自己的情感，把每首曲子都表现得淋漓尽致。可见，尊重孩子是家庭教育的首要问题，而爱而不娇，严而有格，宽松而不放任，自由而不放纵，在家庭教育过程中处理好"度"这个问题，则是家教的成功秘诀。只有尊重孩子，以理服人，才能使孩子形成健康的心理。

2. 尊重学前儿童的人格

现代幼儿教育家陈鹤琴先生认为"父母对子女应当有相当的礼貌"，"做父母的不应迁怒于子女"，也就是说做父母的不可常常用命令式的语气去指挥孩子，而应与孩子相互尊重。父母要把孩子当人看，年龄再小，他或她也是一个独立的、有生命的个体。父母的威信应建立在对子女的尊重上，教育应建立在相互平等的地位上，因为孩子有孩子的意志，只有尊重孩子的人格，他们才会尊重你，才会接受你的教育。成人一旦习惯用一种居高临下的目光看孩子，就常会出现怎么看都不顺眼的感觉，同样，如果用成人的理想去塑造儿童，得到的结果也往往是事与愿违。心理上的不平等必然会造成沟通上的障碍。在幼儿阶段，父母与儿童沟通的主要问题是不平等。家长总认为"孩子小，什么都不懂，一切都要听我的"，与儿童沟通常用的语言是"不许……"或是"你应该……"，这种对话是单项地传递信息，谈不上是沟通，对儿童的成长作用不大，日久天长，孩子会出现逆反心理，家长将会大失所望。

培养幼儿良好的个性是当前世界学前教育的一个重要趋势。受到尊重、经常与他人进行平等交流的孩子才能发展独立健全的个性。尊重孩子，把孩子看成是一个独立的个体，而不是自己的附属品或玩具，孩子才能像花朵一样自然、积极、快乐地开放。举个例子，因为孩子贪吃，总是偷吃食物，家长就把食物藏起来，像这样以"防贼"的方法对待孩子，只会伤害孩子的人格和自尊，是不尊重孩子的表现，这种方法必然是不能奏效的。

允许孩子与自己进行平等的探讨和辩论，不仅是互爱的一种体现，而且能够培养孩子的自信心、是非分辨能力以及丰富的想象力和创造力。相反，如果处处都把孩子看管起来，一心希望孩子对自己言听计从，稍有申辩就对孩子大声呵斥，孩子往往会失去安全感。幼儿对这个世界所能掌控的东西本来就少，如果家长也不能为其创造一个彼此平等的家庭环境，他们往往会失去对世界的信心，进而孤僻内向、行为消极，甚至引起悲剧的发生。

3. 尊重学前儿童的生存和发展

学前儿童是社会的人，生来就具有人的尊严和价值，他们享有人的各种权利。但是在成人眼里，学前儿童是弱小的、无知的、不成熟的，他们究竟有哪些权利需要我们尊重，往往不被人们重视。由于幼儿所处的特殊年龄阶段，容易被视为"重点保护对象"，加上又是"独苗一枝"，更是父母娇宠的宝贝。当前，家庭教育中不尊重儿童的问题主要表现为家长常常剥夺儿童应有的权利，例如，替孩子穿衣、喂他们吃饭、不愿意让他们与别人交往、限制他们自由游戏的时间等，殊不知这些"包办"与"限制"是对学前儿童应有权利的侵犯，会使学前儿童自身潜在的能力逐渐退化，成为任人摆布的木偶，变为"无能的一代"。应当确信，孩子的成长是谁都代替不了的，儿童的生存与发展的权利是属于他们自身的，成人决不能越俎代庖。但是，由于我们对学前儿童不够了解，在家庭教育实践中，出现了一些偏差，即我们对学前儿童的尊重往往是表面的，甚至认为对儿童的尊重就是不要约束他们。正确的观点是尊重儿童不等于不要约束、不要批评。相反，对儿童合理的约束、正确的批评是对他们健康发展的尊重，我们不能从一个极端走向另一个极端。

需要我们注意的是，尊重不是"一切以孩子为中心"。事实上这种观念具有很大的潜在危险，容易让人产生一种错觉，即什么事情都得向着孩子、"苦什么别苦了孩子"、孩子永远都是对的、把孩子看作家里的"小祖宗"，一味的迁就、娇惯、放纵，使儿童在溺爱中成长，为所欲为，致使他们长大以后，经不起风雨，不能承受挫折，在成长的道路上四处碰壁，不能适应未来的社会生活。到那时，我们后悔已晚。因此，这种观念需要得到正确的引导。实际上，孩子的知识技能远比大人少，更容易犯错误的是他们，成人最多是给他们提供了犯错误的条件。这里说的"尊重孩子"含义非常简单、明确，就是要把孩子看成一个独立的个体。尊重是相互的，孩子有着自己的权利和义务，我们既要尊重他的权利，也要提醒他的义务。

4. 使学前儿童成为发展的主体

学前阶段是一个有其独特需求的人生阶段。学前儿童好动、爱玩，他们喜欢畅想，他们需要快乐，他们更需要成人的陪伴……目前，我们能够做到的也许很多很多，但相比之下，满足儿童物质的需要远远超出了他们精神上的需要，特别是对学前儿童内心世界的需求，我们了解得太少了，以至于我们常常会忘记他们的存在。随着人们居住环境的改善，孩子们活动的空间会变得越来越小，豪华的装修与陈设限制了儿童的活动；假日里，孩子们常被家长牵着走东家、串西家；周末，家长们不辞辛苦陪着孩子们学这学那，但从不考虑孩子也需要放松一下；父母忙于工作和事业，时常冷落了孩子，使他们从小就适应了孤独的生活……我们常抱怨孩子不会与人交往，但从不给他们提供交往的机会，我们常埋怨孩子不会选择，但从没有给他们创造选择的条件。这些，难道不值得我们自省吗？表面上看，我们时常把孩子放在重要的地位，十分关照他们的衣食住行，实际上，我们对他们内心需求的忽略是我们意识不到的。对儿童精神需求的忽视，使他们逐渐失去了主体性，孩子学会的只是盲目地听话与服从。长此以往，儿童的天性会渐渐淡化，兴趣会越来越少，生活也将变得十分枯燥。尽管当今的孩子物质上极为富有，但我们一旦忽略了他们内心世界的需要，孩子的童年同样不会幸福快乐。他们要长大成人，要走向社会，为了他们的将来，为了他们能够适应未来的社会，我们应该理性地对待他们，使他们真正成为自我发展的主体。例如，从小培养孩子的责任感，使他们从小学会约束自己，懂得遵守必要的规矩，遵守社会的道德行为准则，这种意识必须从小培养。随着年龄的增长，学前儿童还要学会控制、调整自己的欲望，锻炼自己的意志，形成坚强勇敢的品质。

我国著名的幼儿教育家陈鹤琴先生曾经提出"一切为了孩子，为了孩子的一切，为了一切孩子"，这其中就已包含了儿童主体性的思想。从现在的角度来看，能否正确认识学前儿童的主体性，树立儿童主体性观念，并在家庭教育实践中充分体现出儿童的主体性，关系到儿童的发展权利是否能够得到充分的实现，也关系到儿童的积极性、主动性和创造性能否得到充分的发挥等一系列有关问题。所以陈鹤琴先生反复强调对子女应该爱护，但是绝对不可溺爱，"凡是儿童自己能够做的，应当让他自己做"，"凡是儿童自己能够想的，应当让他自己想"。家长的责任是帮助学前儿童生活、自立和做人，给他以关心和爱护，帮助他做事，而不是代替他做事，否则是有害的，其害处是：一是剥夺了孩子身体肌肉发展的机会，二是使孩子养成怠慢、懒惰的习惯，三是抑制学前儿童自主发展和独立发展的精神。

案例 **4-2**

孩子特别喜欢在洗澡后玩水，不想离开浴缸。两位妈妈选择用食物引诱孩子离开浴缸，但方法不同。

第一位妈妈在孩子洗完澡后，对他说："如果你现在擦干身体穿好衣服，妈妈就给你拿最喜欢的小点心吃！"当孩子选择从水盆里出来后，妈妈再拿小点心给孩子。

另一位妈妈待孩子进入浴室后，就在门外摆上孩子最喜欢的小点心。孩子洗完澡后马上把门打开，让孩子清楚地看到小点心。她对孩子说，要么就在水里继续玩下去，要么现在就出来吃小点心。孩子选择了吃点心，高高兴兴地离开了浴缸。

评析：后一位妈妈把小点心放在孩子可以看到的地方，分量正好是她心里想让孩子吃的块数，所有的一切都做得自然，让孩子从心里感觉到，从头到尾都是自己的选择，得到的也都是自己选择后的结果；而前一位妈妈的做法则出现了模糊选择的情况。首先，孩子面对的是"看得到的水"和"看不到的点心"，难以判断选择的价值；其次，孩子不知道点心的数量，有了讨价还价的余地；再次，点心是妈妈拿给他的，淡化了选择的成就感。

用不同的教育方法，孩子对选择的认识自然也不同，第二个孩子会经历思考、比较再选择，不管结果好坏，都是自己的责任。第一个孩子却是根据父母的话来判断，如果结果不合意，就可能会把责任推卸给父母。

若孩子从小到大选择权一直都在父母手中，那么他长大后遇到问题难免会抱怨父母。但是如果父母一直提供选择的机会，即使孩子长大后，出现选择错误的情况，也只会怪自己没考虑好就做错决定，不会将责任推到别人身上，因为孩子从不断的选择过程中，会慢慢学到一个很重要的事实：人生是要自己选择、自己负责的。

三、一致性原则

（一）含义

一致性原则是指学前儿童家庭教育应当有目的、有计划地把对孩子各方面的教育要求加以统一，使其互相配合、协调一致、前后连贯地进行，以保证能促进孩子的全面发展。学前儿童家长要认识到，影响孩子的因素是多方面的，只有各方面的教育力量协调一致，才能形成一种合力，取得最佳的教育效果。

（二）要求

1. 家长对待孩子的态度和要求应一致

家长对待孩子的态度一致是指在某一时、某一事的教育上，所有家长的态度要互相配合、协调一致，使孩子的品德和行为按照统一的要求发展。家长之间不要矛盾、对立，或一个提出这种要求，一个提出另一种要求；有的要求严格，有的放任自流；一个过于严厉、苛刻，一个过于温和、宽容，这对孩子的发展很不利。这里的家长包括父母和祖父母等长辈。

首先，父母双方在教育子女的态度上要协调一致，并相互配合，该宽则宽，该严则严，在孩子面前树立起一个慈祥而威严的形象，使孩子容易接受父母的教育。不能一个家长过于严厉、苛刻，一个家长过于温和、宽容。父母教育意见不一致，独生子女家庭往往比非独生子女家庭的情况更为严重。特别是当孩子犯了错误时，常常会出现"爸爸打，妈妈护；爸爸批评，妈妈打圆场"等现象，甚至还会因子女教育意见不一致而引发一场"二人大战"。父母步调不一致，这样无形中削弱了父母的威信，为孩子的不良行为制造了温床。如此下去，后果将会不堪设想。幼儿教育家陈鹤琴先生认为，"做父母的对于子女的教育应有一致的措施"。他反对中国传统家庭中的父严母慈，一个黑脸、一个白脸的做法，也就是说，父母要"在小孩子面前取同一态度"，只有步调一致，才能使儿童按着统一的、正确的方向发展。

其次，在三代同堂的大家庭中，老人之间、老人与孩子的父母之间对待孩子的态度要一致。在现实生活中，有些家庭以孩子为中心，独生子女成了家中的"小太阳""小霸王"，患了"四二一综合征"，即爷爷、奶奶、外公、外婆四位老人和爸爸妈妈两人共同围着一个孩子转。当孩子有了缺点、错误时，有的主张批评教育，有的却要包庇护短。家庭成员在认识和要求上的不一致，必然会以不同的情绪、不同的态度、不同的做法暴露在孩子面前。这样不仅影响了家庭和睦，而且不利于教育孩子，使得孩子无所适从或有机可乘，养成任性、是非不清、听不进正确批评、常常无理取闹等不良的品德和行为，甚至造成孩子双重性格等不良后果。

2. 家、园对待孩子的态度和要求要一致

家庭教育与幼儿园教育应该是结合在一起、相互促进的。家长要了解幼儿园的日常教育活动，如果对幼儿园的教育方法有怀疑，应该与园方沟通，以免与家庭教育相冲突，使得孩子无所适从。家庭教育和幼儿园教育在学前儿童成长中的作用和意义都非常重大，二者必须一致起来，才能取得最大的教育效果，但是我国的家庭教育和幼儿园教育往往配合得不太好，相互脱节。例如在有些方面分歧较大，幼儿园教师煞费苦心所取得的成果往往被家长们不经意的一言一行所否定；也有一些家长倒很注意教育，但不了解幼儿园的情况，孩子在家里学的和在幼儿园里学的常不能相融合，甚至两方面发生冲突；另外，幼儿园也不主动去和家庭合作。因此，家庭和幼儿园都应该改变观念，加强联系和合作。儿童与父母的感情很深，相处的时间长，因此父母对儿童的影响也较大，学前儿童在幼儿园培养的行为和习惯往往抵挡不住家庭不利环境的影响。

案例 4-3

琳琳是个文静而秀气的小女孩，幼儿园大班开学的第一天，她的妈妈送她来上学时就对老师说："我们家孩子性格较内向，脾气有点古怪，又不爱多说话。在家中我们也不知道用什么方法来开导和教育她才好，希望老师能多关心、多教育和开导她。"

　　有一次小朋友之间在一块玩时，一个小朋友在后退时不小心踩到了琳琳的脚。于是她就使劲地推了那位同学一下，还踢了那个小朋友两脚。老师批评她，可是她却说了一句："我妈妈说的，别人打了你，你就使劲地打她。"老师意识到，琳琳妈妈疼爱自己的孩子，说了一些不该说的话，在幼小的心灵上打上了烙印。于是，老师抓住这一点对她说："你觉得你妈妈说的这句话对吗？"又对她说："如果一个同学打了你，你使劲打他，这位同学不服气，反过来再使劲打你，这样打来打去，能解决问题吗？更何况刚才这位同学并不是有意踩你的脚。在这件事上，老师只能认为你知错犯错，对你更应严厉批评，你再好好想想，老师所讲的到底对不对。"听了老师的话，琳琳认识到是自己错了，并对老师说："还是老师说得对，老师，我错了！"老师肯定了琳琳承认错误的勇气，同时要求她把今天这件事回家告诉妈妈。回到家中，琳琳将这件事如实地告诉了妈妈，并对她的妈妈说："妈妈，你叫我打人是不对的，老师说，小朋友间要团结、友爱，不能随意打人，这才是对的。"第二天，琳琳妈妈来到幼儿园与老师交换了意见，她说："孩子在幼儿园上小班时常与小朋友有摩擦，而我的一句不该说的话却对孩子有这么大的影响，以后，我一定会注意和幼儿园老师的教育保持一致。"

　　评析：孩子的健康成长是家长和老师共同的责任，双方要密切合作，经常交流和沟通。尤其是孩子犯了错误，家长和老师都要反思，共同探求原因，寻求解决之道，切勿互相推诿、推卸责任。

3. 家长对学前儿童的要求要一以贯之

　　学前儿童家庭教育中，有时候家长对孩子的要求会出现前后不一致的情况。他们先是这样要求孩子，看到孩子出现的倾向较难以改变时，就放弃了矫正的努力，再去那样要求孩子，朝令夕改，变化无常。这样的教育和管理，不能使学前儿童养成良好的行为和习惯，也让孩子无所适从，不知道家长的哪种要求是要听的。带孩子是一项很重要、也很难的工作，只要要求是正确的，适合孩子的发展，就应该坚持。有些家长有时间就对孩子提出的要求比较具体，如果工作忙，没有时间，提出的要求就比较随意，甚至有时没有要求，对孩子的一切听之任之。这样的态度不但于情感培养不利，而且会影响孩子诸多好习惯的养成。孩子的习惯决定他的一生，好习惯是孩子一生的财富，而这笔财富就在家长的坚持中，在一以贯之的要求中得到。

四、从实际出发原则

（一）含义

　　从实际出发原则也叫因材施教原则，是指家长对学前儿童进行教育时，要从实际出发，根据他们的年龄特征和个性差异进行教育，采用适当的教育形式和方法。

　　这是一条具有中国传统文化特色的教学原则。两千多年前我国最早的一部教育专著

《礼记·学记》中指出："教也者，长善而救其失者也。"南宋大教育家朱熹总结伟大教育家孔子的教育思想和大量教育实践，归纳为："夫子教人，各因其材"。从实际出发、因材施教这一原则发展到今天，也是学前儿童家庭教育的一条非常重要的原则。由于先天的遗传素质、后天的生活环境和教育影响的不同，每个孩子在身心发展的可能性、方向和水平上都存在着差异，所以家长要从孩子的实际出发，因材施教。

（二）要求

1. 根据孩子的年龄特征和个性特点教育

了解孩子是教育孩子的基础。家长要想教育好自己的孩子，首先必须了解他们。从一定意义上讲，每个孩子都是一本书，一本家长必读的书。作为家长，要教育好孩子，必须在掌握一定科学育儿知识的同时，读懂孩子这本书，即了解孩子的年龄特征、个性特点与发展水平，了解孩子所思所想及他的兴趣与潜能，在此基础上进行教育。比如，与幼小的孩子沟通时，身体的接触是必不可少的，心理学实验表明，身体肌肤的接触有利于安抚儿童的情绪，让他们感到温暖和安全。对一个知道做错了事、充满害怕的孩子来说，成人亲切地搂抱他一下，摸摸他的头，远比说一句"我原谅你"更让他安心，他会理解"妈妈原谅我了"。对于年龄稍大一些的学前儿童，家长要了解孩子的个性特点。有的孩子自信心强，有的孩子比较自卑，对这两类孩子，家长在教育上就要有所不同。对前者，家长应在保护孩子自信心的同时，注意让孩子看到自己的不足之处；对后者，则要帮助孩子看到自己的优势与潜力，注意为孩子创设获取成功的机会，并给予适当的鼓励，使其增强自信心，克服自卑感。这样根据孩子实际情况进行有针对性的教育，就会取得较好的效果。

2. 抓住时机适时教育

家长教育孩子不但需要知识，更需要智慧，要抓住教育的有利时机。每个孩子都是不一样的，如同树上的叶子，要使孩子最大程度地发挥自己的潜能。有这样一个故事：有一位妈妈在厨房洗东西，听到她的儿子在院子里跳个不停，妈妈好奇地问："你在玩什么呀？"孩子回答："我跳到月球上去了！"当时这位妈妈愣了一下，但她很有智慧，随后她很温和地说："喔，千万不要忘了回来呀！"许多年后，这个孩子长大了，他成了地球上第一个登上月球的人，他的名字叫阿姆斯特朗。抓住教育的有利时机，适时地进行教育，能够激发孩子的好奇心、求知欲。

3. 因势利导发展特长

案例 4-4

5岁的恬恬学习弹钢琴已有两年了，她的双休日大部分时间是在钢琴前度过的，每当她用美慕的眼光望着在院子里奔跑的同伴时，妈妈总会提醒她要专心练琴。随着时光的流逝，恬恬对钢琴逐渐产生厌恶的情绪——"就是因为它，我连玩的时间都没有了。"恬恬甚至做梦都在想办法如何砸碎这架让她备受痛苦的钢琴。

这个例子有一定的代表性，它确实是一部分儿童家庭生活的写照。有的家长为了使孩子赢在起跑线上，在孩子很小时就给他们定下了发展方向，让他们专学一门技艺，发展特长。很多家长为了实现自己的追求与梦想，不惜一切代价，相互攀比，完全凭自己的主观愿望和意志，把自己的兴趣和爱好强加给孩子，拼命让孩子学这学那。由于望子成龙心切，为了让孩子早日获取一技之长，他们没有时间去观察孩子的兴趣，甚至也不愿意与孩子商量学些什么，过早地、主观地确定孩子的发展方向，盲目选择学习内容。欲速则不达，拔苗助长不仅无益，反而害之。还有的家长希望把孩子培养为"全才"，让孩子学绘画、学音乐、学舞蹈、练书法等，恨不得在学前阶段让孩子什么都学会，结果孩子什么都学不好，甚至把身体累垮，这种做法，严重地影响了孩子的健康成长与和谐发展。家长应具有的正确态度是：要让孩子的生活充满快乐，尊重孩子的选择，对孩子的兴趣加以引导，根据孩子自身的实际，发展其特长。

五、正面教育原则

（一）含义

正面教育原则是指在学前儿童家庭教育中，家长要以正面的事实、道理、榜样等对孩子进行启发、引导，利用正面疏导和说理教育调动孩子自我教育的积极性。

古今中外的教育家们历来都重视对学前儿童的正面教育。古希腊教育家柏拉图认为，幼儿教育应以正面引导为主。幼儿的心灵比较单纯，对接受的事物也容易留下深刻的印象，要使学前儿童将来成为符合社会道德规范的人，在教育内容上就应该符合国家的道德规范，就应该注重积极的正面教育。我国幼儿教育家陈鹤琴先生根据儿童喜欢称赞、嘉许、奖励，而不喜欢禁止、抑制的心理特征提出了"正面教育"的原则。

（二）要求

1. 讲清道理，正面疏导，提高学前儿童的自我教育能力

有的家长平时很注意教育孩子，在教育上也没有少花精力，但效果不好，甚至出现"越管越糟"的现象。例如其中一些家长，平时老盯着孩子的缺点，整天唠唠叨叨批评个没完，或者总爱当着孩子的面去数落孩子的缺点。这种做法不仅不利于孩子克服缺点，反而会强化缺点。因为，对年龄小的孩子通常是以成人的评价来认识自己的，成人说他怎么样，他就认为自己是怎样的，而且这种数落很容易伤害孩子的自尊和自信心，不利于幼儿的身心发展。孩子有了缺点，家长怎么办呢？首先，家长应通过讲故事、讲道理等方式耐心教育孩子。柏拉图指出，在讲故事时应该对故事进行审查，选择编得好的故事，学前儿童最初听到的应该是最优美、最高尚的故事。学前儿童在进行诗歌、故事模仿时，教育者应该引导他们采取好的言词、好的音调、好的节奏，只有这样才能使儿童受到良好的道德环境的熏陶，才能和优美、理智融合在一起，最终形成积极乐观的精神状态，成为道德高尚的人。孩子们做的游戏也应该符合法律规范，否则，孩子在将来就不可能成为品行端正的守法公民。其次，当孩子在家长的教育下有了进步时，要多进行肯定、鼓励、表扬，促进孩子的行为朝着家长所期望的、良好的目标前进。一个经常得

到家长正面教育的孩子总会充满信心地、愉快地成长。陈鹤琴先生主张对小孩子多给予积极的鼓励和诱导，不要给予消极的刺激，要多用言语来激励他，使得他居于自觉主动的地位，而且使得他很高兴地去做事情。

2. 通过正面榜样和实例激励孩子

榜样的力量是无穷的，对所有的人来说都是这样，对学前儿童更是如此。孩子的年龄越小，榜样的感染力就越大。孩子出生后，首先接触的是父母和其他家庭成员，在孩子还没有掌握语言工具的时候，他们受教育和影响的方式，主要是借助于具体形象。孩子们最初形成的行为习惯，几乎都从模仿家长而来。不管是好的或不好的行为习惯，孩子都不加选择地一概模仿。这就要求家长必须注意自己的行为习惯，全面提高自身素质，从各个方面给孩子树立正面的榜样。另外，家长可以用生活中的实例，对孩子进行正面引导和教育。比如，可以引导孩子学习身边的小朋友所表现出来的好的品德和行为习惯，身边的小朋友对孩子来说比较熟悉，容易理解和接受，具有直接的教育作用，能激起孩子赶超的上进心。

案例 4-5

女儿快 2 周岁时，已很爱听我讲故事了。每天晚上临睡时，她就躺在我身边，一声不响地听我讲故事，两只纯真的眼睛盯着天花板，听得非常入神，听到动人处，还会露出会心的微笑。

女儿知道我买了好几本故事书，放在枕头边。她每天晚上躺到床上，就急不可耐地叫道："妈妈，书，书——"实际上就是要我马上讲故事。后来，她无论看到什么报纸杂志，就拿到我面前说："妈妈，快讲故事。"在她小小的心灵中，已经知道这些美妙的故事都藏在印有黑乎乎的铅字的书报上。

发现女儿这么爱听故事，我买来几盒讲故事的磁带，用收录机放给她听。哪里知道她对配有音乐的故事并没有多大的兴趣。收录机在放，她只顾自个儿在玩耍。原来她只爱听妈妈讲的故事！

一次，我录制了一盒我自己讲的故事磁带，拿回家放给女儿听。结果，收录机一打开，听到我的声音，女儿就停下手里的"活儿"，一动不动地坐在小凳子上听起来。后来，我又在录制故事时配上音乐，这样既有生动的故事，又有美妙的音乐，女儿当然就更爱听了。我惊奇地发现，女儿对故事有惊人的记忆力。一个故事只听了两三次，她就能记住其中的一些句子，她能边玩耍边自言自语地学着讲这些故事。有时她一时想不起来，我帮她接下去讲时，她居然还能纠正我讲的一些错误。

看着女儿这么喜爱听故事，我就用故事中的内容来教育她。比如她晚上入睡时要我抱，我就说："小小男子汉的故事不是说过'吃饭不要妈妈喂，睡觉不要妈妈抱'吗？"听我讲起这些她很熟悉的句子，她就发出会心的微笑，然后乖乖地躺着不吵了。又如她要吃很多糖，我就说："你记得吗？甜甜因为吃了好多糖，成了小糖人，差点儿被大灰狼吃掉了。"这样，她一想到故事里的情节，就会马上克制自己，不再吵着要糖吃。

我太高兴了，讲故事不仅使我们母女俩沟通了感情，而且使我找到了一个教育女儿的好方法。

（摘自山东学前教育网，http://www.sdchild.com/jtye/jygy/2012-10-24/21335.html）

六、言传身教原则

（一）含义

言传身教原则是指在学前儿童家庭教育中，不仅要善于说理，同时也要以自己的行为给孩子做出榜样，既要注意言传，又要注意身教，把二者统一起来。学前儿童家长是孩子最早的接触者，他们的思想品德和行为习惯，对孩子有着潜移默化的影响，在家庭教育中，孩子往往是听父母所言，观父母所行。因此，学前儿童家长不仅要重视对孩子的说理教育，更要重视以身作则，真正把二者结合起来。

（二）要求

1. 善于说理

由于学前儿童生活经验和社会知识的缺乏，生活中常会出现问题，时刻需要父母的指点。家长给孩子讲清道理，让孩子明确应该做什么，不应该做什么，是非常必要的。因为学前儿童年龄小，家长给孩子讲大道理，孩子很难听懂，可以从身边的具体的事说起。比如教育孩子爱祖国，可以从爱身边的人做起，爱自己的爸爸妈妈、爱幼儿园的老师和小朋友等。给孩子讲道理，不要无休止地"唠叨"，更不能大声呵斥，要注意方式方法，应追求"随风潜入夜，润物细无声"的境界。有人认为母亲的胸怀是婴儿的"教室"。母亲的大声训斥、出口不逊的言语，即便婴儿不谙世事，也会对其造成不良的影响，对其身心健康不利。家庭的情感关系对学前儿童个性的形成都有影响，在一个洋溢着"爱"的家庭中，父母本身也是在这种爱的熔炉中成长的，并且把爱传下去，在下一代身上再现出来。那种"棍棒之下出孝子"的思想，怒斥打骂、体罚羞辱，只会使孩子形成孤独、抑郁、执拗的性格，家长千万要纠正那种错误的行为和做法。

2. 以身作则

教育孩子只靠言传是不够的，也难以达到教育的目的。因为父母对孩子进行说理教育是一时的，而孩子从早到晚看到的却是父母活生生的形象，两者相比，后者比前者更有影响力。另外，每一个孩子都具有模仿的天性，父母是子女最直接的模仿对象，父母的一言一行、一举一动，甚至连站立的姿势、走路的步态、说话时的声调和表情，他们都会不加取舍地效仿。孩子越是在小时候，就越是崇拜、依赖父母。对孩子来说，父母本身就是一种教育因素。所以，要提高学前儿童家庭教育的效果，家长以身作则是最重要的事情。

孙敬修老前辈曾对家长们说："孩子们的眼睛是照相机，脑子是录音机，你们的一言一行都刻在他们的心上，要做好榜样啊！"给孩子做榜样，就是以身作则，身体力行，要求孩子做的，家长首先应做好，比如，要求孩子讲文明、懂礼貌，自己就要谈吐文雅，见到熟人主动打招呼。为人父母要给子女从小树好榜样，让孩子快乐、健康地成长。

3. 身教和言教相结合

父母在实施家庭教育的过程中，要根据学前儿童年龄特点和接受程度，将身教和言教相结合，循循善诱，让孩子可以由无意识的模仿发展到有意识的模仿。无身教的言教是没有力度的，是不具体的；无言教的身教也是不充分的。孩子是祖国的未来，他们具有极强的可塑性，而父母是他们的第一任老师，孩子的许多习惯是从父母那里学来的，家长的一言一行都会潜移默化地影响和感染孩子。因此，家长更应该规范自己的行为，用爱心来培育孩子，用细心去照顾孩子。孩子是一张白纸，父母若不注意，很容易将不良习气传给孩子，在白纸上留下污点。父母只有不断加强自身修养，将言传身教相结合，才能帮助孩子养成良好的习惯。

小资料

家长的 20 个坏习惯

坏习惯 1：不耐烦

由于工作繁忙、压力大，回到家看到孩子又吵又闹，你终于忍不住大吼起来："怎么老是哭啊哭啊！别哭了，真是个烦人精！"

提醒：一个自尊并且尊重他人的孩子，一定是先得到成人的尊重。

坏习惯 2：不回避

结婚多年，你和爱人经常为一些鸡毛蒜皮的小事当着孩子的面吵翻天。

提醒：我们的敌对、争吵，给孩子提供了一个攻击性行为的坏榜样。

坏习惯 3：太"大方"

你勤俭持家，舍不得给自己买新衣服，可是对孩子却很大方，从不教他节省。

提醒：我们的这种"爱"，会使孩子只懂得得到，不懂得付出。

坏习惯 4：不关心

每天你下班回到家里，总是习惯性地问孩子："今天在幼儿园里过得怎么样？"一边问，一边忙着做饭，整理房间，或者看报纸。

提醒：我们的行为好像在告诉孩子：我并不关心你的答案。于是，孩子从我们身上感受到了不被尊重，并学会敷衍别人。

坏习惯 5：不认错

你的孩子为争夺玩具而跟别的小朋友吵架，你的惩罚有些重了，可是你想：父母言行要前后一致，于是从不把话收回。

提醒：我们犯了错误，拒不认错，孩子也跟着一错到底。

坏习惯 6：爱抱怨

朋友爽约，你对孩子和妻子抱怨："以后别再理他了。"

提醒：你让孩子看到，在面对失望的时候，你没有积极地想办法解决问题，只是一味责备和埋怨别人。

坏习惯 7：不娱乐

孩子吵着要你给他讲故事，可你总是不停地忙着其他的事情。

提醒：我们的行为举止使孩子明白了一个"道理"：生活中只有工作，没有娱乐，家庭中只有家务，没有游戏。

坏习惯 8：爱争执

你和孩子排队在超市等着付款。一位妇女插队站在了你的前面。你与她理论，最后争吵了起来。

提醒：我们的做法对孩子进行了错误的社交技能训练，使孩子误以为吵架、谩骂乃至打架都是解决冲突的好办法。

坏习惯 9：撒谎、推托

你是幼儿园家长委员会的成员，老师请你帮忙写几篇小文章用在园报上。可是你一直很忙，后来你打电话给老师，告诉她你病了，让她再找其他家长来写。

提醒：没有尝试就先退缩，孩子学会了把许诺抛之脑后，靠撒谎使自己轻易摆脱责任。

坏习惯 10：说配偶坏话

婚姻之路终于走到了尽头，你心中充满了对另一方的怨恨。于是你对6岁的女儿历数另一方的不是，并且告诉女儿："爸爸/妈妈不要你了，你从此再也不要理他/她。"

提醒：这样做，孩子学会了恨和报复，更大的问题是，他会对自己一生的幸福都没有信心。

坏习惯 11：太容忍

某一天，你突然发现爱人有外遇了。你容忍，你告诉自己："只要他/她还要这个家就行了，你还图什么呢，不就是要给孩子一个完整的家吗？"

提醒：我们"善意"营造的一个貌似完整的家，并不能给孩子足够的温暖和爱。

坏习惯 12：不敬老

在结婚问题上，你的婆婆曾经百般阻挠，于是，婚后你从不孝敬老人，也从不带儿子去老人那里玩，还经常当着孩子的面诅咒老人。

提醒：不为孩子树立孝敬的榜样，那么总有一天恶果会降临到你自己头上。

坏习惯 13：乱丢东西

你总是习惯随手乱丢东西，妻子会把你随手乱丢的一切东西都收拾好，从来不需要你操心。

提醒：这样，孩子也会养成把一切责任都推给别人的习惯。

坏习惯 14：言行不一致

你在家总是鼓励孩子学习孔融让梨，而在公共汽车上却与老人、儿童抢位子，或者在"禁止入内"的牌子下让孩子爬到雕塑上摆 pose。

提醒：我们说一套做一套，孩子长大后会很难坚守自己的道德操守。

坏习惯 15：爱比较

你总是对孩子说：谁谁怎样怎样，他比你强！

提醒：我们总是用别的小孩的标准来衡量自己的孩子，这会使孩子把注意力放在和别人比较上，长大之后做事就会轻易受其他人影响。

坏习惯 16：无秩序

路上又堵车了。你将车从紧急停车道上开了过去。后面 5 岁的女儿问你："为什么我们走这边？"你说："这儿没警察，也没有摄像头，没关系的。"

提醒：我们在没人监督时违规，孩子就学会：只要不被抓住，做什么都可以。

坏习惯 17：过分爱护

你在厨房里忙得热火朝天，6 岁的儿子钻进来想帮忙，你赶紧把孩子推出厨房："去去去，小孩子不要多管闲事，一边待着去。"

提醒：我们对孩子的"爱护"，让孩子认为一切都是父母的事。

坏习惯 18：不服气

吃饭时，你当着孩子的面愤愤不平地告诉爱人："小王升职了，他有啥了不起的，不就懂些电脑吗……"

提醒：我们不承认自己不如别人，孩子就学会以自我为中心，不思进取。

坏习惯 19：压抑能动性

5 岁的儿子试图拆开一只闹钟看个究竟，你不禁勃然大怒："小孩子懂什么！不准乱动！"

提醒：简单地说"不"只能破坏亲子关系，压抑孩子的能动性，迫使他们转入"地下活动"。

坏习惯 20：连骗带吓

女儿吵着要买芭比娃娃，你想制止她，就连骗带吓地说："不听话，警察来抓你了。""不听话，爸爸妈妈不要你了。"

提醒：一旦孩子证明"自己被骗了"，以后就不再相信大人的话了……

（摘自山东学前教育网，http://www.sdchild.com/jtye/jygy/2015-04-28/52442.html）

第二节　学前儿童家庭教育的方法

　　学前儿童家庭教育的方法是指学前儿童的家长在对孩子实施教育时所选择和运用的具体方式和手段。能否恰当地选择并创造性地运用科学的教育方法，直接关系着家庭教育能否顺利进行，直接影响着教育的效果，决定着家庭教育目的和任务的实现。

　　影响家庭教育的因素是多种多样的，家庭教育过程中所遇到的问题是错综复杂的。在这种条件下对学前儿童进行家庭教育，要求家长要理解、掌握多种教育孩子的科学方法，学会选择并运用家庭教育方法。

一、环境熏陶法

（一）含义

环境熏陶法是指在学前儿童家庭教育中，家长有意识地通过创设良好的家庭氛围，对孩子施加潜移默化、熏染陶冶的教育的方法，目的是让孩子养成良好的行为习惯和高尚的道德情操，从而使孩子的身心得到和谐发展。

（二）要求

1. 重视家庭环境的影响

家庭环境是学前儿童最早的、最直接的生活环境，家庭的生活环境每时每刻都在影响着孩子。家庭环境不同，对孩子的影响作用也不同，有的家长给孩子的是积极的影响，而有的家长给孩子的却是消极的影响。中国古代脍炙人口的孟母三迁的故事，充分说明了古人已经认识到家庭环境对孩子成长的重要作用。我国著名的爱国将领朱庆澜先生曾经说过，孩子一生下来就像雪白的丝，家庭生活好似第一道染缸，学校好似第二道染缸，社会好似第三道染缸。他认为关键是第一道染缸，第一道染缸染上了红色底子，以后再受到好的教育就会变成大红、朱红，即使以后受到不良的影响，红色底子也不会完全变黑；但如果第一道染缸染成了黑色底子，以后就是受到好的教育，黑色也难完全褪去，如果再受到不良影响那就更是黑上加黑，永远不能褪去。他还把家庭环境称为"家庭的气象"，他认为应当重视"家庭的气象教育"。他说："气象就是样子，家里是个什么样子，小孩子一定变成那个样子。家庭气象好比木头，小孩好比木头的影子，木是直的，影子一定直，木是弯的，影子一定曲。"可见，朱庆澜先生非常重视学前儿童家庭教育环境的影响。苏联教育家马卡连柯说过："家庭集体的完整和团结一致是良好教育的一个基本条件"，因为家庭生活本身在不断地影响着学前儿童。他还说："教育的过程是一个不断的过程，它的各个细节由家庭的风气来决定，而家庭风气不是想出来的，也不能用人工来保持。亲爱的父母们，家庭风气是由你们自己的生活和你们自己的操行创造出来的。如果你们生活上的一般作风不好，即使最正确、最合理，并且是精心研究出来的教育方法，也将是没有用的。相反，只有正当的家庭作风，才能给你们提供对待孩子的正确方法。"可见，创设良好的家庭环境是多么重要。

2. 创造和谐的家庭生活氛围

父母与孩子之间的血缘关系和亲缘关系的天然性和密切性，使父母的喜怒哀乐对孩子有强烈的感染作用。西方专家一致认为，父母对生活的态度很大程度上影响孩子的认识。患得患失、斤斤计较、悲悲戚戚的父母常常有具有同样品质的孩子。在家长高兴时，孩子会参与欢乐，在家长表现出烦躁不安和闷闷不乐时，孩子的情绪也容易受影响，学前儿童更是如此。如果父母缺乏理智而感情用事、脾气暴躁，就会使孩子盲目地吸收其弱点。家长在处理一些突发事件时，表现出惊恐不安、措手不及，对子女的影响也不好；如果家长处变不惊、沉稳坚定，也会使子女遇事沉着冷静，这样会对孩子心理品质的培养起到积极的作用。这就要求家长要有良好的个性品质，诚实守信、勤奋好学、正直勇敢、乐于助人、对人有礼貌、做事有恒心、坚韧不拔，并有开朗、热情、自信、乐观、宽容、自制等性格特征。家庭成员之间，特别是父母之间，要互相尊重、互相信任、平等待人、和睦相处，共同关注孩子的成长。在一个民主、宽松的家庭中，成人之间感情融洽，关系和谐，使孩子感到轻松愉悦，没有任何精神压力。这种环境会使孩子自发地陶醉于充满乐趣的各种创造性活动之中，这对孩子良好个性的形成及创新意识的萌发将起到一定的促进作用。

3. 美化家庭生活环境

学前儿童的生存离不开家庭，家长应为孩子创造一个良好的家庭生活环境。当父母按照自己的意愿把整个家庭环境布置得整洁、大方、优美、清新、典雅的时候，也需要考虑儿童的特点和愿望，家长最好和孩子一起创造一个充满童趣的世界。与儿童的生理、心理特点相适应的物质环境有助于他们的健康成长，这样能使孩子生活在一个环境舒适、宁静、温暖的家庭中。父母可以给孩子准备好小书桌、小书柜、玩具柜、大地图、地球仪、科学实验仪器等。孩子的生活环境要有色彩鲜艳的图案、美丽的风景画和优美的书法作品。布置房间最好也让孩子动手，发表意见和看法。但是，有的家长对创设良好的家庭教育环境缺乏必要的认识，觉得创设与不创设没什么两样，采取放任自流的态度；有的家长在室内装潢时，没有从自己孩子的实际需要出发，因地制宜，有针对性地创设，而是搞铺张浪费，追求富丽堂皇，只知道按照大人的心愿来布置，而完全忽视了要为孩子创设一个发展的空间，他们根本没有认识到只有适合孩子需要的，才是最好的这个道理。

4. 提高文化素养，追求高尚的精神情趣

实践证明，学前儿童家长的文化素养决定其精神情趣。有的家庭，平时的生活既严肃又活泼，人人讲究文明礼貌，精神生活丰富、充实，情趣高雅，喜欢读书看报，在这样的家庭里生活的孩子，肯定会受到良好的影响。

这里需要注意的是，每一个学前儿童、每一个家庭都有其自身的特点，用一成不变的模式去"套"有着千差万别的个体，是不科学的。我们要根据幼儿及家庭的特点，不断探索创设良好家庭教育环境的方法和途径，使之更具实效性和推广性，并在实践中不断总结，不断完善，不断提高。

二、实际锻炼法

（一）含义

实际锻炼法是指在学前儿童家庭教育中，根据孩子的发展和社会的需要，让孩子参加各种力所能及的实践活动，从中受到锻炼，以便学会某种技能技巧，发展能力，培养良好的行为习惯和思想品德的方法。孩子是社会的人，从出生就开始了他的社会化进程。从社会发展的趋势看，未来的社会生活特别需要人具有独立生活的能力、适应社会环境的能力、工作劳动的能力和社会交往的能力。缺乏这些基本能力，孩子将无法适应未来的社会生活。因此，必须让孩子从小参加实践锻炼。

（二）要求

1. 重视实际锻炼

实际锻炼是让孩子身体力行、亲自去做，学前儿童的技能技巧、能力以及良好的习惯和品德不是先天就有的，不是自然而然形成的，不管是多么简单的技能技巧和能力，也不管是什么样的品德和习惯，不经过亲身实践是不行的。家长要积极引导、支持并放手让孩子进行各方面的实际锻炼，这是家庭教育的重要方法。德国大诗人、剧作家歌德的成才得力于家庭教育的早期实际锻炼。歌德2～3岁时，父亲就抱他到郊外野游，观察自然，培养歌德的观察能力。他3～4岁时，父亲教他唱歌，让他背歌谣、讲童话故事，并有意让他在众人面前讲演，培养他的口语能力。这些有意识的引导和教育，使歌德从小乐观向上，乐于思索，善于学习。歌德8岁时能用法、德、英、意大利、拉丁、希腊语阅读各种书籍，14岁时写剧本，25岁时用一个月的时间写成了世界名著《少年维特的烦恼》。因此，我们说培养孩子的技能技巧、能力要从小着手，品德和习惯的养成，也要从小抓起，经常性的训练非常必要。比如，对于学前儿童，有些社会交往技能是必须"教给"的，如怎样参与到别人的游戏活动中去，怎样对同伴的友善行为作出回报，怎样与同伴分享食物、玩具，怎样给予同伴关心、帮助和同情，在这些时候应该说什么话，做出什么样的表情和动作，应经常向孩子讲述并引导孩子付诸行动。如何付诸行动呢？可以让孩子进行角色扮演。例如，你给孩子讲了孔融让梨的故事，可以让孩子扮演孔融这个角色，进行实践训练。国外有人做了这样一项实验，为了帮助学前儿童对一些社会问题作出解释和评价，让儿童在一个由木偶组成的情境中扮演角色，让他人解释参与到一场冲突中去的所有当事人的心情，并展开讨论。结果发现，儿童接受训练的时间越长，他们作出的攻击性的解释就越少；而且，由于他们开始能够考虑到自己行为的后果，他们在同伴中的表现也有明显改进。

2. 有恒心，舍得让孩子吃苦

对学前儿童来说，养成某种习惯和品质，吃点苦是难免的。有的家长心疼孩子，孩子刚一叫苦喊累，就做出让步，半途而废，使孩子养成怕苦怕累、做事虎头蛇尾的毛病。比如孩子学走路，刚摔了一个跟头，有的家长就心疼得不得了，把孩子抱在怀里，再也不让孩子练习走路，这样不利于孩子尽早学会走路。孩子小时候，家长舍不得让他们吃一点苦，受一点磨难，应该学会的技能技巧不会，应该具备的能力不具备，应该形成的习惯和品德没有形成，等孩子长大离开父母独立生活，会吃更大的苦头，会受更大的磨难。

小资料

澳大利亚儿童教育中的"狠心"与"宽容"

在堪培拉的一家幼儿园，记者看到一个三四岁的小女孩，有气无力、孤单单地靠在一边，脸蛋红扑扑的，显然正在发烧。可她的身旁并没有人嘘寒问暖。面对记者的询问，老师萨曼莎却若无其事地说，一般孩子发烧不超过38度就不用吃药，家长也不会因为孩子感冒发烧就不送孩子上幼儿园。受过专门训练的萨曼莎接下来的话更让记者感到吃惊："孩子得点小病、携带点小病毒照样可以到学校来，这样有助于其他孩子增强免疫力。"

在澳大利亚，不少人都认为，小孩不能太娇气，应当比大人少穿些衣服。冬天，澳大利亚幼儿园或小学的一些孩子虽衣着单薄、流着鼻涕，却仍在户外活动；雨天里，被淋得湿漉漉的孩子们在操场上踢球，而家长和老师却撑着伞在场边观看助威的情景就更常见了。此种场景，用"狠心"二字来形容可能并不过分，但正是这种"狠心"培养了孩子们的坚强性格和自信，也锻炼了他们的强壮体魄。

（摘自新华网，http://news.xinhuanet.com/newscenter/2006-05/31/content_4627638.htm）

3. 针对孩子的年龄特征进行具体指导

指导学前儿童进行实际锻炼，要考虑孩子的年龄特征，从孩子的实际能力出发，提出实践的内容和任务。实际锻炼的难易程度应当是经过孩子的努力可以胜任的。在实际锻炼之前，家长要根据孩子的年龄特征，提出要求，进行具体指导。比如，对学前儿童进行爱的教育，不能只讲道理，而应该在日常的、具体的小事中对其进行点滴渗透，爱的教育就是爱的习惯的培养。养成习惯贵在躬行实践，由爱护一棵小草到敬重所有的生命，由善待一只蚂蚁到关爱他人、社会，习惯终会成自然。再如，对学前儿童进行做人的教育。现在有的孩子患上"爱的麻痹症"，家长可以指导年龄稍大一点的学前儿童进行实践，当父母下班时，给他们拿一双拖鞋；回家向父母问好；吃饭时请父母先吃，然后自己动筷。家长还要教育孩子自己的事情自己做。这些琐碎的要求无形中触动了儿童的道德情感，从爱父母到爱幼儿园的小朋友和老师，懂得了学会宽容他人，与小朋友和睦相处，学会合作，善解人意，互相包容。习惯的养成有赖于反复实践。所以，在要求孩子达到某一项行为要求时，一定要让他反复练习、巩固，并经常采取表扬、鼓励的方法，促进孩子自觉地巩固。美国家长在这方面做得非常好，对孩子的教育基本上是以表扬和鼓励为主。孩子会因做好一件小事而得到父母的表扬，或者得到一件心爱的礼物。家长经常对孩子说的一句话是："我真为你感到骄傲"，从而强化孩子的行为，形成稳固的习惯。

三、说理教育法

（一）含义

说理教育法是指学前儿童家长通过摆事实、讲道理，提高孩子的认识，培养良好的道德品质，形成正确的行为规范的方法。它是家长教育孩子时常用的一种最基本的方法。

说理教育法是建立在对孩子充分信任和尊重的基础之上的，是以理服人，启发自觉性，而不是以力压人。这种方法的教育效果好，易于为孩子所接受。说理教育的具体方式有两种，即谈话和讨论。谈话的内容可以是多种多样的，但内容的深浅程度要适合孩子的理解接受能力。每次谈话的内容可以是广泛的，也可以集中谈某一个方面的问题。谈话要有灵活性，要看孩子理解接受的情况，不可强制灌输；要有启发性，引导孩子自己去思考；要有具体形象性，对孩子谈较为深奥的道理时，要尽可能做到深入浅出，通俗易懂，联系孩子身边的实际，多摆事实。讨论的题目可以由家长提出，也可以由孩子提出，但一般来说，应该是家长和孩子共同关心的问题。

（二）要求

1. 谈话时做到情理交融

在家长运用谈话这一具体方式时，要结合孩子的思想实际，有针对性地说理，进行分析，使孩子掌握某种行为标准，形成正确的观念。说理不等于说教，给孩子讲道理，不要无休止地"唠叨"，更不能喋喋不休地"教训"，这样会使孩子产生逆反心理。正确的做法是把理与情有机地结合起来，使孩子在情感上引起共鸣，在认识上对某一问题产生共识。在说理中做到情理交融，首先，要进行心理换位，即角色心理位置的互换，也就是我们平时所说的"设身处地"。对于许多问题，讲大道理不一定讲得清，即使讲得清，孩子也不一定听得懂或听进去。但只要父母从孩子的角度看问题，站在孩子的立场上想一想，道理就比较容易说明白，再让孩子设身处地地想一想，孩子就会豁然开朗。其次，要有真情实感，谈话中尽量避免出现以下"忌语"："你不要这么做""闭嘴""如果你不这样做，我就……"，因为孩子从这些话中，感受到的是禁止和威胁。家长要以关心孩子为出发点，要注意措辞，要用文明、尊重、协商、关心的语言，使孩子感到亲切，并感受到父母的关爱。另外，和孩子谈话，家长一定要有正确的思想观点，通过谈话，使孩子明辨是非，如果家长的思想观点是错误的，那么教育注定是要失败的。

2. 讨论时做到民主平等

在家长运用讨论这一具体方式时，要和孩子以民主、平等的态度共同研究讨论问题，以使孩子提高认识，掌握正确的行为规范。讨论问题时，家长要放下架子，要有真诚、民主、平等的态度，让孩子充分发表意见。孩子讲话时，家长要认真地倾听，只有倾听孩子的心里话，知道孩子想什么、关注什么，才能有针对性地给予帮助和指导。即使是家长认为不正确的观点，也要让孩子讲完、讲清楚，然后慢慢加以解释。孩子不同意家长的观点，可以反驳，可以批评，如果不能说服家长，允许孩子保留自己的看法。讨论的过程可以使孩子认识自身的价值，增强自信心，培养追求民主的精神。这样能使孩子更好地适应社会生活，并在社会生活中充分发挥主人翁的责任感。家长千万不能一听到不同意见，就无理压制，板起面孔训斥，这样会使讨论无法进行。

四、榜样示范法

（一）含义

榜样示范法是指学前儿童家长以自己和他人的好思想、好品质、好行为来教育和影响孩子，使其形成优良品德的方法。学前儿童的思维特点是具体形象性，就是说具体的形象对其有巨大的吸引力、感染力和说服力，易于为学前儿童所理解和模仿。因此，我们说榜样示范是家长对学前儿童进行家庭教育的有效方法。

榜样的种类包括：家长、革命领袖和英雄模范人物、幼儿园的老师和同伴以及文学艺术作品中的形象等。

（二）要求

1. 家长要亲自给孩子树立榜样

在学前儿童家庭教育中，家长要做到以身作则，因为年幼的孩子对家长讲的道理并不能完全理解，但成人的一举一动，他们都看在眼里，尤其是这个阶段的孩子的模仿能力很强，他们会去效仿，家长要给孩子做出好榜样，这是最好的、最有说服力的教育，要求孩子做到的，家长自己首先要做到。古人说过"其身正，不令而行，其身不正，虽令不从"，家长只有严格要求自己才能掌握教育的主动权，才能有效果。如果要求孩子做到的，家长自己并不能做到，久而久之就会失去威信。家庭教育对子女的影响是全方位的、复杂的，并不是以家长的意志为转移的，最关键的一条就是要从根本上加强自身的修养，追求高尚的、美好的，抵制丑陋的、庸俗的，用自己的人格去感染孩子，为孩子树立良好的榜样。

2. 借助于革命领袖、英雄模范人物影响孩子

家长要通过各种形式让孩子了解领袖人物的模范事迹，结合孩子的思想实际和接受能力，引导他们学习这些人的优秀品质和高尚情操。要使孩子从中受到深刻的教育，家长必须首先对这些人物的思想境界有深刻的理解，有深厚的感情，并以此去影响、感化和引导孩子。比如，教育孩子要诚实，可以给孩子讲华盛顿小时候砍樱桃树的故事。有一天，华盛顿在园里砍了一株樱桃树，他的父亲知道了，非常气愤，华盛顿急忙跑去承认，说是他砍的。这时他的父亲不但不责备他，反而嘉许他，鼓励他处处要像这样诚实。以后华盛顿事事做到诚实，决不说谎，终于成就了伟大的事业。这样的故事，家长可讲给小孩子听，让故事中的人物成为他的榜样。

3. 引导孩子向幼儿园的老师和同伴学习

幼儿园的老师要做到以身作则，用高尚的人格和正确的行为去影响孩子。同伴对孩子来说比较熟悉，他们的好品德、好作风，孩子容易理解和接受，更能激起孩子学习的热情，具有直接的教育作用，家长应充分利用这些学习榜样。这里需要家长注意的是，不要横向地比，不能只拿孩子同伴的优点、长处和孩子的缺点、短处比较。比如，有的家长这样对孩子说："你看人家的孩子多好，再看看你，真令人失望！"这样的话，对孩子是一种负面教育，只能让孩子变得没有自信或丧失自尊，甚至嫉妒、仇恨比自己强的孩子，对孩子的心理是一种严重的伤害。正确的做法是循循善诱，从正面激励孩子学习榜样，增强他们的自尊心、自信心和上进心。

五、兴趣诱导法

（一）含义

兴趣诱导法是指在学前儿童家庭教育中，家长通过各种机会了解孩子的特点，发现孩子的需要，捕捉孩子的兴趣，诱导孩子充分发展自己的个性特点的一种教育方法。学

前儿童的家长要做有心人，仔细观察孩子，善于发现孩子的兴趣并进行诱导，激发孩子的好奇心和求知欲。

（二）要求

1. 重视孩子的兴趣

兴趣是最好的老师。兴趣是学前儿童学习的动力，我们必须珍视他们的兴趣，引导他们的兴趣，培养他们的兴趣，避免以成人的愿望代替儿童的兴趣，更要防止拔苗助长。有的孩子对绘画感兴趣，家长偏要他学钢琴，结果造成儿童厌烦和抵触；有的孩子对音乐有特别的喜好，但家长逼迫他必须考级达标，面对压力，孩子的兴趣和积极性荡然无存；在学前期，对学前儿童进行枯燥的数学、识字训练，结果孩子没有背上书包就开始厌倦学习。我们必须清醒地认识到，保护孩子们的兴趣就是保护他们可持续发展的后劲，忽视儿童的兴趣和需要，一味追求"学有所成"，甚至从小定向培养，以牺牲孩子童年的快乐为代价获取某些特长，必然会造成儿童心理负担过重，影响他们的健康发展。一项家庭教育现状调查发现，对于6岁以下的学前儿童，近三成受访家庭让孩子参加了兴趣班，参加兴趣班的孩子平均每人参加2.2个学习内容，负担最重的一个孩子，家长为他报名参加了6个兴趣班。试想一个孩子每周需要上6个兴趣班，他哪里还有自由活动的时间和空间？这种过高的要求和过重的负担必定会给孩子造成精神的过分紧张，孩子不仅没有了兴趣，甚至过早地厌学，这种结果也会令家长大失所望。

2. 发现兴趣，引导孩子发展其个性特点

孩子的爱好是多种多样的，家长要注意观察，善于发现孩子的兴趣，发展孩子的特长。无论孩子朝什么方向发展，先要看孩子是否喜欢，不能全凭家长的主观愿望。19世纪英国著名的数学家、物理学家麦克斯韦之所以能成为科学家，和他父母的细心观察是分不开的。有一次，父亲让他画菊花，结果他把菊花画成了几何图形，不是三角就是圆圈，或者是梯形。父亲又进一步观察发现他对数学很感兴趣，于是就引导他在数学方面发展，最终成为和牛顿齐名的大科学家。如果家长不顾孩子的兴趣，只按自己的愿望去培养孩子，往往达不到教育效果，甚至事与愿违。

3. 创设问题情境，诱导孩子的兴趣

为孩子创造问题情境，孩子有了疑问，积极思考，这对孩子思维的发展极其重要。要让孩子有问题意识，一个好的做法是安排一个情境，以激发孩子提问的兴趣。这里所说的安排"情境"，是有一些技巧可依循的。首先，要让孩子感到好奇。比如故事讲一半，孩子很想知道结果，于是对故事产生了浓厚的兴趣；还可以玩猜谜游戏，家长给一些暗示，同样也能使孩子产生兴趣。其次，鼓励孩子积极思考，主动提出问题。在孩子的天性中有一种求知的欲望，他们心中原本有着无数个"为什么"，想了解这个奇妙世界的本来面目。成人习以为常的姿态和不以为然的态度，逐渐扼杀了孩子的这种求知冲动。因此，父母如果能够有意识地引导孩子的兴趣，保护好孩子的好奇心，鼓励孩子积极思考，对孩子的提问努力表现出自己的关注，与孩子一起去思考，去寻求未知的答案，孩子提出问题的欲望和探求的兴趣就会不断增强。

六、暗示提醒法

（一）含义

暗示提醒法是指在学前儿童家庭教育中，家长用间接、含蓄的方式对孩子的心理施加影响，从言语上提示，从感情上感染，从行为上引导孩子的一种方法。家长希望孩子做什么、如何做，可以根据需要，用言语、动作、表情等使孩子不自觉地接受某种意见或做某事。因为暗示提醒的影响是间接的、内隐的，孩子是在无心理对抗的情况下不自觉地接受教育的，所以，暗示提醒更易为孩子们所接受。

（二）要求

1. 重视暗示提醒

在学前儿童家庭教育中，许多家长习惯采用明示教育，也就是直接给孩子以明确的指点，要求他这样做，而不能那样做，从而规范其行为。这当然是一种非常必要的也是十分重要的教育手段。但是，因为这种教育影响是直接的、外显的，只采用这一手段会使孩子觉得家长时刻在教育自己，从而产生一种厌烦和抵触情绪，影响了教育效果。社会心理学家沃士德等人的实验表明，当对象觉察到外界要说服自己时，往往会产生一定的心理准备，从而警觉起来，并对引导进行挑剔；而当对象没有感到外界是有意说服自己时，就容易接受意见。所以，当"三令五申"不起作用时，家长不妨使用暗示提醒，可能会收到事半功倍的效果。家长运用暗示提醒法教育孩子，充分体现了家长对孩子的了解、信任和尊重，有利于调动、发挥孩子的主动性、积极性和自觉性，进一步密切家长和孩子之间的关系。

案例 **4-6**

演员宋丹丹在《幸福深处》一书中有这样一段话：有一次儿子巴图生病，我对小阿姨说："我发现巴图和别的小孩儿不一样，别的小孩儿吃药都哭，可他从来不哭，他不怕吃药。这一点他和别的小孩儿真的不同。"然后我把中药端给他。他捧着碗，烧得红红的小脸一副紧张的表情，闭着眼睛一口气就把药喝下去了。我们大家都赞不绝口。从那次起，多么苦的药他都不怕。

2. 掌握暗示的基本方法

暗示可以由人直接施予，也可以用情境施予。暗示主要分为言语暗示、行为暗示、表情暗示、情境暗示。

（1）言语暗示

言语暗示就是不直接对孩子提出教育要求，而是通过讲故事、打比喻、作比较等方式把自己的观点巧妙地表达出来。父母要针对孩子的性格特征，考虑到具体情境，用合适的语言间接地向孩子传递意愿，表达感情。比如，家长发现孩子没有洗手就想吃饭，不妨这样说："饭前洗手的孩子是好孩子，爸爸妈妈最喜欢这样的孩子。"这比简单地说"洗洗手再吃饭"的话更易为孩子接受。当孩子不想去幼儿园时，不必逼着孩子答应去，可以说"在幼儿园要同小朋友一块玩玩具"，从而暗示孩子今天要上幼儿园，并让孩子想到上幼儿园可以有小朋友一起玩玩具。你也不必直接对孩子说："不听话的孩子才闹着不去幼儿园。"可以这样说："飞飞昨天不乖，他闹着不去幼儿园。"孩子听了以后，就会明白闹是不对的。当我们要让孩子对某一事有深刻的印象时，也不一定要反复强调，只需用暗示性的言语进行启发，就能达到目的。比如，教孩子懂礼貌，我们可以问他："见到叔叔、阿姨你先说什么"，让孩子自己说"问叔叔、阿姨好"。

（2）行为暗示

行为暗示就是用体态语言把自己的想法表露出来，从而达到教育目的。行为是直观的，很容易引起孩子的注意。所以，利用行为来暗示孩子也会起到好的教育作用。比如，有一位母亲前一天晚饭时，对孩子提出以后每天中午要午睡的要求。第二天中午，她发现孩子丝毫没有要午睡的意思。这位母亲没有说一句话，而是走过去把孩子床上的被子铺开了，自己也停下手中的活儿，上床休息。这无声的语言提醒了孩子，他立刻去午睡。又如，孩子在翻看图画书或绘画时，如果坐姿不正，家长可面向孩子做几个挺胸的动作，孩子接受这个暗示后，会相应地做出反应，纠正自己的不良坐姿。

（3）表情暗示

表情暗示是指通过表情传达多种信息，形成刺激，使暗示对象做出反应。比如，孩子表现非常出色，家长可以对他会心地微笑，这对孩子来说是一种激励。相反，如果孩子表现不好，不按正确的行为规范去做，家长可以给他一个非常严肃的表情，这时，孩子会意识到家长不喜欢自己当前的行为，并自觉地加以纠正。再如，家长给孩子讲故事或启发孩子思考时，发现孩子注意力不集中，双手在玩弄小东西，可以用眼睛注意他的手，孩子便会停止动作，集中精力听讲或思考问题。

（4）情境暗示

情境暗示是指家长利用良好的情境对孩子进行潜移默化的熏陶和感染，使其受到感化和教育。整洁舒适的家庭环境、融洽亲密的家庭关系、民主和睦的家庭氛围会使孩子受到良好的熏陶，对孩子的健康成长非常有利。比如，孩子依偎在父母身边，一家三口倾心地交谈，在这种体位相近、情感融洽的幸福环境中，家长把对孩子的要求用亲切的语言说出来，孩子是很乐意接受的。在此，温暖亲密的情境作为家长教育语言的背景就起到了一种催化作用。当孩子不睡觉时，家长可以指指旁边睡着的小花猫，暗示孩子该睡了；也可以躺在孩子身边装睡，孩子在大家都睡的情境之下，也会很快入梦。

七、活动探索法

（一）含义

活动探索法是指在学前儿童家庭教育中，家长让孩子通过丰富多彩的活动，不断探索、尝试，从而掌握多种技能，发展能力，培养孩子良好品质的一种方法。学前儿童年龄小，对生活中的一切都需要学习，孩子有很强的好奇心和动手操作的愿望，因此，家长让孩子参加活动，探索奥秘，是取得良好教育效果的重要途径。

（二）要求

1. 重视活动探索

年龄稍大一些的学前儿童已积累了一些知识，学了一些简单的技能，注意力较集中，活动起来较有目的。同时，他们的观察能力、思维能力和想象能力也已有了一定的发展，能够较清楚地看到物体的形状、颜色、结构，理解简单事物之间的联系。他们能较全面、真实地反映周围的事物和现象，手、脑也更加灵活。此时，如果引导孩子参加丰富多彩的活动，能够使孩子的观察力、注意力、想象力更好地发展，在努力探索中，孩子可发挥创造精神，培养坚强的意志，所以，我们要重视学前儿童的探索活动。

案例 4-7

陪孩子玩就是最好的家教

最近看到一位朋友写的在外国做家教的经历，颇受启发。这位朋友在巴黎找了一份家教的工作。第一天，他按照国内的做法准备教孩子识字，结果主人却明确告诉他：只需带孩子到附近的一个游乐场去玩就行。当他感到困惑时，孩子的父亲告诉他："陪孩子玩就是家教！"就这样，他带着6岁的小男孩来到一个环保游乐场里玩。令他没想到的是，小男孩对环保知识懂得特别多，问的问题也很专业。在环保游乐场，小男孩尽情地玩，而且还动手做各种环保工具，如环保餐具、环保包装袋等。他所要做的就是在这个过程中保护小男孩的安全和回答小男孩的提问。

在我们眼里，给孩子请个家教，就要使其学知识、懂道理，方法主要是说教和填鸭式地教学。这样做能使孩子在短期内有长进，但最大的弊病就是使家教变得很枯燥，使孩子丧失了对学习的兴趣；而陪玩这种家教方式，让孩子在玩中学，学中玩，很多做人的道理和有用的知识在这个过程中被孩子掌握，应该说这是一种高明的教育方法。

如果你不认同外国人"陪孩子玩就是家教"的理念，那么至少不能强迫孩子做他不愿做的事情，要因势利导让其懂道理、学知识。

（摘自中国早教网，http://edu.zaojiao.com/2010/0602/137121.html）

2. 具体指导探索活动

在家长具体指导孩子的探索活动时，首先要考虑孩子的年龄特点，要从孩子的实际能力出发，探索活动的内容和任务不要过难，当然，也不能过易。过难，孩子容易产生畏难情绪；过易，不能激发孩子的兴趣。家长可以安排一些适中的、适应孩子实际的活动，并在活动中加以指导。比如，对 4～5 岁的孩子，家长应注意多引导孩子的观察比较，用美工活动来表现物体。让孩子按自己的意愿、需要选择材料，折纸时知道边对边、角对角、角对中心、边对中线、正方形折成三角形、三角形变成正方形等；粘贴时利用自然物粘贴，如用树叶布贴让幼儿贴些有趣的画面等。对 5～6 岁的孩子，家长应抓住时机，提高幼儿美工活动的技能技巧。家长要多给幼儿材料和工具，使幼儿较熟练、较精确地制作出自己喜欢的、有创意的手工作品，做到举一反三。孩子在制作中遇到困难时，家长应鼓励和提示幼儿想办法自己解决问题，如橡皮泥比较干了捏起来就会有裂纹，家长可以提醒幼儿用水把干泥湿润一下，再塑造形象。另外，在探索活动中，要培养孩子勤俭节约的意识，充分利用废旧物品，自制玩具和手工作品。比如，在自制玩具时，家长要有意识地指导孩子收集些材料和废旧物品，来启发孩子做一些自己喜爱的玩具，如各种纸片、纸盒、坏乒乓球、空药丸盒、蛋壳、碎布、树叶等一些自然、清洁、安全的物品。家长还要正确对待孩子在探索活动中出现的失误。孩子的年龄小，缺乏探索经验，难免会出现这样或那样的失误。当孩子在活动中出现失误时，家长不要责怪孩子，更不能因噎废食，不让孩子再做。正确的做法是帮助孩子分析失误的原因，从错误中学习，总结经验，吸取教训，鼓励孩子继续探索。只有这样，才能更好地培养孩子坚忍不拔、不怕挫折的精神，锻炼孩子的能力，发挥孩子的创造性。

八、奖惩激励法

（一）含义

奖惩激励法是指在学前儿童家庭教育中，家长激励孩子发挥其积极性，使孩子明确并发扬自己的优点、长处，认识并克服自己的缺点和不足，从而主动地按正确的行为准则去行动。其方式包括表扬、奖励和批评、惩罚。对孩子的激励应以表扬、奖励为主。清代思想家、教育家颜元说过："数子十过，不如奖子一长。"现代幼儿教育家陈鹤琴先生指出："无论什么人，受激励而改过，是很容易的，受责罚而改过是比较难的。"

（二）要求

1. 正确进行表扬和奖励

（1）表扬孩子的点滴进步

在生活中，肯定孩子的点滴进步是巩固孩子的好行为并使其形成良好习惯的重要手段。比如孩子的东西往往用过后乱扔，家长可以要求孩子把自己的东西整理好，孩子整理好一件东西，就及时表扬，可以说："你这样做真好，如果能把其他东西收拾好就更好了。"这样孩子就会逐渐巩固自己的好行为，形成好习惯。其实，年龄小的孩子做好一些"简单"的事已经很不容易了，而良好的习惯和惊天动地的成绩就是由这些"简单"的行为累积而成的。因此，只要有助于培养孩子良好的习惯，增强其自信心，父母就要慷慨地给予表扬，年龄越小表扬越多，随年龄的增长逐渐提高表扬的标准。

（2）表扬要及时、具体

首先，表扬要及时。对应表扬的行为，父母要及时表扬，这样会收到良好的教育效果。否则，孩子会弄不清楚为什么受到了表扬，因而对这个表扬不会有什么深刻印象，更谈不上强化好的行为了。因为在孩子的心目中，事情的因果关系是紧密联系在一起的，年龄越小，越是如此。其次，表扬要具体。家长应特别注意强调孩子令人满意的具体行为，表扬得越具体，孩子对哪些是好的行为就越清楚。比如，两个小朋友在一起玩耍，一个小朋友摔倒了，哭了，另一个小朋友跑过去把他扶起来，安慰他。如果家长说："你今天真乖!"孩子往往不明白"乖"是指的什么。家长可以这样说："你今天把小朋友扶起来并安慰他，你做得很好，妈妈很高兴，以后和小朋友在一起玩耍，就像这样要互相关心、互相帮助。"用这种方法既表扬了孩子，又培养了孩子关心别人、助人为乐的良好行为。

（3）精神奖励为主，物质奖励为辅

对于孩子生活中表现出来的良好行为和习惯，家长给予适当的物质奖励是合乎情理的，也是必要的。孩子年龄小，物质生活条件要靠家庭提供，给予物质奖励也是满足孩子物质生活的一个途径。比如，孩子表现好，可以给他一个小玩具，或他爱吃的小食品。但是，家长在对孩子进行物质奖励时一定要慎重。如果把物质奖励当成刺激孩子的积极性的主要手段，日久天长，孩子就会为得到某种好处去努力，形成不正确的动机。所以，家长在给予孩子物质奖励时，要结合说服教育，要讲清楚孩子好在哪里，有何进步，为什么给予物质奖励，以后要怎样做等，让孩子不仅得到物质上的满足，还要进而转化为精神上的动力。对孩子不论进行精神奖励还是物质奖励，实质上都是对孩子积极动机的一种肯定，要想让孩子树立自觉的、持久的良好动机，精神奖励是根本的、最有效的方法，所以，家长在奖励孩子时应坚持精神奖励为主，物质奖励为辅的原则。

2. 慎用批评惩罚

（1）冷静理智

家长要端正批评惩罚的目的。要记住：批评惩罚是为了纠正错误，让孩子知错改错，而不是发泄。在现实生活中，有些家长批评惩罚孩子，是因为孩子的某些错误伤害了自己的感情和面子，所说的话不是在批评教育孩子，而是拿孩子出气，这样做，肯定达不到预期的教育目的。所以，家长在批评、惩罚孩子时，一定要保持头脑冷静，要理智地对待孩子的缺点和错误，要进行冷处理。对一些好胜或者倔强的孩子，可以采用"故意忽视"的教育方法，这种方法可以说是一种惩罚，可避免家长由于无意中所给予的注意而加重孩子的印象，间接地助长孩子的不良行为。"故意忽视"方式对于减少学前儿童任性的行为尤其有效。孩子无理取闹时，若是加以责备或给予注意，反而可能在无意中奖励了不良行为。孩子发脾气时，家长可采用"故意忽视"来纠正这种行为。此时，如果孩子是在安全的地方，那么家长可以离开直到他的脾气发完为止，或者可以转过身，假装做其他事情。当他的不良行为终止时，再给予他充分的关注。切记一定不要对孩子的不良行为妥协而给予任何形式的奖励。

（2）注意时间和场合

批评惩罚孩子不要在自己和孩子都很生气的时候，应该在双方都心平气和的时候进行。当孩子大发脾气时，对于父母的批评惩罚往往会产生逆反心理，拒不接受。父母在气头上教育孩子，也难免会过火。所以，家长必须注意时间和场合。不要把饭桌作为批评的场所，在饭桌上批评孩子很可能会造成孩子的厌食，而且也得不到教育的效果。要尽量避免在众人面前批评孩子。有的家长喜欢当着别人的面，批评惩罚自己的孩子，有时候还在客人和小朋友面前说自己孩子的缺点。这种做法大大伤害了孩子的自尊心。

（3）就事论事

家长批评惩罚孩子要客观，坚持就事论事，点到为止。就孩子所做的这件事本身讲道理，提出要求，不要唠唠叨叨，没完没了，将孩子以前的错事也说出来。孩子针对过去做错的事已经认了错，可是有的家长批评惩罚孩子时习惯于翻旧账，把昔日陈芝麻烂谷子的事一股脑抖搂出来，使孩子灰溜溜不知何日能挺胸抬头做人；或者进而给孩子的这次行为下了不负责任的结论。孩子被数落得一无是处，会使他们产生自卑感，这样的孩子长大后做事往往没有自信心。所以，家长批评惩罚孩子，要针对孩子所做的事情进行，让孩子清楚地知道他做错了什么，并告诉他正确的行为，以便于孩子改正缺点和错误，对于这样的批评，孩子会牢记终身。

🦐 小资料

美国的一分钟教育法

有一本家庭教育指导手册，叫做《一分钟母亲》，作者是美国的斯宾塞·约翰逊博士。书中写道，这位拥有 3 个孩子的母亲，把教育归结在 3 个"一"上，即：一分钟目标，一分钟表扬，一分钟责备。她把真挚的情感渗透到表扬之中，当孩子做了好事、成绩优异、达到既定目标时，她给予孩子的是拥抱和亲吻，还有那温柔慈爱的目光及热烈的首肯；当孩子表现不佳时，她首先用沉默来表示自己的态度，使孩子在心理上有了一定的压力，继而用低沉的话语来责备孩子。当孩子对母亲的教育心服口服并彻底承认错误、改正错误、努力完成目标时，她再次用拥抱来表示对孩子的鼓励。这位用情感去感染、教育孩子的母亲，最终达到了一分钟目标，她创造了最著名的"一分钟教育法"。

（荆雯，2004. 一分钟教育法. 山东教育（幼教刊），（Z3）：127.）

🐌 家庭教育案例评析

尊重孩子的选择

案例1：

爸爸带着 5 岁的小红在公园里玩，一会儿，女儿抱回一个足球回来，爸爸大吃一惊问："足球是哪里弄来的？"女儿自豪地说："是我用毽子和六粒玻璃球换来的。"爸爸不敢相信，疑心女儿说谎。于是就让女儿领他去找那个和女儿换足球的小朋友。不远处，一个小男孩坐在草地上正兴致勃勃地玩小玻璃球，年轻的母亲就坐在孩子的身边看着孩子玩。交谈中，小红的爸爸吃惊地了解到孩子这次不公平的交易竟是在男孩母亲眼皮底下进行的。

小红的爸爸非常奇怪，问这位母亲为何不对这项不公平的交易进行干预？她说："足球是属于孩子的，应该由他做主。"小红的爸爸不解地问道："这不是明摆着吃大亏的交易吗？"而这位母亲坦然地说："没关系，既然孩子喜欢这种交易，那么在他们眼中这种交易就是公平的，我为什么要妨碍他们成交？过一会儿我领儿子上体育用品店，让他知道一个足球的价钱能买多少小玻璃球和毽子，这样，他就不会第二次做蠢事了……"

案例2：

在一个秋高气爽的日子里，小红的妈妈带她去玩。在路上小红渴了，让妈妈给买饮料。妈妈说："可以，但只能买一样，是买酸奶还是买饮料，你自己选择。"

小红站在酸奶和饮料前，犹豫了好一会儿，最后决定买从未喝过的酸奶。谁知，一股很不习惯的味道使小红刚刚喝一口就吐出来了："太难喝了！"妈妈什么都没有说，拿起这瓶酸奶喝下去了。小红呆呆地站在饮料前，多么渴望妈妈再给自己买瓶饮料，妈妈说："走吧。"

案例评析：

1）尊重孩子的选择。只有尊重才显平等，只有平等，孩子才会独立去思考并做出选择。这不仅锻炼了孩子的选择能力，而且培养了孩子的独立思考能力，并增强了孩子的自信心。即使孩子做出的选择是错的，也要尊重，要理解，让孩子自己有切身体验后，不再犯第二次错误。

案例中的男孩为了得到玻璃球和毽子做出了用足球来换取的选择，这笔买卖是否公平他并没有考虑。也许孩子认为这是最公平的交易。假如当时这位母亲干预了这笔交易，孩子肯定不会理解，就是用再多的言语解释，孩子也不会明白自己的选择是错误的。即使这次阻止了，孩子下次还会犯同样的错误。案例中年轻的母亲深深懂得只有让孩子碰了壁，吃了苦头，有了切身体验，下一次才不会犯同样的错了。

2）让孩子明白，在做出选择时要对自己的行为负责。任何选择应建立在对自己负责的基础上，应该通过具体的事情培养孩子的责任感和独立性。

一般的父母认为小红妈妈这样做太绝情，不就是一瓶饮料吗？小红妈妈却认为这不是一瓶饮料的问题，她是要让小红明白，自己要对自己的行为负责，以后再选择什么东西时小红就会谨慎多了。

3）原则性的问题决不迁就。多与孩子沟通，通过摆事实、讲道理来告诉孩子，这个世界上哪些事能做，哪些事不能做。这样，孩子在做任何选择时都有一个尺度，对那些不能做的事，就会马上做出坚决不去做的选择。

4）父母只能帮助孩子做出选择，不能替孩子做出选择。

（选编自：黄娟娟，2003. 0~6岁小儿家庭教育手册. 上海：上海科学技术出版社.）

思考与练习

1. 学前儿童家庭教育的原则有哪些？试述各原则的含义和要求。

2. 学前儿童家庭教育的方法包括哪几种？在学前儿童家庭教育中，家长如何运用这些方法去教育孩子？

3．阅读下面的材料，试用学前儿童家庭教育的原则与方法加以评析。

一天下午，妈妈在接孩子离开幼儿园回家的路上，孩子高兴地告诉妈妈："老师今天表扬我了！"妈妈急忙问道："老师为什么表扬你呢？"孩子说："因为吃苹果时，我挑了一个最小的。"妈妈听后生气地说："你真傻，我们家交的钱和别人家一样多，下次吃苹果时，你一定要挑一个最大的，把我们家今天造成的损失弥补回来。"

拓展阅读

赵忠心，2001．家庭教育学：教育子女的科学与艺术．2版．北京：人民教育出版社．

第五章
特殊年龄阶段学前儿童的家庭教育

【学习目标】

了解：胎教的内涵和意义；学前儿童逆反期的表现。

理解：学前儿童各特殊年龄阶段的发展特点。

掌握：各特殊年龄阶段学前儿童的教育要点。

从胎儿至6岁的学前儿童的成长发展是一个动态的、复杂的过程，在这一过程中，儿童的身心发展既有一定的连续性又有阶段性，其阶段性表现在学前儿童成长时期的几个特殊阶段具有明显的年龄特征和发展特点。家庭教育是促进儿童发展的重要因素，同时又受到儿童身心发展水平的制约，所以这一阶段的家庭教育要在了解、掌握儿童几个主要特殊年龄阶段的发展特点的基础上，实施有针对性、目的性的教育，促进儿童身心的和谐发展。

第一节 胎 教

一、胎教的含义和作用

（一）胎教的含义

胎教是指从怀孕开始，科学地控制和调节孕妇体内外环境，有意识地给予胎儿感觉器官以良性刺激，促进胚胎发育而采取的一系列保健措施。也就是说孕妇在孕期要保持心情愉快、均衡合理的膳食、生活的规律，为胎儿创造优良的体内外环境，并采取适当的方法对胎儿进行感官的刺激，为出生后良好的智力发育及健康成长奠定良好的基础。

世界上最早提出胎教之说的是中国，在我国古代的许多典籍中，都有对胎教的论述和说明。

据刘向《列女传》记载，早在3600多年前，周文王之母太任在妊娠期间"目不视恶色，耳不听淫声，口不出敖言，能以胎教"。也就是说，周文王的母亲太任在怀孕的时候，眼睛不看邪恶的事物，耳朵不听淫乱的声音，口中不说狂傲的话语，这就是在进行胎教。

此后，汉代的许多思想家在周初的胎教思想基础上也多言胎教，其中，在贾谊的《新书》、戴德的《大戴礼记》、王充的《论衡》等著作的许多篇目中，都对胎教理论进行了阐述。西汉政治家贾谊在他撰写的《新书》中专有"胎教"一章，他认为胎教是"慎始"的教育，提出胎教的目的的在于"正礼"，就是孕妇一切的活动都应该符合"礼"的规范，因为万事万物都是只有好的开端才会有一个好的结果。

在唐代，随着中医学科的发展，学者开始从医学的角度，科学地对妊娠期间孕妇的生理特点和胎儿生理特点进行研究。孙思邈在医学名著《千金方》中，提出了"外象内感"的基本理论，就是说外界的客观事物对孕妇体内的胎儿会产生影响，根据其影响会发生相应的变化。因此强调要为孕妇创造良好的环境，避免不良事物对胎儿的影响，并要求孕妇保持良好、稳定的情绪。

在家训名篇《许云邨贻谋》中，对胎教提出了"五宜"的要求，就是"宜听古诗，宜闻鼓琴，宜道嘉言善行，宜阅贤孝节义图画，宜劳逸以节，动止以礼，则生子形容端雅，气质中和"。

可见，古人所说的胎教，指出了孕妇的言行、品德、饮食、生活起居和外界环境对后代的身体、智力发育都有重要的影响。《辞海》对此做了归纳："古人认为胎儿在母体中能够受孕妇的言行感化，所以孕妇必须谨守礼仪，给胎儿以良好的影响，叫胎教。"尽管古人对胎教之术在心理和生理上都进行了不断探索和尝试，但过于重视"胎养"而忽视"胎教"，具有明显的不足和不完善的地方。

现代的胎教理念在继承了传统胎教精髓的基础上，更加科学和完善，正逐渐成为一门系统的科学，提倡在科学"养胎"的基础上进行"胎教"，强调母体的内外环境以及孕妇与胎儿的沟通和对胎儿的刺激。许多国内外的胎教试验也证明胎教的科学性和可行性，并开发了音乐胎教法、语言胎教法、抚摸胎教法等。

（二）胎教的作用

人的大脑是依靠神经细胞、神经纤维和突触传导的生物电完成信息处理任务的。大脑的神经纤维和突触的多少，决定着人的聪明与否。也就是说，突触越多，神经细胞之间交换越频繁，表现出的联想力、创造力就越强。一般来讲，遗传决定着人的神经细胞、神经纤维和突触的基本形态结构，若要增加新的神经纤维和突触，则要接受适宜的刺激。

🦑 **小资料**

人类大脑的发育

人类大脑细胞分裂增殖主要是在胎儿期完成的，它有两个高峰期，第一个高峰期是怀孕的2～3个月，第二个高峰期是怀孕的7～8个月。如果在脑细胞分裂增殖的高峰期，适时地供给胎儿丰富的营养和良性的刺激，脑细胞的分裂便可趋于顶峰，为孩子具有高智商奠定基础。

人的大脑中神经纤维和突触的70%是在3岁以前形成的，到6～7岁已形成90%。有的学者认为，4岁以前大脑发育程度基本定型，而到12岁以后就可全部形成了。胎儿3月龄时，内耳已发育较好，大脑已开始发育，到6月龄左右，大脑细胞构筑基本类似成人，在这个时期给以大量适宜刺激（胎教），对促进大脑发育，形成更多的神经纤维和突触则是十分有益的。在胎儿、婴儿、幼儿时期，要提供良好的教育和环境条件，使大脑神经纤维和突触更多、更好地发育增生，从而使大脑规格和复杂程度更高一筹。

对经过实施音乐、美育、语言、抚摩、体操、饮食、环境等胎教的婴儿进行智能评测，经过胎教训练的婴儿朦胧期短，智力发育快，语言能力强，动作协调敏捷，记忆力强，具体表现在以下方面。

1）从情绪和社会交往能力上，表现为情绪比较稳定，爱笑不爱哭；白天睡觉少，晚上睡觉时间长；睡眠规律，吃奶后入睡快，清醒时目光亮而有神。若用物体逗引婴儿表现出注意力集中，表情丰富，对外界刺激反应敏捷。

2）动作方面超出同龄人，在新生儿时期就表现出小手的伸、张、抓、握能力强；四肢活动有力，抚摩一下肢体，立即高兴地四肢挥动；能够俯卧抬头，坐、立、行、走都比一般的孩子早。

3）对声音敏感，尤其是对音乐特别敏感。一般来说，从胎龄5个月开始就可以对胎儿实施定期、定时的声音和触摸刺激。声音包括胎教音乐和父亲、母亲的语言，触摸包括孕妇本人或丈夫用手轻轻抚摸胎儿或拍打胎儿。这种刺激被胎儿感受后可促进胎儿的感觉神经和大脑皮层中枢更快发育，用相同的声音刺激胎儿，可以引起胎儿大脑中的初浅记忆。这样坚持几个月，孩子出生后听觉比一般孩子灵敏，记忆力比一般孩子强，再加上出生后的营养充裕和不间断的科学教育，对孩子的发育尤其是智力开发极为有利。

4）品行良好，多继承父母的优点。胎儿时期受到父母良好品行的引导，得到良好的品行的影响，使得经过胎教训练的孩子有很强的独立性，对周围的事物有积极的态度，心胸宽广，有良好的适应能力和较强的责任心和义务感。

目前人们对胎教的认识还存在许多误区。有人根本不相信胎教，认为胎儿根本就不可能接受教育，还有一些人认为，胎教可以制造神童。我们提倡胎教，并不是因为胎教可以培养神童，而是因为胎教可以尽可能早地发掘个体的素质潜能，让每一个胎儿的先天遗传素质获得最优秀的发挥。对胎儿进行教育，也不是教胎儿唱歌、识字、算算术，而是通过各种适当的、合理的信息刺激，主要对胎儿六感功能（即皮肤的感觉、鼻子的嗅觉、耳的听觉、眼的视觉、舌的味觉和躯体的运动觉）进行训练，促进胎儿各种感觉功能的发育，为出生后的早期教育即感觉学习打下一个良好的基础。也许有人会说，以前并没有搞胎教，不也照样有科学家和伟人吗？是的，但要知道，许多事实证明，科学家和伟人的成长过程中，都包含着没有被当时的人们所意识到的胎教与早教因素。

如果把胎教和出生后的早期教育很好地结合起来，我们相信，今后人类的智能会更加优秀，会有更多的孩子，达到目前人们所谓神童的程度。如果人类能更早一些认识胎教的重要性，世界的科学水平会比现在更先进，所以我们说进行胎教不仅是可能的，而且无论对个人、家庭或社会而言都具有重要意义。

美国加州有位医生创办了一所胎儿大学，胎儿"毕业"也即出生时，大脑中已储存了几十个单词和简单的曲调。有的初生儿出生2周就会说"爸爸"；有的婴儿出生8周就能说"hello"；一个 4 岁的孩子已经能听、讲英语和西班牙语，并学会照顾自己。

　　一位远嫁美国的日本女子就创造了实施胎教的奇迹，她的 4 个女儿都被列入仅占全美 5% 的高智商行列，成为有名的"天才儿"。她的大女儿苏姗 1 岁便能朗读，5 岁时从幼儿园跃升高中，6 年后，11 岁的苏姗成为大学的医学预科生。同时，她 9 岁的二女儿斯蒂茜已在读高中一年级，7 岁的三女儿斯蒂芬妮是初中二年级的学生，4 岁的小女儿吉尔娜开始在家自学小学高年级的课程。孩子的父母是很平凡的人，受的是一般的教育，但为何 4 个天才会出自一个家庭？成功的奥秘何在？原因就在于，这对夫妇坚信胎教的作用，并坚持不懈地实施胎教。同样的例子在其他各国也曾见诸报端。

案例 5-1

科学面对"胎教"

案例 1：

马诺然出生在北京，一个公务员家庭。

她出生后 12 天的时候，特别明显地做了一个 90 度的侧翻。按照孩子体格和神经发育，一般满 3 个月以后才能翻身。当时认为她会翻身是很偶然的，后来到了满月那天的时候，她又翻了一次。4 个月多一点时她就能坐住。在 1 岁 8 个月的时候，让她两手不扶任何外界的物体上下楼，她也可以完成。

小儿科的医生检测她的体格，评价她的神经，都反映她的神经功能都是超常的。

案例 2：

翟逸清出生在天津，一个普普通通的家庭。

把她从婴儿室里抱出来，发现这个孩子有一个特别之处：看到有母乳喂养的宣传画，她就看着这个宣传画，从左到右，转着圈看，脖子就没有牵拉过。

她对文字和语言特别感兴趣，还有她的智力方面都比书上说的超前。

5 岁的她已经开始独立谱曲。7 岁的时候，她的英语已经达到高中的水平。

中国优生优育协会胎教委员会主任委员刘泽伦介绍说，生出这些超常孩子的家长在孕期都接受过正规的胎教培训，他们通过营养以及音乐、抚摸等方面的刺激给胎儿的发育营造良好的环境，使胎儿的灵敏度高，肌肉力量强壮，因此出生后抬头、行走、爬行、语言等能力要比没有接受胎教的孩子好，智能发育明显比一般孩子要早。胎教不应当作为一个教育的内涵去理解，它应当对胎儿的大脑发育有一种良性的促进作用，胎教的本质应该说是给胎儿提供一个生长发育的良好环境，使它生长发育得更好。

（央视国际科技频道 2004 年 09 月 22 日）

二、孕期保健

　　随着社会的进步和科技的发展，人们对胎教的认识越来越深，把控制和调节母体的内外环境当成实施胎教的主要内容，其中安全的环境、合理的膳食和孕妇愉快的情绪都是非常重要的。

妇女受孕后 3 月内称为孕妇敏感期，也是胎儿胚胎发育的关键期，这时胚胎机体对通过母体传递的外界刺激非常敏感，而且对有害刺激的抵抗力十分微弱。所以，怀孕后应该注意尽量避免接触对胎儿有害的药物、化学物质和射线辐射。首先是药物类，像四环素、土霉素、强力霉素、卡那霉素、磺胺类药物、各类激素、抗癌药等，孕妇滥用都可引起胎儿脑神经损伤和各种畸形；其次像磷、铅、苯、砷、亚硝酸盐等化学物质都能导致畸形或致病，还有环境中的一些化学物质也应避免接触，如油漆、农药、杀虫剂等，都可影响胎儿正常发育，接触时间越长、量越大，对胎儿危害性就越大。

另外，风疹病毒、巨细胞病毒、单纯疱疹病毒均可引起流产、死胎、胎儿畸形，尤其是风疹病毒，是一种最严重的致畸因素，妊娠早期感染后，胎儿会发生青光眼、白内障、视网膜病变、心肌炎、耳聋等。还有妊娠早期应禁 X 射线照射，X 射线、放射线同位素可能造成流产、死胎，存活下来的也会造成畸形。吸烟、喝酒对胎儿也有严重的危害，母亲吸烟的新生儿体重比母亲不吸烟的新生儿平均轻 2 千克，饮酒易引起流产、早产、胎儿死亡和新生儿死亡、妊娠并发症等。所以，想促进胎儿在子宫内顺利生长发育，要从孕前开始准备，吸烟、喝酒、环境污染以及孕期滥用药物都是大忌。

从一个需要借助放大镜才能看清楚的受精卵，发育成三四千克的胎儿，营养（蛋白质、碳水化合物等）完全是从母体中获得的。虽然影响胎儿正常发育的因素是多方面和复杂的，但是，孕妇适宜而平衡的营养对胎儿的健康发育是最主要的。医学研究发现，神经系统发育得最早，妊娠 10～38 周至出生后 2 年内是大脑发育的关键时期，尤其是妊娠 3～9 个月，胎儿大脑发育特别快，在胎儿大脑及神经系统的发育过程中，孕妇的营养极为重要。如果这段时期孕妇的营养摄入不足，则胎儿的大脑细胞总数只有正常的82%，即使出生后营养得到改善，智力恢复仍然较慢或难以恢复，表现为神经功能缺陷，智力低下。蛋白质是智力发育的必需物质，能维持和发展大脑功能，增强大脑的分析理解及思维能力；磷脂可增强大脑的记忆力，是脑神经元之间传递信息的桥梁物质；碘被称为智力元素；糖是大脑唯一可以利用的能量；维生素能增强脑细胞蛋白质的功能等。所以在孕妇整个怀孕过程中，要特别注意各个阶段及时的营养供给。

必须补充的营养有：蛋白质、糖类、维生素类、微量元素和无机盐类及脂肪酸。

蛋白质是构建胎儿器官组织的重要成分，在大脑的构成成分中，蛋白质占 35%，孕妇要注意提高蛋白质的摄入量，特别在孕后期，蛋白质对胎儿脑细胞的发育起着至关重要的作用。脂肪是脑及神经系统的重要成分，在脑细胞的构成成分中占 1/2 以上，脂肪中的脑磷脂、卵磷脂及 DHA 是胎儿大脑细胞的主要原料，DHA 能促进大脑细胞发育，增加大脑细胞的数量，但由于孕妇血脂比平常高，要注意适量摄入，脂肪总量不要太多。维生素是维持生命活动必不可少的一类营养素，它大多不能在体内合成，所以必须由食物供给。人体必需的维生素有维生素 A、维生素 B_1、维生素 B_2、维生素 B_{12}、维生素 C、维生素 D、维生素 E 等。碳水化合物就是每天所吃的主食，是热能的主要来源，是胎儿新陈代谢必需的营养素。因此，孕妇必须保持血糖水平正常，以免影响胎儿代谢，妨碍胎儿正常生长，每天摄取量为所需热量的50%～60%。

此外，钙、铁、锌虽然量小，可是作用很大。钙可预防胎儿骨骼和牙齿发育不良；铁可预防未成熟儿、低体重儿、早产儿；锌可预防胎儿畸形、脑积水、无脑儿。孕妇每天钙的摄取量应不少于1000～1200毫克，铁的摄取量不少于28毫克，锌的摄取量不少于20毫克。同时，多去户外晒太阳，能够促进食物中的钙在肠道中的吸收，孕妇科学合理的膳食，营养良好，对胎儿的智力发育是非常有利的。

另外，科学研究的结果证明，孕妇的情绪变化对胎儿的影响非常大。尽管母体与胎儿之间没有直接的神经传递，但当孕妇心绪变化时，内分泌腺体就会分泌出多种化学物质，使血液中的化学成分发生改变。这些化学物质通过脐带进入胎盘血液循环，对正处于形体和神经发育关键时期的胎儿进行刺激，与母体间接地建立起神经信息的传递。孕妇的一切心理状态对胎儿的人格都会产生影响，如果孕妇的心情愉快宁静，情绪稳定平和，体内分泌出有益物质，如各种激素、酶、多巴胺等，使血液循环、内分泌和心率都处于一种平衡的状态，将来孩子的性情就会好一些。当母亲产生愤怒或恐惧的情绪时，身体将分泌许多副肾素与乙酸胆碱，这两种化合物能注入胎儿的血液中，刺激胎儿神经系统，对于胎儿的人格颇有影响。所以，怀孕期间的母亲应尽量消除恐惧、愤怒、焦虑不安的情绪，多接受一些新鲜的、令人愉快的刺激，如多听听悦耳动听的音乐，看看美丽的图画，观赏优美的景色，这些对于胎儿肯定会产生有益的影响。

三、胎教的科学方法

胎教的科学方法是指人们用各种方法，刺激帮助胎儿身体和大脑皮层细胞的生长。脑细胞在胎儿期就完全形成，在其后的一生中，脑细胞只会减少、死亡，再也不会增多。胎教的前提是胎儿能感应到外界的环境因素，胎儿何时才能对外界因素做出反应呢？

小资料

胎儿的成长过程

1）从受孕时起到胎儿2个月大时胎儿的脊椎开始形成。

2）怀孕第8周，胎儿的皮肤有了感觉，对皮肤进行刺激，能使大脑逐步发达。

3）从怀孕第2个月起，胎儿在羊水中进行类似游泳般的运动。

4）从怀孕第3个月起，胎儿会吸吮自己的手指。

5）从怀孕4个月起，胎儿的小耳朵就可听到子宫外的声音，当听到巨大的声音时，他（她）会感到吃惊。

6）怀孕5个月后，脑的记忆能力开始发展，胎儿反复听到母亲的声音时，就能辨别这种声音，由此产生一种安全感。

7）怀孕6个月后，胎儿开始有了嗅觉，在羊水中的胎儿能嗅到母亲的气味，从而记忆在脑中。母亲常感到强烈的胎动，这是胎儿正在用自己的脚踢子宫壁，脚的剧烈运动使羊水晃动，从而刺激胎儿的皮肤，向大脑传递冲动，促进发育。

8）怀孕 7 个月后，胎儿具有视物的能力。这时胎儿对外面的声音会表现出喜欢或讨厌。

9）怀孕 8 个月时，胎儿能听出音调的高低及强弱。胎儿的味觉系统已很发达。当子宫收缩或受到外界压迫时，胎儿会猛踢子宫壁进行抵抗。胎儿开始感受到母亲的情绪，能和母亲共同分享喜和爱。

胎教的方法一般主要有音乐胎教、抚摸胎教、语言胎教三种。

（一）音乐胎教

胎儿在子宫内与外界的联系主要是由听觉器官和听神经来接受外界传入子宫内的声波刺激而建立起来的。声波有乐声和噪声之分，当然对胎儿的刺激也就有有益与有害之分，对胎儿不时地发出乐声性声波，音乐的节律性震动对胎儿的脑发育也是一种良好的刺激。现代神经心理学的研究表明，音乐可以对神经系统中的边缘和脑干的网状结构有直接影响，从而调节情绪、情感和内脏活动。优美的音乐可以使孕妇保持开朗的心境，而且能促进孕妇分泌一些有益母子健康的激素和酶，调节血液流量和神经兴奋，从而改善胎盘营养状况。

音乐胎教可从以下三方面进行。

1. 孕妇听胎教音乐

从确定怀孕起，孕妇便可开始进行音乐胎教。听音乐时，孕妇仰卧全身放松，把手放在腹部注意胎儿的活动，静心凝听乐曲。每天听的乐曲最好固定，不要变化繁多，这样便于胎儿记忆；选择孕妇喜爱的音乐，以动听悦耳的轻音乐为主，音量以 75～80 分贝为宜，每天听 2 次，每次进行 20～30 分钟。

2. 父母唱歌给胎儿听

父母的歌声对胎儿是一种良好的刺激，能促使胎儿大脑健康发育，也是父母与胎儿建立最初感情的最佳通道。一方面，母亲在唱歌时，陶冶了性情，获得了良好的胎教心境；另一方面，母亲在唱歌时产生的物理震动，和谐而又愉快，使胎儿从中得到感情上和感觉上的双重满足。此法还可使胎儿熟悉父母的歌声，加强感情交流，一直保持到出生以后，在音乐的气氛中，父母与子女间的关系会更和谐、融洽。

3. 胎儿听胎教音乐

在妊娠中后期即怀孕第 25～40 周，在胎儿睡醒时可以选择一些音乐，在离孕妇腹部不超过 0.5 米的地方对胎儿直接进行刺激，每次持续时间 5～10 分钟。音乐的内容、节奏、旋律应当视情况不同有所选择，白天可以听轻松欢快的乐曲，使胎儿处于兴奋状态，晚上可以听柔美小夜曲，使胎儿进入睡眠状态。给活泼好动（表现为胎动频繁且较剧烈）的胎儿听一些节奏缓慢、旋律柔和的音乐；而给文静安定的胎儿听一些节奏明快、跳跃性强的音乐。值得注意的是，给胎儿听的音乐首先要保证不能损害胎儿的听觉系统，要选择经过医学、音乐学设计和符合声波学规定的胎教音乐，应该特别禁止的是过于强烈、杂乱的音乐，不宜用迪斯科、摇滚乐，避免噪声的不良刺激。

（二）抚摸胎教

抚摸或轻拍的动作通过孕妇腹壁传达给胎儿，形成触觉上的刺激，促进胎儿感觉神经和大脑的发育。刺激越频繁，越能使胎儿产生记忆，智力得到开发。经过抚摸训练出生的婴儿，肌肉活动力较强，对外界环境的反应较灵敏，出生后翻身、爬行、站立、行走等动作的发展都能提早些。

抚摸胎教的方法包括以下几点。

1）每天睡前听胎教音乐之前进行，孕妇排空膀胱后仰卧放松，双手放在腹壁上捧住胎儿，按从上至下、从左至右的顺序轻轻、反复做抚摸动作，一边抚摸，一边与胎儿讲话。然后用食指或中指轻轻触压胎儿，然后放松。

2）到妊娠28周时，孕妇能摸清胎儿体形，可随音乐的伴奏，与胎儿的身体接触，如触摸胎儿的头部、背部、四肢和臀部等部位；还可进行推晃锻炼，即轻轻推动胎儿，使他在腹中"散步"，又好似让胎儿"做体操"。

3）抚摸胎教需要一个安静的环境，然后放一些轻柔的背景音乐，显得更加静谧、平和。抚摸胎教要求定时进行，开始每周3次，以后根据具体情况逐渐增多，每次时间5～10分钟。如果在抚摸时出现胎儿用力踢腿等不适现象，应停止抚摸，宫缩出现过早的孕妇不宜使用抚摸胎教法。

（三）语言胎教

父母用语言与胎儿进行交流，给胎儿期的大脑新皮质输入最初的语言印记，在大脑中形成粗浅记忆，促进其出生后语言及智力的发展。同时将父母的爱传给胎儿，对胎儿的感情发育有很大好处。西方一些国家的胎教学校为胎儿开设有语言训练课，据说，凡是受过胎教学校语言训练的胎儿，在出生时大脑中约记有50个单词，所以有些胎儿出生后两周就会说"哦哦""爸爸"等。这说明用父母充满爱的讲话声刺激胎儿的听觉和语言中枢神经，可使胎儿的语言中枢神经、大脑发育得早，发育得快，发育得好。

语言胎教的方法包括以下几点。

1）日常生活语言交流。从早晨起床到晚上睡觉，孕妇所经历和发生的事情都可以和肚子里的胎儿诉说。比如，早晨起床，孕妇轻轻呼唤他（她）的名字问声"早上好"，告诉他（她）今天的天气怎样，今天的生活安排，出门前，告诉他（她）你今天穿的是怎样的衣服，是什么颜色等。只要留意留心，生活中的每一点小事情都可以成为孕妇和胎儿谈论的话题。

2）给胎儿朗读文学作品。那些想象力丰富、有趣的童话和寓言，如安徒生童话、伊索寓言等，都是孕期最适合的读本，阅读这些作品会带给孕妇有益的启迪。孕妇如果喜欢诗歌，朗读那些意境悠远、朴素淡雅的中国古诗词，或是隽永、飘逸的中国现代新诗，都会让孕妇和胎儿受益匪浅。孕妇还可以每天安排一段时间给肚子里的胎儿讲故事，讲述的时候，声音要欢快、明朗、柔和，充满感情。

3）父母与胎儿对话。胎儿在母亲腹中，最容易听到较低（父亲）的声音，所以孕妇可以邀请丈夫一起来参与宝宝的语言胎教。父亲可以以耳贴在腹部数胎心率，说话时，语调要轻柔、平和，慢慢提高音量，接近平时说话的声音，还可以对胎儿轻轻吟唱，使胎儿更早地熟悉父亲的声音。父母经常与胎儿对话，能促进其出生以后的语言及智力方面的良好发育。

在进行胎教的时候还要注意环境和情绪。

1）尽量给孕妇创造一个舒适的环境，居住环境保持整洁，空气新鲜，可放置一些花卉、盆景，墙上挂几张活泼可爱的小宝宝照片，使孕妇保持情绪愉快，避免噪声和喧闹。

2）注意饮食调节，保证充足的营养。孕妇适宜而平衡的营养对胎儿的健康发育是非常重要的。

3）保持心情舒畅，精神愉快，并提高自身修养。避免收看情节紧张的电视节目或收听令人情绪紧张的广播。长期的情绪压抑或愤怒使孕妇肾上腺皮质激素增多，胎儿体内的蛋白质合成就会减少，有可能会导致胎儿唇腭裂等畸形。

案例 5-2

一对普通的美国夫妇培养了 4 个天才儿童：大女儿 5 岁时，便从幼儿园一下子升到高中一年级，10 岁便成为当时全美最年轻的大学生，其他 3 个女儿也同样优秀。4 个孩子的智商都在 160 以上，都被列入仅占全美 5% 的高智商者的行列。他们所采用的胎教方法很快成为人们的热门话题。这对夫妇一直坚信"每一个胎儿都是天才"，正是在这种观念下他们从怀孕开始的时候起就坚持对胎儿说话，还利用卡片教授胎儿文字和数字。除此以外，他们的胎教方法还包括听音乐和浏览图书，以及将准爸爸和准妈妈的生活趣事用非常自然的语调说给胎儿听。在他们的胎教法中有一个不可缺少的要素，这就是所谓的"子宫对话"。子宫对话并不是什么需要高超技术的胎教法，无论东西古今，对准妈妈们来说它都是一种不可或缺的胎教手段。这位夫人每次怀孕时都会不停地和自己的孩子对话。这些对话的直接目的并不是让孩子进行某种学习，而是要表达自己对孩子的爱意。在孩子出生以后，她一直坚持用深情的声音呼唤孩子的小名，不仅如此，她还为她们唱歌、讲故事、哄她们玩。这对夫妇一直认为，应该让自己的内心对胎儿的爱变为胎教的根源和基础，而不是某一种简单的期望或者目标，只有做到这一点，胎教这棵树才能结出最饱满的果实。

（实子·斯瑟蒂克，2007. 斯瑟蒂克胎教法. 2 版. 北京：中国妇女出版社.）

第二节 0～1 岁婴儿的家庭教育

孩子出生后的第一年是人生中身心各方面发展最快的一年，也是心理活动萌发的阶段，又是生活经验开始积累的时期。奥地利生态学家洛伦茨在 1935 年研究发现，刚出生的小鹅有跟踪母鹅的本能，通常将第一眼看到的对象当作母亲。洛伦茨将这一现象称为"印刻"，在小鹅行为的关键期内，小鹅学习的对象"印刻"在它头脑里了。可见，神经系统的可塑性很大，当其功能和结构一旦形成后，可塑性就会变小，发展的空间就会变得更小。所以巴甫洛夫曾说过："婴儿降生的第三天开始教育，就迟了两天。"这就说明，婴儿自出生之日起，就有了惊人的反应和学习能力，应尽早进行早期教育。

一、新生儿的保教策略

新生儿期是指从出生到生后 28 天这一时期。这一时期是从子宫内的胎儿生活过渡到人世间生活的巨变过程，是由胎内寄生向胎外独立生活过渡的关键时期，身体将发生很大的生理变化，才能适应骤然改变的外界环境。

胎儿出生前，生活环境是既安全又舒适的，他在羊水的包围下，通过胎盘吸收养分，进行呼吸和排泄，很少受到外界的直接刺激和影响。出生以后，生活环境发生了巨大的改变，新生儿必须独立进行维持生命的活动，必须去适应环境的多变，如光线、温度、声音等的变化，需要自己呼吸、吃奶、消化、排泄。需要 3～4 周的时间才能使身体内外组织都能适应外界环境，而在这段不稳定时期中，婴儿还需要精心的关照，合理的养育。由于新生儿身体的软弱性与生长迅速的矛盾，他们适应环境的能力很差，生长发育又十分迅速，极易导致各种疾病的发生，所以处处需要成人的精心呵护。同时，新生儿出生时的健康状况与胎儿期的发育密切相关，由于抵抗力低，适应力差，因此新生儿期也是儿童发病率和死亡率的最高阶段。在新生儿死亡病例中，尤以早产儿和低体重儿占的比例为大。这一时期的保教策略需要注意以下方面。

（一）及时满足婴儿的各种需求，建立起最初的信任感和安全感

婴儿在出生后 1 个月内只有两种反应：一种是获得满足与舒适感后的愉快情绪；另一种是饥饿、寒冷、尿布潮湿等所引起的不愉快情绪。父母这一时期要多注意观察婴儿不同情况下的哭声，掌握孩子的规律，以便正确满足孩子的要求。要多与婴儿有情感地交流，要用亲切的声调与婴儿说话，用慈爱的目光注视婴儿，并引起婴儿的注视。在婴儿安静地睡觉时或有了发音等活动时要抱一抱婴儿以示关怀和鼓励，建立起基本的信任感和安全感，这有助于孩子以后健康个性品质的形成。家长应该尽快掌握正确的照顾方法，如抱孩子、喂奶、换尿布、洗头洗澡、包裹和穿衣服、脐部护理等，平时注意观察宝宝的各种反应是否正常，注意记录孩子的体重变化、睡眠情况、皮肤颜色、反应特点，记录下孩子每一点进步和照料中出现的小问题。

（二）进行母乳喂养

新生儿出生后，就拥有各种各样的无条件反射，如觅食反射、拥抱反射、吸吮反射、抓握反射等。其中吸吮反射是新生儿对食物的一种无条件反射，即吃奶的本领。新生儿这一时期能量的消耗是非常大的，需要合理的喂养来提供充足的营养，而母乳是最能满足婴儿生长发育需要的天然营养品。母乳的营养成分最适合婴儿的消化吸收能力，含有较多的优质蛋白、氨基酸及乳糖，有利于婴儿脑的发育。初乳含有丰富的牛磺酸，可促

进婴儿生长发育，尤其是含抗体丰富的蛋白质（IgA 及乳蛋白），其中免疫球蛋白具有增强婴儿免疫力的作用，能防止稚嫩的新生儿胃肠道和呼吸道感染。母乳喂养时，婴儿与母亲直接接触，通过拥抱、照顾、对视，增进母婴感情，并使婴儿获得安全、舒适、愉快感，有利于建立母子间的信任感，有利于婴儿心理和智能发育。

（三）认知能力方面的训练

婴儿出生后的前 4 周是他们步入生命最有意义的时期，婴儿一出生就有了触觉、听觉、嗅觉。新生儿的视觉和听觉感受器在结构上已与成人基本相同，视觉和听觉是婴儿与成人交流的最初渠道。新生儿出生 1 周，就能辨别出出生之日起给他喂奶的妈妈的声音，4 周时就具有对语言不同发音的辨别力。牛津大学的研究人员发现，出生后 6 天的新生儿能够辨别出自己母亲的气味。

1）听觉训练：新生儿的主要活动除了吃就是睡。在睡眠的时候需要一个安静的环境，在睡醒后，父母可以用和蔼亲切的语音对他讲话，多进行语言的刺激。此时婴儿虽不能说话却能感知语言，要给婴儿创造一个丰富的语言环境，利用各种机会及各种游戏、动作与婴儿说话。因为父母的声音孩子在胎儿时就听过，在给孩子换尿布、喂奶时都可以进行面对面的讲话，给孩子唱一些歌，也可以听一些柔和悦耳的音乐，或让他听原来听过的胎教音乐，但声音要小，以免过强的声音刺激孩子，使孩子受到惊吓。可对婴儿发不同的单音节，进行发音训练，如"啊、噢、呜"等，重复发这些音以教婴儿发音，当婴儿自动地发出这些单音后，家长要给予应答和适当的鼓励。

2）视觉训练：脑科学研究表明，视觉发展的关键期在出生后的半年内，所以婴儿期既是孩子视力发展的重要时期，也是进行视觉训练的最佳时期。新生儿室内光线要柔和，婴儿天生最爱看人的面孔，从出生后起父母要多和孩子面对面进行交流，最佳对视距离为 20 厘米。

新生儿出生半个月后，需给婴儿丰富的视觉刺激，除了周围环境的一些刺激外，可对婴儿施行一些专门的视觉训练。可以在婴儿仰卧上方 20～30 厘米处悬吊一些婴儿感兴趣的玩具，如彩色的环、铃、球，最好是红色的，或放一些能发声的玩具，每次最好放一件，经常调换或变换位置。在婴儿面前触动或摇摆这些玩具以引起婴儿的兴趣，使其视力集中在这些玩具上。在婴儿能较集中地注视后，可将玩具边摇边移动（水平方向、垂直方向、180 度弧度），使婴儿的视线随玩具移动。

（四）运动训练

新生儿具有许多先天的运动本领。例如爬行反射：让新生儿趴在床上，用手抵住他的两脚，婴儿可趁势向前爬行；行走反射：扶婴儿光脚板直立在床上，他就会一步一步向前走"猫步"，走得好的孩子就像散步一样；游泳反射：在水下分娩的婴儿，可在水中游来游去而不呛水；牵拉反射：将食指放在新生儿掌心，能立即感到手指被婴儿攥紧（抓握反射），可借此将婴儿提升在空中停留几秒钟。这些先天就有的能力，如果不及时加以练习，几个月后就会自然消失，如果及时训练，这种先天的反射就会变成后天的本领。

1）练习俯卧抬头：婴儿出生后几天就可以俯卧，在 1 个月内婴儿俯卧时只有本能的挣扎，使面部转向一侧，但不能将头抬起。此时仍要给婴儿一些俯卧的机会，让婴儿练习抬头，婴儿俯卧一般在空腹情况下进行。俯卧的床面要平坦、舒适，每次训练自30秒开始逐渐延长时间，每天可练习数次。婴儿自1个月后头部可逐渐抬起，家长可用一些带响的或色彩鲜艳的玩具在前逗引，让婴儿练习自己抬头。抬头动作从抬起45～90度，逐渐稳定。2个月的婴儿一般能抬到45度，个别婴儿可达90度，这种俯卧抬头的练习不仅锻炼了婴儿颈部、背部的肌肉力量，而且有助于增加婴儿的肺活量。

2）练习头竖直：每日适当地竖立抱婴儿数次，让婴儿练习将头竖起，一般2个月的婴儿头可竖10余秒至1～2分钟，练习竖头时家长一定要注意保护好；还可将婴儿背部贴住母亲胸部抱，这样婴儿面前是一个广阔的空间，有很多新奇的东西引起婴儿的兴趣，使得孩子更主动地练习抬头。

另外，选择合适的时机，进行婴儿抚触，帮助婴儿做健康操活动肢体和关节。

【技能训练5-1】

婴 儿 按 摩

按摩时要有适宜的温度（20～25℃），给婴儿穿上轻薄的衣服，按摩者清洁双手，除去各种饰物，修剪指甲并涂上按摩油。按摩时要注意婴儿的表情和神态，一旦婴儿出现哭闹、身体扭动的情形，就要停止动作，并进行检查。按摩的时间控制在几分钟到十几分钟都可以。

按摩的部位主要有：

1）脸部：用双手掌心或指腹在婴儿的额头和脸颊处进行环状移动。

2）胸部：用双手掌在婴儿的胸部做心型轻推，但不要下压。

3）腹部：用双手的大拇指从婴儿的肚脐由内向外推，用一只手的手掌绕肚脐做环形推动。

4）背部：在婴儿的脊柱处由里向外和上下轻轻推动。

5）脚部：在婴儿的脚底由足跟向足尖推动，分别捏脚趾。

6）手部：从婴儿的上臂往下捏，最后分别捏每个手指。

应当注意，当婴儿发烧、腹泻、呕吐时，按摩要停止，待婴儿的情况好转以后再进行。

分析：对于幼小的婴儿，按摩不仅能够起到促进身体发育的作用，而且成人和婴儿的肌肤接触也是一种重要又有效的安慰和鼓励的方式。

（选编自：黄娟娟，2003. 0～6岁小儿家庭教育手册. 上海：上海科学技术出版社.）

二、1岁左右婴儿的发展特点和家教要点

（一）1岁左右婴儿的发展特点

半岁以后，婴儿逐渐出现语言的萌芽，动作比以前灵活，手眼协调能力增强，从独坐、爬行、站立到走路，由原来被动的、不能自主的活动，变为主动的活动。随着活动范围的不断扩大，婴儿可以到处去看、去触摸、去拿取，从早到晚不停地活动。

1. 语言开始萌芽

婴儿在 6 个月左右，就有了初步理解语言的能力，大约到了 9 个月的时候，才开始真正理解成人的语言，10 个月以后，婴儿会说出第一个有意义的单词，这时候虽然不能用说话的方式表达意思，但可以执行成人简单的指令，能按语言指出身体的一些部位，如"你的鼻子在哪里？眼睛呢？"还能通过语音、表情、动作，来表达自己的要求和感受。经过了近一年的准备，到了 1 岁以后，儿童的语言有了较大的发展，进入了学习口语的重要阶段。这一阶段理解语言的能力迅速发展，理解的词语以名词和动词居多，会给常见的物体命名。

2. 学习独立行走

婴儿的运动功能发展的规律是从整体动作到局部动作，也就是按照头部—颈部—躯干—上肢运动功能的先后顺序发展起来的，而下肢的运动功能则是在婴儿能直立后逐渐开始发展的。婴儿在半岁前学会抬头、翻身，6～7 个月时能够独自坐并练习爬行，9 个月后可以四处爬行，到 10 个月时，在成人的帮助下，学习扶站和迈步。可见婴儿在 1 岁之前学会坐和爬，从原来躺在床上的姿势解放出来，虽然不能独自站立和走路，但已经体会到能够自由活动，接触到更多新生事物的兴奋。1 岁后儿童练习独自迈步、行走，一开始还走不稳，需要成人的搀扶和保护，直到完全学会独立行走，所以独立行走极大地扩大了婴儿的生活范围。

3. 手眼协调能力有所发展

婴儿三四个月时拿东西总是一把抓，长大点以后随着手眼协调能力的发展，才逐渐会用四指和大拇指配合捏取东西。这是因为婴儿肌肉动作发展规律是从大肌肉动作到小肌肉动作，在会做头、颈、身体、四肢的大肌肉动作之后，才会使用手指的小肌肉动作。半岁以后，婴儿开始用两只手配合拿取东西，到 7 个月的时候，五指分工已经比较灵活，能够自如地抓握各种形状的物体。到了 1 岁左右，儿童的手眼协调和双手协调能力已有较好的发展，可以自己玩积木、积塑，把积木一块一块地搭高，用插塑插各种各样的形状。对这种活动，儿童喜欢重复地做，而且独立玩的时间可在半个小时以上，这也是儿童从事的最初的游戏活动。这个年龄阶段的儿童把自己做事也当成一种游戏活动，当作模仿，比如学着吃饭、拿椅子等，对他来说这些都是其乐无穷的游戏。

4. 有多种情感出现

1 岁左右婴儿随着活动范围的扩大，可以听懂成人的语言并能用自己的语言来表达自己的要求和与人交流，与养育者形成一种最初的依恋，这主要表现在对母亲依赖、听从、提要求、求帮助、寻求保护等。另外，这时候婴儿已有多种情感的表现，如高兴、生气、喜欢、伤心、害怕、得意、害羞等，这些情感来得快也去得快，发泄对象是以母亲为主的周围成人。1 岁左右的婴儿对对错已经有了简单分辨能力，会用动作和表情来表示所做事情的正确与错误。虽然不能和其他孩子一起玩，但都愿到小朋友多的地方去，喜欢看比自己年龄大的儿童玩，从母子的二人世界过渡到感到有他人的存在。

（二）1 岁左右婴儿的家教要点

1. 语言能力的培养

研究实验表明，1～3 岁是语言（口语）发展最迅速的时期，也是学习口语的关键时期，在这期间最大限度地促进孩子语言的发展是至关重要的。首先，要创设发展语言能力的环境。在孩子 1 岁前，父母要多和他说话，即使他听不懂，这种交往也是有益的。他可以较多地听到父母发出的语言，接受语音听力的训练，看到爸爸妈妈发音时的口形，增强视觉判断力，可以尽早建立起语言听觉和语言视觉之间的密切联系。当孩子自己能发音并学习说话时，要创造条件，教给孩子更多字和词，让他主动开口说话。其次，语言作为一种智力与潜能，越早开发越好。在怀孕 5 个月胎儿听觉出现时就可以与胎儿说话，从婴儿出生第一天起，就将语言交流融合于生活照料中，3～5 个月与婴儿"交谈"时让他做出口部及出声反应，8～9 个月开始咿呀学语时，对婴儿发出的声音要做出积极的反应，1 岁时，要不断鼓励他说出单词、电报式词语，并逐渐要求说出单词句、双词句，直到完整语句。

【技能训练 5-2】

语言游戏：鸭梨（适用于 1 岁半婴儿）

目的：

1）让宝宝认识鸭梨。

2）在妈妈的指导下，宝宝学会接说儿歌的尾字"梨""皮""你"。

3）让宝宝品尝鸭梨，并告诉宝宝，河北省出产的鸭梨特别好吃。

准备：

一把刀子，一个鸭梨，字卡"鸭梨"。

智慧妈妈教你玩：

1）妈妈将鸭梨藏在布袋内，让宝宝摸一摸，闻一闻。然后出示鸭梨，让宝宝观察鸭梨的特征。

2）妈妈洗净鸭梨，并切开让宝宝品尝。

3）妈妈念儿歌，宝宝学习接字"梨""皮""你"。

4）识字：鸭梨。

儿歌：

大鸭梨，

黄黄的皮，

又甜又脆我爱你。

（选编自：冯德全，2007. 0～3 岁婴幼儿家长指导手册（冯德全早教方案⑥）. 北京：中国妇女出版社.）

2. 运动能力的培养

1 岁左右是婴儿从开始爬行到学步的阶段，练习站立和迈步行走也开始了，从自己

独立地站立起来，到家长牵着走和婴儿扶着家长走，直至自己能够独立行走，可以说 1
岁左右是儿童学习自己走路的关键时期。

刚刚学习站立和走路，建立正确的姿势和动作模式至关重要，家长必须有意识地进
行观察，假如发现哪里不对劲儿，比如脚尖着地或者步态别扭，一定要请医生看看。在
学习站立行走时，可以先让婴儿练习独自站立，在站稳以后，用玩具或语言和动作来吸
引婴儿练习向前迈步，然后训练短距离行走，随着训练的情况不断加长距离。学习走路
的过程对每一个孩子来说首先是一种充满诱惑的挑战，也存在着对变化的恐惧，父母要
多给予帮助和鼓励。

【技能训练 5-3】

婴 儿 体 操

所谓婴儿体操是指在成人帮助下进行的婴儿被动操。被动操的内容包括婴儿成长过
程中的婴儿肢体活动和动作发展，根据婴儿的月龄有不同的要求。一般来说，前 6 个月
的操节主要有以下内容。

（1）上肢运动

1）伸展手臂：成人轻握婴儿的手臂，在婴儿胸前做出交叉的动作。

2）伸展肘关节：成人轻握婴儿双手，交替屈伸婴儿的左右肘手臂。

3）活动肩关节：成人握住婴儿的手臂，轮流轻轻转动婴儿的肩关节。

4）上举手臂：成人握住婴儿的双手，分别进行双手向上举的动作。

（2）下肢运动

1）伸展踝关节：成人帮助婴儿做出摇动踝部的动作。

2）活动膝关节：成人握住婴儿的双脚，轮流弯曲和伸展膝关节。

3）上举下肢：成人握住婴儿的双脚，让它们伸直，然后轻轻提起、上举。

（3）身体运动

先让婴儿仰卧，帮助他侧身翻，直到婴儿俯卧，然后再翻身。

等到婴儿 6 个月后，除了以上运动外，着重进行下列运动。

（1）下肢运动

1）提腿运动：让婴儿伏卧，成人的双手握住婴儿的双腿，轻轻往上提起。

2）跳跃运动：成人的双手扶住婴儿的腋下，做出向上举，再落下的动作。

3）扶走运动：成人的双手握住婴儿的手臂，轻轻带动婴儿向前迈步。

（2）身体运动

1）起坐运动：成人用手指勾住婴儿的双手，把婴儿拉起来。

2）弯腰运动：成人从婴儿的身后扶住婴儿的腰部，让婴儿弯腰去拾起地上的东西。

（选编自：黄娟娟，2003. 0～6 岁小儿家庭教育手册. 上海：上海科学技术出版社.）

3. 认知能力的培养

这一阶段家长可以有意识地教婴儿认识更多的具体事物，教他辨别基本颜色，体会

事物之间简单的因果关系，并将不同的物品和活动进行相互比较，这样的引导日积月累持续下去，就会让他的大脑建设得更加复杂而精确。必须不断创造和试验激发婴儿兴趣的方法，让他在同家长相互配合的游戏中获得快乐，让他的智慧潜能在快乐的游戏中得到开发。比如家长可以给婴儿提供能够推、拉、上去坐的小车或汽车等可以使身体活动的玩具，多给孩子准备一些有不同弹性而又禁摔的玩具，如木块、吹塑玩具、皮球等；为孩子准备大小适中的积木，他会反复不断地去玩；还要选择有动物、植物、食物等孩子熟悉事物的线条和颜色鲜明的画册，在反复翻看画册的时候，婴儿会体会到其中无限的乐趣。

4. 安全问题的关注

1岁左右儿童最让人担心的是安全，因为他还不懂得危险的含义，随着婴儿活动能力迅速提高，磕磕碰碰的机会也大大增加了，但如果害怕他受伤害而进行过度保护，其结果只能是限制孩子的发展。家长需要多留心，可以通过讲故事或者形象示范等办法让孩子知道有些事情是不能做的，有些东西是不能碰的。逐渐让婴儿尝试独自行走，并创造机会引导他走直线、走曲线、走坡路和绕过障碍，还要学习转弯和停止。学走路摔几跤是难免的事情，家长不能一味地搀扶孩子，而应该着力消除环境中的不安全因素。在安全的环境下，如果看到孩子摔倒，家长不要焦虑和惊恐，假如家长能够轻松地鼓励他站起来，孩子则明白这点事没什么大不了。这对于孩子也是难得的挫折教育，不仅能够锻炼自我保护的意识和技能，对意志和自立精神的培养也益处颇多。

第三节　2～3岁逆反期儿童的家庭教育

一、2～3岁儿童的发展特点

2～3岁这一阶段的儿童动作发展迅速，会跑、攀登、钻爬，两手也更加灵活，手眼协调能力增强，生活自理行为开始出现；口语发展迅速，感知思维也随之活跃，并出现了最初的概括和分析能力，社会性得到发展。由于各种能力的不断增强以及自我意识的萌芽，这一阶段的孩子处处和父母"作对"，逆反心理很强烈，事事都要按照自己的意愿去做，出现了第一反抗期。这一阶段儿童的发展特点主要表现在以下几个方面。

（一）语言的发展

这段时期仍是儿童口语发育的关键期。1岁之前是儿童语言发生的准备阶段，一直到1岁半之前，他能够听懂很多话但不能用语言表达出来。1岁半以后，儿童学习语言产生了一个飞跃，从不会说到突然开口说话，甚至说得很好。到了两三岁，孩子说话和听话的积极性都很高，语言水平也进步很快，掌握了基本的语法结构，词汇量和句型也在迅速扩展，爱听故事、儿歌、诗歌等；注意和记忆能力也较之前有所提高，能较长时间地注意看电视、看电影、做游戏或听大人讲故事等，并能记住一些简单的情节片断。

（二）思维能力的发展

2岁左右的儿童开始出现"头脑"中的心理活动，也就是表象、想象和思维。这些都是高级的认识活动，也就是说，儿童在这个年龄有了高级认识活动的萌芽，使儿童的认识能力发生了质的变化，并导致其整个心理发展的转折。其思维具有"直觉行动性"的特点，也就是思维活动在行动中进行，而不会想好了再行动。比如拿着插塑玩具就动手插，边插边考虑插什么，最后插成的东西像什么就说是什么。另外，此时期儿童的思维缺乏可逆性和相对性，只能理解一些浅显的事情，不会做复杂分析，只会简单的直接推理，这一点表现为3岁儿童不能理解反话。

（三）自我意识的发展

2岁的孩子开始出现自我意识的萌芽。自我意识是指自己认识自己，就是使自己既成为主体，又成为客体。要把自己和外界区分开，意识到自己和外界的关系，特别是自己和别人的关系，这是比较高级的心理活动，2岁的孩子只是处在萌芽阶段，其出现的主要标志是能够运用代词"我"。其特点主要表现在以下几个方面。

1）产生了强烈的独立性需要，出现了自己行动的意愿。表现为坚持自己的主意，不听从父母的要求和意见，常说"我自己来""我自己拿"等。

2）开始"知道"自己的力量。会用语言指使别人。

3）能说出自己的行为，有时也能用语言控制自己的行为。

4）出现占有意识。两三岁的孩子开始能够意识到哪些东西是属于自己的。此外，随着自我意识的萌芽，孩子也会出现新的情感萌芽，如自豪感、自尊心、羞愧感、同情心等。

这个时期的孩子个性逐渐显露，在自我意识发展的基础上，儿童的自我评价及道德品质开始有了初步的发展，能够判断"好"与"不好"、"对"与"不对"，并能用语言来控制和调节自己的道德行为。

（四）情绪情感的体验促进社会性发展

2～3岁儿童认知能力和语言能力的发展，扩大了孩子社会交往的范围，各种情绪的发展与情感体验，促进了其社会性行为的发展。这主要表现在以下几方面。

1）情绪支配行为。3岁儿童不能用理智支配活动，他们的行为易受情绪支配，更多是无意识的。比如，对于孩子喜欢的事物会激发出积极的情绪，这种情绪又会调动起活动的积极性。

2）产生强烈的依恋情感。所谓依恋就是指儿童对经常和他生活在一起，经常照料他的亲人的依恋，时刻离不开他们。主要表现在幼儿两三岁入园的时候大哭大闹，这是情感发展的正常表现。

3）喜欢与人交往。由于语言和动作发展日趋成熟，认识范围不断扩大，好奇心和求知欲不断增强，儿童表现出与他人交往的兴趣。交往关系不再局限在父母和亲戚之间，而是扩展到和同伴的关系，他们很愿意和小朋友在一起，比如很愿意看别人玩，也管别人的事了，常把小朋友发生的事告诉妈妈和其他大人。

总之，两三岁是儿童心理发展上一个比较大的转折阶段，儿童既遗留着 2 岁以前的某些心理特点的痕迹，又开始出现新的心理特点的萌芽，新旧交替在孩子身上就体现着矛盾。如果父母不了解这一年龄阶段的心理发展特点，不按身心发展规律实施正确的教育，那么，父母与孩子之间的矛盾必然激化，后果是导致孩子出现真正的执拗、任性等不良性格。

二、2～3 岁儿童的家教要点

（一）培养儿童的生活自理能力和良好的习惯

儿童随着年龄的增长和各系统功能的成熟，能够掌握各种大动作和一些精细动作，同时随着语言和自我意识的发展，儿童也会表现出愿意独立自主地自我服务的倾向，家长要因势利导，让儿童掌握自我服务的本领，从小培养儿童自己料理生活方面的独立性，防止依赖性。

儿童从 2 岁开始就喜欢尝试着自己做事情。家长要充分利用日常生活的各个环节，帮助儿童做些力所能及的事情，对儿童进行自理能力的培养，如教儿童自己用勺吃饭，自己穿脱衣服，自己学着洗脸、洗手等。当然，儿童开始学习做事时，手的动作还不协调，有时会搞得乱七八糟，家长不要责骂他，这样会挫伤孩子的积极性。首先应加以鼓励和表扬，让孩子感到"被接纳"和"认可"，然后再教他怎么做，并给予一些必要的帮助，这样使他体验到成功的欢乐，意识到自己的力量，从而激励他主动学习，独立探索。培养儿童的生活自理能力，不仅仅是对儿童能力的培养，更重要的是促使其养成独立的性格。如家长对儿童一切代劳或过分溺爱，过分照顾，就挫伤了孩子独立性的萌芽，使他们养成一切依赖于别人的习惯。自理能力的培养也是锻炼技能的过程，是培养劳动观念的过程，这对孩子今后的学业和生活，对适应复杂的社会生活都是十分有益的。

（二）培养儿童的优良个性

俗话说"3 岁看大，7 岁看老"。它说明 3 岁左右的儿童已完成了人生的第一个发展时期，有了一定的发展基础。如果父母能在孩子 3 岁前，对其个性上的优点有意进行培养，对个性中的缺陷和弱点有意进行矫正，就可以使这些缺点和弱点被掩盖而不显现，这对塑造儿童的良好个性是十分重要的。

受遗传因素的影响，儿童出生后就有气质即神经类型的差异，如有的婴儿活泼或灵活些，有的则沉静或呆板些。这种先天气质在后天的环境和教育条件下，不断发生改变。3 岁前，儿童的个性特征就明显表现出来，如有的孩子好奇心强，有强烈的探索愿望，有的则对外部环境漠不关心；有的孩子什么都要求自己做，有的则有明显的依赖性；有的性格开朗合群，有的经常处在哭泣、告状等防御地位。

应当重视儿童最初形成的这些个性萌芽，因为，它虽然还没有定型，但它是未来个性形成的基础。在一般情况下，个性容易沿着最初的倾向发展下去。因此，父母应抓住儿童的个性萌芽，对其进行引导和培养，不要纵容孩子，要特别注意利用儿童有明显的受暗示性和好模仿的特点，给孩子好的模仿榜样，包括家长和老师都要以身作则，这有利于儿童最初的优良个性的形成。

（三）正确对待儿童的"逆反期"

案例 5-3

很多家长还没有从宝宝一点点长大的满足和喜悦中回过神来，就突然遭遇了孩子成长过程中的第一个叛逆期——2～3岁，这让很多家长为此束手无策。2岁多的哲哲，不像之前那样听话了，回答问题的时候总喜欢在前面加一个"不"字，还有，动不动就在家里搞破坏，一旦开始犯错误，就一发不可收拾地破坏下去。有一次吃饭时，他把一整碗的米饭和菜都倒扣在桌子上，然后还在那傻笑。哲哲妈苦恼地问："这孩子该怎么管？"

儿童的逆反期一般发生在3岁左右，在此之前，幼儿完全依赖父母及成人的帮助，按照成人的指示去做，但到了3岁左右，幼儿突然喜欢按照自己的方式行动。这是因为3岁左右的孩子感知觉和肌肉运动的准确性大大提高，语言能力也提高了，大脑皮质的构造发生了显著的变化。因而，在这一时期，孩子爱提各种各样的问题，对一切事物都有着浓厚的兴趣，摸一摸，动一动，总想弄清是什么。同时，这个时期的孩子在和成人的交往过程中，扩大了视野，认识到了自己的能力。此时，由于自我意识的萌芽，个性初具雏形，意识到"自我"，孩子表现出非常强烈的独立意识和愿望。于是，他们一反过去安静、听话、有较大的依赖性这一面，常常闹独立，突然变得固执、任性起来，什么事都要自己去干，不听父母的吩咐，力图摆脱父母的约束，拒绝接受父母的帮助。如果自己的要求受到限制，就会引起反抗情绪。孩子喜欢和别人比较、竞争，而且爱说并喜欢别人说自己好。

怎样正确对待处在"逆反期"的儿童呢？

1. 理解、尊重孩子的意愿

当孩子出现逆反心理时，家长不要不分青红皂白，主观、武断地对孩子加以训斥，应该分析一下孩子产生逆反的原因，具体情况具体分析。父母要认识到孩子这一时期出现逆反心理是儿童心理发展的一个阶段，要尊重孩子的意愿，放弃那种强硬态度，不要把自己的意愿强加在孩子身上。如果父母过于与孩子对抗会增强孩子的抵抗情绪，另外，可能会伤及孩子的自尊心，使孩子变得胆怯，甚至会导致日后孩子出现各种过激的行为。家长应该加以指导，因为家长的目标是帮助孩子顺利度过"反抗期"，同时满足孩子独立的需要和爱与保护的需要，促进孩子心理健康发展。

2. 赢得孩子的信任

父母是孩子最亲近的人，也是孩子的偶像。当孩子出现反抗行为时，父母要控制自己的情绪，不要让消极情绪控制自己，试着用儿童的视角来看待问题，站在孩子的立场来考虑，对出现的逆反表现进行客观的分析，帮助孩子找出解决办法，使得孩子在保持"自我"的同时能够听从父母的建议或意见。对孩子讲话要尽量和气、平等，用友好、商量的口吻与孩子进行交流。反之，会挫伤孩子的自尊心，让他变得顺从和依赖，缺乏自立能力。

3. 给孩子适当选择、发展的机会

家长对于反抗的孩子应当关心、了解他们内心的真实想法，尽量去了解孩子行为背后的真正原因，尽量创造一些条件满足他们做各种活动的要求，使他们有事可做；尽量创造一些条件来满足孩子想独立行动的需要，放手让孩子独立地做事，并对孩子的某些行为，抓住时机给予适当的鼓励，以促进孩子自我意识的形成和动作技巧、能力的发展。

4. 善于诱导和转移孩子的注意力

对孩子的一些不合理要求或不正确行为，家长也不能一味地满足、迁就，例如对一些不适合孩子干的、有危险的事情，家长应该善于诱导和转移孩子的注意力，让孩子去做其他事情，而不要强迫命令，然后用替代性活动满足孩子的独立需要。例如，妈妈给宝宝洗澡，洗完后，水有些凉了，可是宝宝只顾玩水就是不出来穿衣服，这时，妈妈可以拿一件好玩的玩具转移其注意力，让孩子从水中出来。

若被孩子反抗，父母不能因为受此烦扰而祈求没有反抗期出现，因为自发地顺利发展的孩子，一般到两三岁时就会出现反抗期，反抗是孩子顺利成长的标志。所以，家长要了解孩子这时期的发展特点，本着理解、尊重孩子的原则，帮助孩子顺利度过第一反抗期。

三、做好入园的准备工作

入园是学龄前儿童从家庭走向社会的第一步，幼儿园能够培养孩子良好的社会适应能力、与人相处的能力，提高语言表达能力和思维能力，所以让孩子在 2～3 岁的时候接受集体教育是非常必要的。由于孩子第一次离开家庭熟悉的环境，离开家人的照顾，换到一个陌生的环境，常会在生理和心理上产生一些不适应，如饮食减少、睡眠不安、情绪不稳定，甚至生病等。为了让孩子尽快地适应并喜欢幼儿园的集体生活，家长应事前做一些准备。

（一）做好充分的心理准备

孩子上幼儿园，对于每个家庭来说是件大事，要使孩子顺利地适应幼儿园的生活，入园前的心理准备是首要的。

首先，让孩子认识到"我已经长大了，我要上幼儿园了"。情感上对父母的依恋是很多

孩子不想上幼儿园的原因之一。上了幼儿园以后，由于环境的改变，孩子必须独自面对、处理问题，很容易产生失落、焦虑与不知所措的感觉。所以在孩子入园前，家长要努力和孩子之间建立起良好的亲子关系，让孩子知道父母相信他自己能够适应幼儿园的新环境。

其次，入园前要熟悉幼儿园的环境。带孩子参观幼儿园，熟悉幼儿园的人、事、物，如观看小朋友们上课、玩耍，玩玩幼儿园里的大型玩具。多带孩子出门接触小朋友，鼓励他主动地和他人进行语言沟通，最好帮助孩子认识一两个同一个班级的同伴。这样，孩子在进入幼儿园时，班级里有熟悉的同伴，其陌生感和不安全感便会减少很多。另外，可以关注幼儿园的一些动向，如参加幼儿园组织的一些亲子活动，让宝宝逐渐对幼儿园有一种亲切感，并产生入园的向往。

再次，避免焦虑、不安的情绪影响孩子。任何焦虑、不安、恐惧等不良因素都会使孩子不愿意去幼儿园。父母特别是祖父母可能在言行中有意无意地流露出对孩子上幼儿园的不放心，孩子会受到感染，他会从大人的态度中感觉到幼儿园不是个有趣、安全的地方。作为父母应当坚信：孩子有很强的适应能力，只要我们给予适当的帮助，孩子会顺利的渡过这一关。

（二）培养、加强幼儿的自理能力

孩子进入幼儿园生活，最主要的问题，应该说是生活能力的挑战，这也是家长们最为担心的事情，如吃饭、盥洗、穿脱衣服、睡觉等。所以在孩子入园前，家长要了解幼儿园的作息制度和要求，调整孩子的作息时间，培养其各项生活自理能力，以减少孩子入园后的焦虑和自卑，帮助孩子更快地适应幼儿园的生活。

1）睡眠训练：选择好幼儿园后，家长应详细了解幼儿园的作息制度，例如，早上入园时间、上下午吃点心的时间、午餐时间、午睡时间等，然后在入园前的两三个月中逐步把孩子在家的作息习惯调整到与幼儿园一致，使其养成独自入睡、早睡早起和午睡的习惯。

2）吃饭训练：固定时间和地点吃饭，自己吃饭，不给孩子喂饭，不能边看电视边吃饭或边玩边吃，吃饭的时候不能随意走动，鼓励孩子自己吃，鼓励孩子尝试各种不同的食物，多鼓励，耐心些，可以让孩子对自己产生信心。

3）如厕训练：训练孩子自己脱、提裤子，注意观察孩子大便的规律，养成定时大便的习惯。

4）穿衣训练：教孩子认识自己的衣服，分清上下、前后、左右，能够穿脱衣服。孩子到幼儿园穿的衣服和鞋一定要舒适、方便穿脱。

5）清楚地表达自己：培养幼儿能够清楚地表达自己的要求的能力。例如在口渴时会向成人要水喝，或自己主动去喝水。身体不舒服时会说出或用手指出具体的地方，例如，头痛、肚子痛等。这有利于老师及时采取应对措施。

此外，在孩子刚刚入园时，家长的配合也是十分重要的。家长要和老师多沟通、交流，老师会将幼儿园集体生活的要求，以及孩子每天的表现都告诉家长，家长在家里也能同样要求孩子，让孩子学习自己的事情自己做，并有针对性地加强练习。只有家园共同配合，孩子的进步才能显著有效。

【技能训练5-4】

2～3岁幼儿家庭亲子游戏

1. 游戏名称：放进去，拿出来

游戏目标：理解语言，学会按指令使手眼协调地做动作。

游戏玩法：

1）把5～6个不同种类的玩具放在宝宝眼前，让他看着你把玩具一件一件地放进"百宝箱"里，边做边说"放进去"，再一件一件"拿出来"。然后，让孩子模仿。

2）成人指定儿童从玩具中挑出一件，如要他"把小熊放进去"。全部放完后，再让他按你的要求，把玩具一件件"拿出来。"

2. 游戏名称：找玩具

游戏目标：初步理解物体的永恒性，培养好奇、自信和乐于探索的心理品质。

游戏玩法：

当着宝宝的面，把一件玩具藏在不同的地方，如藏在盒子里、矮凳上、书桌旁，或藏在其他玩具中间；也可以当面把几件玩具分别藏在几个地方，让他把玩具一件一件地找出来，他会因为是自己"发现"了这些玩具而感到极大的快乐。

第四节　5～6岁儿童入学时的转折与家庭教育

一、5～6岁儿童的发展特点

5～6岁是儿童入学前的准备阶段,这时期的儿童身体的各部分比例逐渐向接近成人比例的方向发展。骨骼继续骨化，大肌肉已比较发达，能灵活、协调地掌握基本动作，小肌肉发展迅速。儿童心理活动概括性和有意性的表现更为明显，初步形成了比较稳定的心理特征；具有一定的自我保护意识、良好的生活卫生习惯及合作意识。

（一）语言能力的发展

5～6岁儿童基本能够发清楚全部的语音，语言的连贯性有所加强，能用完整的句子连贯清楚地讲述，能准确、简练地回答较复杂的问题；能比较条理清楚地独立讲述所看到或听到的事情和故事，敢于在众人面前大方、有表情地朗诵诗歌，较准确地概括故事的主题思想；会话和讲述能力明显进步，也就是谈话的能力或对话的能力，个人独自叙述事情或是讲述故事的能力都有所发展。这说明，5岁以后，儿童应该基本会用清楚连贯的语言表达自己的愿望，或是和他人用语言交谈、交往。随着语言的发展，在儿童的思维中，形象和词语的相互关系也逐渐发生变化，逐渐摆脱表象、形象的束缚，形象开始成为思维的工具。

（二）抽象思维的发展

5～6岁是儿童脑发育显著加速的时期，随着儿童脑结构的形成，脑的机能也发展起来，儿童可以逐渐控制自己的行为，减少冲动性，促进了儿童精确地认识事物能力的发展。这时期的儿童的思维仍然以具体形象思维为主，但明显地出现了抽象逻辑思维萌芽，能进行一些更加概括的思维和逻辑抽象的思维活动了。

在认知方面，这时期的儿童能根据概念分类，按类别记忆；掌握了部分和整体的包含关系，能够掌握"左右"等比较抽象的概念，对因果关系也有所理解；能准确地认识正方体、长方体、圆柱体、圆锥体；能全面地感知事物的某些细致特征，发现相似事物的细微差别；能根据图形创造性地想象，能根据图形之间较复杂的关系进行推理；掌握10以内数的组成和加减运算；掌握长度和体积守恒；可以从多角度对物体进行分类，既可以按自己的生活经验分类，也可以按物体的使用功能分类。可见，5岁儿童的逻辑思维的出现使儿童思维能力发生了质的改变，为以后儿童进行学习提供了条件。

另外，5～6岁儿童思维更加活跃，表现为爱学、好问，他们的好奇心已不再满足于了解事物的表面现象，而要追根问底，而且还会主动地去探索周围的世界，大胆地进行尝试。

（三）个性初步形成

个性是一个人比较稳定的具有一定倾向性的心理活动的总和，主要表现在自我意识、性格和能力等心理成分上。5～6岁的儿童对事物已经开始有了比较稳定的态度，个性开始形成，如爱玩玩具、爱玩足球等。儿童5岁以后，随着抽象概括性的发展以及各种心理活动有意性的发展，能较好地建立起社会规则与自己行为的联系、自身行为与他人反映的关系。儿童的自卑感、荣誉感、羞愧感、嫉妒心、好强心等都比以前更加显露，不同儿童也有所不同，这就是自我意识发展的倾向。儿童在群体中能用积极友好的方式与人交往，并重视成人和同伴对自己的评价，也希望得到同伴的接纳。

这一阶段的儿童能够知道自己的优缺点，能够独立做事情和独立思考问题，做事情有信心，争强好胜；关心长辈、老师和小朋友，喜欢帮助他们做事情，能主动关心班里的事，有集体荣誉感；能在不同情景下主动使用礼貌用语，举止文明，做错事能承认，并努力改正；能主动热情地与老师、小朋友和客人交往；热心地帮助解决其他小朋友之间的冲突，协调自己与伙伴之间的关系。

儿童在五六岁时性格特征和能力已有明显的差异，性格方面已开始表现出顺从的、冲动的、懦弱的、好表现的、攻击的、内向的、外向的以及依赖的等各种不同的特征。能力方面，无论是运动、操作、智力，还是一般能力、特殊能力等，差别已经明显。5岁儿童有意行为增多了，这对他们入学后学习和独立生活都是必要的准备。

二、5～6岁儿童的家教要点

五六岁的儿童处于学前晚期，将要面对升入小学这一转折。家长要掌握孩子生理或心理上都处于迅速发展时期这一特点，发展儿童的各种认知能力，使儿童有较强的适应能力和运动能力，培养儿童良好的品德行为和性格、自我服务的能力，为进入小学做好充分的准备。

（一）组织和指导儿童开展各种游戏活动

游戏是儿童最主要的学习活动，也是促进儿童心理发展的最好活动方式。家长可以给孩子准备拼插玩具、计算玩具、识字玩具、拼图玩具和童话故事书、自然常识书、儿歌书等。根据孩子的爱好，可以给他准备一些绘图用具、音乐用具、科学玩具、运动玩具等。组织指导儿童的游戏活动，组织创造性游戏、音乐游戏、体育游戏，发展视、听、触、嗅、味等感官游戏等。

（二）提供条件让儿童多参加各种活动

由于这一时期儿童的独立性及各方面能力的提高，父母要给孩子提供条件，满足孩子积极参加各种有益活动的要求，例如经常带孩子接触大自然、社会，去博物馆、科学馆、动物园、公园等，开拓儿童的生活领域，扩充见闻，以激发其学习的兴趣。应积极为儿童创造多参加运动的条件，注意培养孩子的动手能力，让他们在活动中亲身体验安全活动带给他们的愉悦，同时，对儿童进行保护自己不受伤害的安全教育。

（三）培养儿童求知探索的精神

五六岁的儿童心理的发展要求获得更多的生活知识和经验，具有强烈的求知欲，当他们接触到复杂的社会和自然时，处处感到新鲜、好奇、疑惑，在他们头脑中藏有许许多多的"为什么"，这是智慧的火花、创造力的萌芽。父母要保护孩子的好奇心，正确回答孩子的问题，把握好教育时机，激发孩子探究问题、了解问题的欲望，以培养出积极主动的学习意愿。

（四）培养儿童的生活自理能力

对于即将入学的儿童，应该给他们提供参与生活的机会，多做一些力所能及的劳动。父母过分宠爱孩子，不但对教育孩子无益，还有可能使孩子无法具备学龄初期儿童应有的独立生活能力，甚至养成好逸恶劳的习性。因此，父母要积极支持孩子参与力所能及的劳动，这也有助于其心智的健康发展和学习处理各种问题的方法，逐步形成较强的生活自理能力。

（五）创造和谐健康的家庭氛围

良好的家庭环境和家庭成员的关系可以给孩子创造身心健康成长的良好条件。"孩子是父母的缩影"，父母的一举一动、一言一行都是孩子模仿的目标，应该重视这种潜移默化的作用，把自己的好习惯、学习精神、创造开放的态度，在不知不觉中传给孩子，以产生良好的认同作用。父母要真诚地关心和了解孩子的需要，尊重孩子的个性，以鼓励代替责骂，以平等商讨代替苛刻要求，坚持正面引导孩子，这样就能促进父母与孩子之间相互关心，产生认同默契。

三、做好入学的准备工作

儿童到 6 岁左右，将要从幼儿园进入小学，开始接受学校教育，系统地学习知识，同以游戏为主要活动的幼儿园生活相比，在生活习惯、学习方式及人际关系等方面将面临许多变化，在孩子的生活中，这将是一个重要的转折。

首先，学习是一项社会义务。不管孩子愿不愿意，喜不喜欢，他都要履行接受学校教育的义务。其次，学校学习的主要形式是上课，有固定的时间和要求，课前必须预习功课，上课时必须遵守纪律、专心听讲和回答问题，课后必须复习功课、完成作业。再次，学校学习一般以班级为单位进行。教师对孩子的评价、小伙伴的态度，在很大程度上都以孩子遵守纪律、履行学习义务的状况为依据。因此，在孩子入学前即 5～6 岁这一阶段，家长必须有计划地使孩子在身体上、心理上、日常作息制度和生活习惯等方面为入学做好准备，既要为其做好物质上的准备，又要帮助其做好心理上的准备、学习上的准备和独立生活的准备，使其今后能更好地、更快地适应新的学习环境和学习生活，具体应从以下几方面入手。

（一）心理准备

孩子入学前一般都为自己将要成为小学生而感到高兴，甚至有些兴奋和激动，但孩子乐于上学，往往只是受学生生活的一些外部特征，如背书包、上下课、整队、集合，以至戴红领巾等所吸引，而对为什么要入学，入学是怎么回事，上学会学些什么，会遇到些什么困难，并没有什么认识。家长应当用孩子所容易接受的方式，及早让孩子初步了解学习的重要性以及如何学习，培养孩子学习的兴趣，激发孩子对知识的向往，认识到自己的学习同成人的工作同样是一种社会责任。

1）激发孩子上学的愿望。一般来说，入学愿望强烈的儿童，入学后学习积极主动，表现较好。因此，家长要采取多种形式，激发儿童入学的愿望，如带儿童参观小学生上课，给他们讲少先队的故事，培养儿童对学校的热爱和对少先队的向往。

2）进行初步的学习目的、态度教育。学生的学习态度端正与否，决定着学习的成绩与效果，学习态度端正的学生能够按时上学、上课，遵守课堂纪律，专心听讲，积极思考和回答问题，按时做作业，认真复习考试等。要培养孩子对待学习认真负责、积极努力、不敷衍了事的态度。孩子对即将学习的内容的意义和目的认识越明确，学习态度越端正，他的学习积极性就越高，学习效率就越显著。入学前要培养孩子在做每一件事时都认真、负责的态度，以便在进入小学后能以积极的态度学习知识、掌握技能。

3）培养儿童对学校、对教师的感情。老师是孩子智慧的启蒙者，使孩子在入学前就形成对老师的良好印象，这在入学准备中是很重要的。父母要以自身尊敬老师、热爱老师的榜样去引导孩子，使孩子树立起老师和蔼可亲、知识渊博、热爱学生的第一印象。家长要向孩子说明学校、教师的作用，注意维护学校、教师的威信。

（二）学习准备

要培养孩子良好的学习习惯。一个人养成了良好的习惯，对他的生活、学习和工作都大有好处。对即将入学的孩子来说，养成良好的习惯比获得知识重要得多，而良好的学习习惯则是他们顺利进行学习活动的保证，所以，孩子入学前要培养他们良好的学习习惯。培养孩子良好的学习习惯，要循序渐进，可从以下方面着重培养。

1）专心学习的习惯。要求孩子学习时集中精力，专心致志，不东张西望，不边学边玩。

2）按时、认真、独立完成作业的习惯。要求孩子按时完成作业，做到今天的功课今天完成，先做完作业后玩耍，认真完成作业，认真书写、认真检查，决不敷衍应付。独立完成作业，做到自己动脑筋，运用所学知识独立解决问题，不依赖父母。

3）爱读书的习惯。家长自己做出榜样，引导孩子爱读书、会读书，在努力读熟、读懂课本的同时，充分利用课余时间阅读适合的报纸、杂志和课外读物。

4）勤动脑、好提问的习惯。孩子面对大千世界，几乎每天都会有问题、有发现。家长应鼓励孩子提出问题，通过自己思考找出答案，或请教别人或查阅资料解决问题，并使之成为习惯。

（三）物质准备

上小学的孩子所使用的学习用品要根据年龄来选择，原则是有利于学习，使用方便，如双肩背式书包、铅笔盒、尺子、橡皮、转笔刀、削好的铅笔、水杯等，并在上学前，教会孩子正确使用这些用品，如会使用剪刀、铅笔刀、橡皮和其他工具，还要要求孩子爱护和整理书包、课本、画册、文具和玩具。此外，尽可能为孩子准备一个较好的学习环境，有一个固定做功课、放文具的地方，使孩子从入学第一天开始，就能全神贯注地完成作业，有条不紊地安排学习，逐渐养成良好的学习习惯。

（四）独立生活准备

孩子入学前，要培养其良好的卫生习惯和一定的独立生活能力。例如定时睡觉，早起早睡，保证充足的睡眠时间，自己穿脱衣服，整理床铺，一人单独睡小床；自觉地早晚刷牙，饭后漱口，能根据天气变化及时增减衣服；学会正确地握笔，端正写字、看书的姿势等。要培养孩子的独立意识、生活自理能力、动手操作能力。要让孩子知道，自己长大了，即将成为一名小学生了，生活、学习不能完全依靠父母和老师，要慢慢地学会生存、生活、学习和劳动，能自己做的事自己做，遇到问题和困难自己想办法解决。

培养孩子的时间观念，让他们懂得什么时候应该做什么事并一定做好，什么时候不该做什么事并控制自己的愿望和行为。培养孩子生活的自理能力和习惯，逐渐减少父母或其他成人的照顾。教给孩子有关学校生活的常规知识，要求孩子参加一些力所能及的劳动，学点简单的劳动技能，提高自我服务的能力。

家庭教育案例评析

宝宝要上幼儿园，您的孩子准备好了吗

情景描述：

每年入园第一天，新生班的场面可用哭声震天来形容。孩子初入幼儿园感到恐惧很正常。有孩子用不吃饭、不睡觉来"抗议"，有的甚至做梦也念叨"要回家"。一些家长于心不忍，第二天就帮孩子请病假，后来就变成隔三差五请假，结果别的孩子已适应幼儿园生活，他的孩子还哭闹。

有的父母包办一切，孩子到了幼儿园突然要自己应对吃饭、穿衣等问题，自然很难适应。曾经遇到一个孩子，家人认为他吃固体食物很费劲，就把食物做得尽量熟烂。入园后，老师发现那孩子竟不会咀嚼。

无论父母是如何疼爱自己的小孩，当小孩长大到一定年龄的时候，总有一天是要离开父母，开始学习独立的，而小孩入读幼儿园，就象征着他们第一次离开父母的时刻要来临。为了迎接这个对于父母与小孩而言都充满了挑战性与新鲜感的时刻，聪明的父母们，你们准备好了吗？

给家长的建议：

1. 帮小孩选择合适的入园时间

"为了让孩子更容易地融入幼儿园生活，小孩应该在什么时候入园呢？"这也是父母应该好好想想的问题。

若小孩子太早入园，会容易让他们觉得自己缺乏父母的关爱，对于心智成长不好，而且他们的自理能力与独立能力也不适合幼儿园生活；但小孩如果太迟入园，又会让他们过分依赖父母，同时延迟了其学习独立与基本能力的最佳时机。所以，小孩应该在什么时候入园，父母应该提前做好准备。

专家通常不太建议孩子提前入园，孩子2岁左右正是自我感、自主意识形成的时候，比较专注于自己，他向往与家长一对一的自由，还不能更好地适应集体生活，更容易出现分离焦虑。3岁半以后的孩子会愿意去交往，愿意参加集体活动，适应集体生活会比较快。4岁的孩子会进入交往、情感的敏感期，因此，要遵守孩子身心发展的规律。另外，在整个幼儿阶段，也不建议孩子全托。

2. 入园后的过渡期，要注意尊重孩子

（1）应对哭闹的孩子

允许孩子哭闹，这是他正常的情感反应和表达，每个孩子是不同的，有的天生为乐天派，有的比较敏感，不要过多、过早地给孩子贴上评价标签。当他哭闹时，要理解他，让孩子知道你也很难过，这时也可以抱抱他，但作为家长，也应有一些必须坚持的立场。可以正向地"诱导"孩子，但不要以贿赂的方式，不要和孩子进行有条件的交换。

（2）应对不爱交往的孩子

有的孩子不太喜欢与别的小朋友交往，喜欢观察别人，然后再去参与。作为家长，不要过早评判孩子的行为，允许孩子以各种形式表现自己最原本的状态。

（3）让孩子释放情绪

有的家长会说自己的孩子在幼儿园会很安静，回家却不是这样。孩子在幼儿园的集体生活中，多少会控制和约束自己，表现有时是"假"的，回到家却会释放自己的情绪。家长在与孩子每周相处的2天和7个晚上的时间里，要多陪伴孩子，倾听孩子的语言，让他放松，给他全方位的爱。

3. 帮小孩建立入园前的"安全感"

"孩子该上幼儿园了，怎么才能让他更好地适应幼儿园生活？"这应该是每个父母都必须认真思考的问题。

　　孩子进入幼儿园会开始与老师、小伙伴之间建立交往关系，同时与父母的关系也会出现波折。如果孩子与父母的依恋关系没有处理好，或者与老师、小朋友之间产生了不信任等交往障碍，这都会延长孩子的"分离焦虑"。因此，为了避免这类事情的发生，家长们在小孩入园前就应该帮其做好环境转变的心理准备，就是帮其建立入园前的"安全感"。

　　聪明的父母对于小孩入读幼儿园的心理准备已经提前进行了，大可提前1年左右，让小孩能在心理上有足够的时间调节。但是，如果父母一开始真的没有意识到要给小孩做入读幼儿园的心理准备，那也别灰心。那些在小孩将要入园的紧急关头才意识到要给小孩做入园心理准备的父母可以尽可能在入园前的一段时间多和孩子在一起，让孩子感受被爱和安全感是十分重要的。

　　入园前的心理准备更多的是"关系准备"，可以试着带孩子提前去幼儿园参观一下，让小孩慢慢熟悉幼儿园的环境。有的幼儿园会给孩子和家长一个过渡期，家长和孩子在亲子园可以全天待在一起，这样可以在孩子进入陌生环境前给他一个缓冲的时间。建议家长在入园前，不要对孩子说"幼儿园很好玩、像游乐场"或者"老师像妈妈"之类的话，让孩子对幼儿园有一个期待感，但进入幼儿园生活后，因为种种原因，反倒会让孩子有一种失落感。

　　家长要扩大自己的包容度，多投入时间和精力陪孩子度过那段适应时间，而且要开始慢慢地让小孩学会一定的独立，不要过分依赖父母；也可以在入读幼儿园前就让小孩与其他小孩多进行交流，让他们习惯跟年纪相仿的小伙伴相处。

　　孩子该入读幼儿园了，看起来似乎是理所当然的，是一种客观事物发展的规律。这种必然性尽管是自然的，可也并非是想当然就能草草了事的。从这时起，孩子也许怀着期盼与忐忑的心情迈出了他走向社会的第一步，从父母的家庭关怀中出走，开始向社会的集体生活靠拢了。

（摘自旭谷幼教网，http://www.xugu.net/yuanzhang/180594.html）

思考与练习

1. 什么是胎教？胎教的方法都有哪些？
2. 新生儿的保教策略都有哪些？
3. 如何正确对待儿童的"逆反期"？
4. 如何做好入园的准备工作？
5. 如何做好入学的准备工作？
6. 学前儿童各年龄阶段的发展特点及家教特点是什么？
7. 6岁的彬彬一看见饭桌上有瓶打开的果酱，马上一把拖到自己的面前用手指捞来吃，而且舔了又捞，捞了又舔。奶奶发现后说："你怎么把手指伸到瓶子里去了？多脏！"妈妈就给彬彬一把勺子，让他从瓶子里舀了吃。爸爸用目光表示反对这样做，但妈妈说："瞧你，孩子吃点果酱也小气！"你认为奶奶、妈妈和爸爸的做法谁对谁不对？试评价之。

拓展阅读

上海市精神文明建设委员会、上海市教育委员会、上海市妇女联合会文件《上海市0～18岁家庭教育指导内容大纲》

中国国际人才开发中心，2011. 儿童早期教育专业教程. 北京：新星出版社.

第六章

学前特殊儿童的家庭教育

【学习目标】

了解：各类特殊需求儿童（智力超常儿童、智障儿童、情绪行为障碍儿童、生理发展障碍儿童）的鉴别常识。

理解：各类特殊需求儿童的特征。

掌握：各类特殊需求儿童的教育对策。

学前特殊儿童主要是指有特殊教育需要的 0~6 岁儿童，主要包括智力发展超常儿童、智力发展障碍儿童、语言发展障碍儿童、情绪与行为问题儿童、生理发展障碍儿童等。研究和实践均已表明，对这部分儿童的早期教育干预，可望使他们的智力和能力有所提高，获得一定的生活能力和技巧，待他们成长到学龄阶段，可以更好地接受特殊教育或正常儿童的教育。家庭是实施早期教育的主要场所，良好的家庭教育对这部分儿童的健康成长具有特别重要的作用。本章主要分析了当前人们比较关心的几种特殊教育需要儿童的家庭教育问题。

第 一 节 智力超常儿童的家庭教育

一、智力超常儿童的发现与鉴别

（一）什么是超常儿童

超常儿童也称智优儿童，是指在智力发展上显著超过同年龄常态儿童一般发展水平或具有某方面突出发展才能的儿童。

超常儿童在古今中外的历史上有许多称谓，庄子曾称之为"天人"，柏拉图曾称之为"金人"。在 17 世纪"天才"被广泛使用。此外，还有"神童""奇童""奇才""英才"等称谓。1978 年，我国心理学家查子秀提出了"超常"或"超常儿童"这一概念，体现了两方面的含义：一方面是这些儿童的超凡表现并不是天生的，而是先天因素和后天教育相互作用的结果；另一方面是超常儿童是儿童群体的一部分，而不是一个独立群体，包括那些具有特殊才能的人，所以，"超常"一词同时包括了英文常用的 gifted

（指天才）和 talented（指专才），从理论上讲，查子秀提出的超常儿童概念更具有合理性和广泛性。

（二）超常儿童的特征

超常儿童在各年龄阶段都有，表现出多种类型。有的数学才华早露，有的语言和写作能力非凡，有的艺术才能优异，有的记忆力超强。他们的智力发展水平也表现出不完全一致。

根据有关调查和追踪研究，可以概括出超常儿童通常有如下共同特征和表现。

1）感知觉敏锐，观察力强。超常儿童有较强的视、听感受性，能在短时间内迅速而准确地获取大量信息。他们善于观察，能迅速把握事物的特点及事物间的关系。

2）注意力集中，记忆力强。超常儿童由无意注意向有意注意转换快，有好的注意品质，集中注意持续时间长，对感兴趣的事物能做到专心致志，很少分心。他们有良好的记忆力，有意记忆、理解记忆和抽象逻辑记忆的发展相当迅速，记忆的速度、广度及牢固程度好，常常能过目不忘、倒背如流。

3）思维敏捷，逻辑性强，想象力丰富。超常儿童在思维的自觉性、敏捷性、灵活性、批判性、逻辑性、深刻性和独创性方面都有优异的表现，思维模式不同于常态儿童，善于别出心裁，常能做出别人想不到的事。他们的类比推理能力和创造性思维能力发展迅速，能大大早于常态儿童运用概念进行分析、比较和判断、推理。超常儿童具有丰富的想象力，他们善于自由联想、创造发挥，再造想象及创造性想象发展迅速，不但能借助语言表达想象力，还能运用艺术形象和艺术语言开展创造性想象。

4）兴趣广泛，求知欲旺盛，自制力强。超常儿童的兴趣和求知欲不仅十分强烈，而且表现在对事物的好奇和探究上，他们把学习视为乐趣，能在短时间内，获得大量的知识和技能。超常儿童能自觉排除外界诱惑和干扰，有较强的坚持性和自制力，能主动进行自我调节，表现出坚毅的意志行为。

5）充满自信心和好胜心。超常儿童对自己的判断、推理以及解决问题的能力充满自信。他们富有进取精神，遇事不甘落后，不服输，能积极对待困难与挫折，失败了也不气馁。他们一般都有抱负，能为了实现理想而不懈努力。

（三）超常儿童的鉴别

超常儿童主要表现为两种：一种是其整体心理水平全面超常；另一种是具备一方面的特殊能力。

据我国心理学家调查，超常儿童占同龄儿童的 1%～3%，我国超常儿童至少有 200 多万，这是一个很可观的数字。要及早发现超常儿童并对他们进行恰当的教育，关键在于鉴别超常儿童。

超常儿童的鉴别，主要是运用观察与实验方法和智商测验方法。智商测验是鉴别智力超常儿童的主要方式，通常采用斯坦福-比奈量表。根据对大量美国儿童测验结果，美国心理学家推孟把儿童智商分为以下几类：智商在 140 以上为天才；120～139 为最优秀智力；110～119 为高智力；90～109 为正常智力；80～89 为中下智力；70～

79 为临界智力；60～70 为轻度弱智；50～60 为深度弱智；25～50 为亚白痴；25 以下为白痴。

长期以来，许多国家把智力测验作为鉴别超常儿童的主要方法。随着人们对超常儿童的不断研究发现，对超常儿童的鉴别，智商不能代替所有指标，应采用多种指标、多样化的方法，如教师推荐、学业测试、创造力测验等。

小资料

超常智力儿童行为测定表

1）兴趣、爱好广泛。

2）对科学或文学产生浓厚的兴趣。

3）是个好学不倦的人。

4）喜欢计算，能快速进行心算。

5）对新鲜事物特别好奇。

6）能非常机灵地回答问题。

7）能较长时间集中注意力看书或做智力游戏。

8）语言表达较好。

9）能很快适应新的环境。

10）喜欢独自一人做事。

11）有好胜心理。

12）别人谈话时经常插嘴。

13）发现新的东西表现出很高兴。

14）有强烈的自信心。

15）对别人的感情很敏感。

16）性格活泼，面部富于表情，不呆板。

17）能讲富有想象力的故事。

18）急于把发现的事情告诉别人。

19）喜欢做新的事情。

20）能控制自己的言行。

21）有很好的观察力，注重事物的细节。

22）能发现事物之间的联系。

23）有忘记时间的倾向。

24）能分清事情的主次因素。

25）用有高度创造力的方法解决问题。

26）有某一种或更多的特殊才能。

27）会挑战成人的看法。

28）情绪较为稳定，具有判断别人的能力。

二、智力超常儿童的家庭教育对策

做好对超常儿童的早期发现和教育，是造就卓越人才的奠基工程。

超常儿童教育不是要将常态儿童培养成为超常儿童，而是一种专门为超常儿童提供的特殊教育，目的是为了落实因材施教的原则。从这个意义上讲，超常儿童不是被制造出来的，而是被"发现"的。

在超常儿童的教育中，家庭教育的作用是超乎寻常的，更是无法估量的。超常儿童经过特殊的超常教育，可以获得比在普通教育环境条件下更大的成才几率。如果忽视对超常儿童的特殊教育，把他们当成常态儿童一样来对待，会造成他们成长时间上的浪费，他们的天赋没有一种途径来表达，久而久之，则往往会脱离教育者的视野，捣乱或者做一些他们认为可以更好地表现自我的事情。良好的家庭教育可以促进超常儿童加速成长和健康发展，使他们走上成才之路。

（一）正确认识自己的孩子，及时发现

要教育好自己的孩子，首先要正确认识自己的孩子。如果是超常儿童，没有发现，没有相应的教育培养，会阻碍孩子聪明才智的正常发展；相反，如果不是超常儿童，却误认为是超常儿童，则会出现"拔苗助长"的现象，结果会适得其反。超常儿童是客观存在的，但毕竟是少数，不是所有孩子都有可能成为"神童"。父母要善于发现孩子的超常之处，当父母发现自己的孩子具有前文所述超常儿童的特征和表现时，就要想到他很可能是一个超常儿童，应找专业人士进行鉴别，做到早发现，并及早采取相应施教措施。

（二）为超常儿童提供丰富多彩的学习、生活、心理环境

丰富多彩的环境刺激，是超常儿童智能发展的必要条件。真正超常发展的儿童，一般都生活在活泼有趣、富于变化并充满刺激的学习、生活环境中。父母本人可能不具备与孩子一样的天赋，但父母一定要为孩子提供丰富多彩的环境刺激。父母要做有心人，当在生活中观察到孩子在某方面有浓厚的兴趣时，就应当尽自己所能，为孩子提供所需材料和工具，寻找合适的导师，提供活动场地，带孩子去图书馆、博物馆、大自然等接触更广泛的知识来源，让孩子主动探求知识、发挥创意。同时，父母也要以身作则，采取民主的教养方式，为孩子营造和谐的家庭氛围。父母对超常儿童的鼓励包括精神与行为两个方面，父母是影响孩子成长的重要人，期望孩子成功、自己也很有成就的父母，对超常儿童成功的帮助最大。在教养方式上应采取民主的方式，宽严兼施，满足其合理要求，也尊重孩子处理自己事务的权利，这对形成孩子的独立个性、适应生活、保持稳定情绪与建立良好习惯有益。父母也要注意营造温馨的家庭氛围，这有利于超常儿童人格的发展，给儿童以安全感，让孩子放心地去从事自己的活动，发展自己的超常才能。父母要减少不必要的干扰，减轻孩子的心理负担，为超常儿童营造积极的心理环境，使孩子借助温暖、和谐与充满爱的家庭踏上成功之路。

（三）抓住超常儿童成长的关键期

抓住关键期，及时地对孩子进行早期教育，给孩子以发展其能力的机会，能让孩子尽早发挥其能力，有利于超常儿童成才。早期教育抓得及时对超常儿童的成长会产生很大的影响。家庭教育的主要作用之一表现在能适时地对儿童进行早期教育。相反，在日常生活中，我们还发现，有的孩子确实天赋高，聪颖过人，但是，由于家庭环境条件差，父母缺乏儿童心理学知识，不懂得应对孩子进行早期教育的道理，错过了关键期，孩子的天赋能力枯死了，结果只有成为平凡的或无所作为的人。

小资料

各种能力与非智力心理素质发展的关键期

2 岁半左右是幼儿计数能力开始萌芽的关键期；

3 岁半左右是幼儿动手能力开始发展成熟的关键期；

3 岁半左右是幼儿独立性开始建立的关键期；

3 岁半左右是幼儿注意力发展的关键期；

3～5 岁是幼儿音乐能力开始萌芽的关键期；

3～4 岁是幼儿初级观察能力开始形成的关键期；

4～8 岁是幼儿开始学习外语的关键期；

4 岁半左右是幼儿开始对知识学习产生直接兴趣的关键期；

5 岁左右是幼儿掌握数概念，进行抽象运算以及综合数学能力开始形成的关键期；

5 岁半左右是幼儿抽象逻辑思维开始萌芽的关键期；

5 岁左右是幼儿掌握语法，理解抽象词汇以及综合语言能力开始形成的关键期；

5 岁半左右是幼儿学习心态、学习习惯以及学习成功感开始产生的关键期；

6 岁左右是幼儿创造性开始成熟的关键期；

6 岁左右是幼儿观察能力开始成熟的关键期；

6 岁左右是幼儿超常能力结构开始建构，并快速发展的关键期；

7 岁左右是幼儿多路思维开始形成的关键期；

7 岁左右是幼儿操作能力开始形成的关键期；

8 岁左右是幼儿阅读能力和综合知识学习能力开始形成的关键期；

8 岁左右是幼儿欣赏艺术和美感心态萌芽的关键期。

（四）掌握正确的教育方法，注意因材施教

超常儿童具有与众不同的心理特点。他们具有特殊的兴趣、爱好和强烈的好奇心与求知欲等。家庭教育必须针对他们的特殊心理，坚持因材施教，这样才能使他们的智力和个性得到充分和健全的发展。超常儿童有好奇心重、求知欲强、兴趣和热情高涨的特点，首先激发其学习动机，使其将好奇心、求知欲等稳定地定向于学习活动，然后不断提出严格要求，启发他们的思维。同时，超常儿童也会有儿童的一般特点，对他们的家庭教育同样要寓教育于游戏之中，寓教育于一日生活之中，使孩子保持良好心境，多鼓励，恰当地使用批评，掌握教育艺术，父母要有一颗平常心，对超常儿童应避免在众人面前过多赞扬，防止其滋长骄傲情绪。超常儿童的父母还要明白，超常不是早熟，超常儿童也喜欢游戏和活动，也愿意与同伴交往，因此，在家庭教育中仍需为超常儿童创造快乐的童年。

（五）重视超常儿童的整体提高和全面发展

超常儿童虽具有超越同龄儿童的智力，但他们首先是"儿童"，同样需要遵循儿童成长成才的基本规律。超常儿童由于在童年时就表现出超常的智力，很容易使父母的期望值急剧膨胀，这时父母保持正常的心态就显得尤为重要。很可惜的是，很多家长对于自己的孩子缺少一种常人的心态，过度关注孩子的智力发展，忽视在道德、生活礼仪、人际技能、集体协作等方面的培养，对孩子除了学习没有别的要求，其他事情都是家长包办代替，造成孩子虽具有高深学问，却对做人处事一无所知，社会适应能力很差。

湖南省的魏某某就是一个实际例子，他2岁就认识1000多个汉字，4岁掌握初中文化，8岁上县属重点中学，13岁以高分考上重点大学，17岁考上中国科学院的硕博连读。19岁时，因生活自理能力太差，知识结构不适应中科院的研究模式被退学。他母亲说"我从来没有让他洗过衣服、袜子，洗头都是我给他洗"，我们看到了母亲的溺爱所带来的直接后果。沈阳14岁男孩王某某，当年以高考成绩572分的超高分数，考入沈阳工业大学自动化专业，4年后本应从大学毕业，却因为多门成绩零分，而被学校责令退学。王某某称，大学里"除了看书就是发呆"，别人能自己解决问题他却不会。

事实说明，家长不要被"神童"的光环蒙蔽了双眼，要树立全面发展观，从孩子的实际出发，注重培养孩子的综合素质，让孩子成为一个全面发展的超常儿童。

（六）重视对超常儿童非智力因素的培养

家长除了重视智力因素的培养，还要注重非智力因素的培养，包括兴趣、独立性、好胜心、理想、意志、友爱、交往、诚实、谦虚、个性品质、良好的道德情感等方面的培养。首先要教育子女有所追求，这对以后孩子形成坚定信念有重要的奠基作用。其次要培养孩子的稳定情绪，帮助他们发展积极情绪，消除不良情绪，使孩子学会自我情绪调节。再次还要重视对超常儿童的意志锻炼，在家庭教育中给孩子磨炼意志的机会，不包办代替，使孩子能体验到克服困难后的成功。最后还要注重塑造孩子良好的个性，培养他们自主、自立、谦虚、开朗、认真负责的个性特征，做一个勤劳善良、自强不息、坚韧不拔、博爱博学、以礼待人、诚实守信、认真做事的人。

案例 6-1

刘晨曦，1989年11月10日生。7岁时，在家里学完了幼儿园、小学和初中一年级全部课程，"跳级"直接升上了初二。1998年，时值9岁就考上河南省扶沟县高中。2001 年，时年 12 岁，成为参加全国高考年龄最小的考生，高考成绩总分 425 分，超过河南省的本科线，被华侨大学信息科学与工程学院计算机专业录取。2005 年，16 岁，他又以 299 分超出录取线 9 分考上华侨大学信息学院计算机应用技术专业研究生。2008 年，19 岁，硕士研究生毕业后被上海一家知名软件公司录用。

也许是从宁铂这些早年神童的经历中得到启示吧，父母对刘晨曦的培养有意识地避开了一些教育误区。刚入学时虽然年龄比别人小一大截，但刘晨曦的生活基本都可以自己打理。每天 8 点前必须起床，洗完澡后就立即把衣服洗了，这些都是刘晨曦对自己的基本要求。

父母亲还有意识地躲开媒体的关注。在 2001 年他进入大学时，父母曾与媒体约定四年之内不能给予相关报道。"我非常感谢父母给我提供了宽松自由的成长空间，让我从小就可以做自己喜欢的事情。"在谈到父母亲时，刘晨曦说，父母就是在他有兴趣的时候教他基本的拼音汉字与加减乘除。

在不少人看来，他要在短时间内学完别人花费几倍的时间才能学完的课程，肯定是时间排得满满的。但是在刘晨曦看来，实际上小学五年的课程也就学了不是很多，真正学起来很快。"其他更多时间是与小朋友玩了。父母没有逼迫我学习，所以也没有厌学和逆反心理。"他觉得现在很多家长逼迫孩子学钢琴、学舞蹈，效果会大打折扣甚至适得其反，因为关键要看孩子的兴趣在哪里。

对于自己以后是否会"克隆"父母的教学方式，他予以了否定。"我以后的孩子应该还是会按部就班地读书。"

（摘编自《泉州晚报》2008 年 1 月 22 日海外版）

第二节 智障儿童的家庭教育

一、智障儿童的发现与鉴别

（一）什么是智障儿童

智障儿童，又叫弱智儿童、智力落后儿童、智力残疾儿童，是指儿童的智力和活动能力明显低于同年龄儿童的水平，并表现出适应行为障碍的儿童，在我国一般称为弱智儿童。

当代心理学一般从智商明显低下、社会适应不良、问题发生在发育阶段三个方面来确定智障儿童。根据世界卫生组织（WHO）的国际分类，按儿童智力发展水平可把智障儿童分为四级，即：一级智力残疾（极重度），二级智力残疾（重度），三级智力残疾（中度），四级智力残疾（轻度），如表 6-1 所示。

表 6-1　智力残疾分级表

级别	分类	与平均水平的差距 SD	智商 IQ 值	适应能力	相当于传统分级	社会措施
一级	极重度	≥−5.01	20～25 以下	极重度适应能力缺陷	白痴	住院护理
二级	重度	−4.01～−5	20～35 或 25～40	重度适应能力缺陷	低能	监护人监护
三级	中度	−3.01～−4	35～50 或 40～55	中度适应能力缺陷	痴呆	可以训练
四级	轻度	−2.01～−3	50～70 或 55～75	轻度适应能力缺陷		可以教育

（二）智障儿童的成因及特征

智障儿童的病因非常复杂，是多方面的，往往会同时有几种原因。医学上把可以在出生前找出的原因称为先天性成因，而把出生后可以找到的原因称为后天性成因。一般可分为以下四种类型。

1）产前原因：主要有遗传的多基因变异，如小脑畸形、脑积水；染色体异常，如唐氏综合征；遗传性代谢缺陷，如苯丙酮尿症、蛋白质代谢失调、半乳糖血症；先天获得性异常，如孕期病毒细菌感染、孕期经放射线照射、孕期营养不良、孕期因碘摄入不足导致地方性克汀病；父母近亲结婚；母亲孕期情绪紧张、恐惧、忧虑等。

2）产中原因：产程过长容易造成新生儿缺氧而导致智力低下；产程过短则容易造成婴儿颅内毛细管破裂出血，影响脑的正常发育，从而导致智力低下；胎位不正造成脑损伤或缺氧，也会影响智力发展。

3）产后原因：疾病，如脑膜炎和脑炎后遗症、脑创伤；营养不良；家庭结构不健全，家庭教育功能低下；缺少社会刺激，严重的社会刺激剥夺、与世隔绝等，这些因素都可成为导致智力低下的原因。

4）找不到原因或找不出主要原因。

智障儿童是整个心理活动水平低下，不是某一方面心理活动水平低下。智障儿童一般具有如下特征表现。

1）感知：智障儿童的感觉感受性低，不善于分辨颜色、声音、形状、味道及触摸的细微差别；对周围事物难以获得清晰认识；知觉范围狭窄，速度缓慢，信息容量小，内容不分化；不善于观察、理解、体会他人的情感。

2）注意：重度智障者完全没有注意力，对周围事物漠不关心；轻度智障者可有被动注意，对有兴趣的事物也能有主动注意，但注意不稳定。

3）记忆：智障儿童记忆范围狭窄，容量小，目的性差；对词和直观材料的识记都很差，再现时会发生大量歪曲和错误；记忆的保持也很差。

4）语言与思维：智障儿童的语言出现晚且发展慢，词义含糊，词汇贫乏，语法错乱，词不达意，缺乏连贯性，掌握书面语言更加困难；其思维概括水平低，带有具体性，并在归纳、推理和概念化上都有困难。

5）情绪情感：智障儿童的情绪发生晚、发展慢、分化迟，易激动，不稳定。他们往往表情贫乏呆板，有时会出现很多不恰当的表情，常紧张不安，易于动怒，对人有敌意。

6）个性：智障儿童个性上表现出沮丧、缺乏自信；生理需要占主导地位，精神需要发展迟缓；兴趣单一不稳定、不持久；性格特征带有极端性，要么热情异常，要么孤僻冷淡；生活依赖父母，行为缺乏主动性。

（三）智障儿童的鉴别

智障儿童的早期发现，在家庭中主要通过观察其特点来进行。观察的方法主要有以下几种。

1）刚出生的婴儿的观察。有无家庭疾病史、母亲孕期是否有特殊的疾病或感染、是否高危产妇生产的孩子、是否早产儿、过期生产、巨大儿等。

2）出生后的检查。检查哭声、吸吮、心跳、皮肤颜色、呼吸情况等是否正常。

3）学龄前期的检查。观察儿童的大肌肉动作、小肌肉动作、适应能力、语言发展等是否正常，有无口吃、吐字不清、动作反应缓慢等情况出现。

4）借助于智力测验。根据智力量表测儿童的智力发展水平，将不同的年龄阶段测量出的智力与正常的智力进行比较。

5）借助于医学手段。当观察发现儿童有不良的现象后，可以借助医学，进行脑电图检查、CT检查、染色体检查、颅骨和腕骨的透视等，确定儿童是否正常，有无智力障碍。

判断儿童是否属于智障儿童必须从多方面观察进行综合评定。由于弱智儿童的表现不完全相同，因此，我们从不同年龄段来看弱智儿童的心理、行为特点。

轻度弱智：主要特点是脑功能有障碍。在婴幼儿期，1岁半时还不会走、不会说；学习能力较差，抽象能力、数概念难以学会等。在学龄期，观察力差，对事物细微的特点或细小的变化往往视而不见，听而不闻；有简单的是非概念，但思维能力差，缺乏逻辑性，能承担一定的家务劳动或工作。

中度弱智：主要特点是大多数有脑损伤和其他神经障碍，脑功能也有问题。婴儿出生后，反应迟缓，他人能够自然学会的一些能力，却要专门训练才能掌握；运动、语言发展较晚，学习能力也很差，注意力不集中，有机械记忆能力，但要多一些重复才能记住学习内容，遗忘很快。在学龄期可以讲几个字或极简单的句子，抽象概念很差，颜色或形状很难学会；阅读和计算能力很差，对周围事物辨别能力差，想象力很差，有初步的卫生安全常识。

重度弱智：主要特点是有一定的脑损伤，脑功能障碍严重。婴儿出生后动作发展严重落后，很多儿童需经长期训练才会走，但动作不协调；语言严重落后，往往只能用手势、声音（如嗯嗯、哦哦）与人交往，在极严格训练下才能学会自己吃东西，大小便有表示（要人帮忙），只会穿脱简单衣物。在学龄期经过严格训练可以学会讲几个字或极简单的句子，能学会遵守卫生习惯，能与他人简单交往。

深重度弱智：主要特点是有严重的脑损伤，脑功能障碍严重；无语言，听不懂命令，面容呆滞，即使在严格训练下，也不能达到生活自理，完全需要照顾。在学龄期完全不能学习知识和技能，运动感觉极差，经过严格训练可以按指示动一下手、脚，但无明显意识。

还有一些智障儿童可以通过外表来鉴别，主要是先无愚型（也称唐氏综合征、21三体综合征）。这类儿童在容貌上最大的特点是：头颅呈方形，眼向外斜吊，眼距宽，耳郭小，鼻塌，舌头稍大，舌面上有深的裂纹且往往拖在嘴外，颚高，牙齿尖小，手指往往只有两节，50%是通关手，大脚趾与其他四趾中间距离宽等。另外还有一种是苯丙酮尿症儿童，这类儿童毛发淡，常常被称作"金发碧眼"。

二、智障儿童的家庭教育对策

智力落后是当今世界面临的一个重大的医学和社会问题，首先要通过优生优育防止智障的发生，同时也要正确对待智障儿童，不能低估智障儿童发展的可能性，应该根据不同的情况，采取相应的教育措施，把病理诊断和治疗、心理治疗和教育措施结合起来，促进智力发展，开发智力潜能。

对智障儿童应实施早期干预。所谓早期干预，就是对有发展缺陷或有发展缺陷可能的儿童及其家庭提供教育、保健、医疗、营养、心理咨询、社会服务及家长育儿指导等综合性服务。对已经确认弱智的儿童，抓住智力发展的关键期，进行早期干预，实施针对性地特殊教育与训练，也能起到良好的效果。

家庭中的早期教育应以培养孩子的基本能力为主，主要从以下几个方面进行。

（一）通过游戏进行感知觉和动作训练

感知觉是认识过程的基础，是人类进入知识宝库的第一道大门，是一切知识的来源。弱智儿童的感知觉发展往往是迟滞的，存有感知障碍，以至于不会听、不会写。进行感知觉训练，可使弱智儿童存在的各种感知觉缺陷得到补偿。感知觉的训练主要包括视、听、触、味、嗅等方面。通过训练提高听觉、视觉能力可促进思维能力的发展，挖掘学习潜能；同时训练味觉、触摸觉，可提升生活质量；加强运动觉、本体觉和空间知觉的训练，可提高劳动技能、活动能力。动作训练包括大动作（如俯卧抬头、坐、爬、站、走、跑等）、精细动作（指手和手指动作，包括大把抓、对指捏和一些简单的技巧）、四肢协调、手眼协调、动作的灵活性训练等。

训练的方式可采用孩子喜欢的游戏的方式。无论是感知训练还是动作训练都可与游戏相结合，把听、视、触、味、嗅等方面的训练及动作的训练通过游戏的形式，让智障儿童参与到活动中来，使各种感知觉得到良好的刺激。虽然智障儿童的游戏水平比正常儿童低得多，但他们仍表现出对游戏的喜欢，特别是操作性强的游戏，能调动智障儿童参加的兴趣。在训练过程中，家长对孩子的进步要及时肯定和鼓励，让孩子充分体验成功的喜悦，通过奖励激发智障儿童的求知动机，提高学习兴趣。

【技能训练6-1】

训练宝宝观察力的生活小游戏

1. 我爱蔬菜

去菜市场或超市的时候别忘了带上宝宝，可以预先和他商量你们要买哪些蔬菜，然后引导宝宝依据他平时的观察和记忆说出这些蔬菜的特征，特别是一些细微的差别，如果有说错的地方，妈妈可以先不断然否定，只是表示怀疑，进而引起宝宝的注意，这样，也就使宝宝随后的观察更有目的性了。选购蔬菜的时候，妈妈别忘记提示宝宝对刚才说错的地方进行特别关注。回家后，再引导宝宝对蔬菜进行分类，可以按照颜色，也可以按照形状，只要宝宝有自己的分类标准即可，这样也同时锻炼了宝宝的思维能力和创新能力。

　　2. 我家在哪里

　　地图是一种训练宝宝观察力的绝好工具，空闲的时候，妈妈便可以将地图平展开来，母子二人的地图探索之旅就可以开始了。地图的挑选可以按照本市地图、中国地图、世界地图依次升级；观察的目标也可以从宝宝最熟悉的自己家所处的位置开始，慢慢扩展到幼儿园、小朋友家、奶奶家、动物园等。这种训练对锻炼宝宝观察力的持久度很有帮助。

　　3. 醉酒的蚂蚁

　　夏天快到了，各式各样的昆虫也倾巢而出了，不妨带着宝宝观察昆虫，小蚂蚁就是一个不错的选择，既好找又没有危险性。可以让宝宝试着给一只小蚂蚁滴上几滴白酒，然后一同观察蚂蚁晕晕乎乎而后又苏醒的过程，相信宝宝一定兴趣十足。

　　（二）进行语言训练

　　语言是思维的外壳，也是人们交往的工具。智障儿童除智力低下外，还常伴有语言障碍，语言能力发育迟缓，理解能力、沟通能力较差。智障儿童中80%存在语言缺陷，可是往往等孩子到 3～4 岁还不会说话时家长才发现有问题，有的甚至终生没有语言。如果一个孩子的发音、吐字、称呼、说句子等都比同龄儿童晚四五个月以上，预示他有智力发展落后的危险。早期语言训练包括说话、懂话、问问题、讲述事情等。语言是习得的，2～3 岁是学习口语的最佳时机，要抓住机会，结合具体形象的实物，多与孩子交流，增加词汇量。例如，让孩子说生活用品，说自己常做的事，如牙膏、牙刷、穿衣服等，并不断鼓励孩子多发音、多说话。语言的训练难度很大，父母应有充分的思想准备，做到不灰心，持之以恒。

　　（三）进行生活自理能力训练

　　生活自理能力包括自己能吃饭、穿衣、如厕等。智障儿童生活自理能力差，改变这种状况的方法是，父母不要事事包办，也不要觉得教育孩子太麻烦而失去耐心，要把一个个生活技能分解成若干个动作，进行"小步训练"，让他逐步学习掌握，创设多级提高的条件。比如洗手，可分解为几个步骤：用脸盆盛水—拿好肥皂—先用水清洗手—打肥皂—放下肥皂—两只手搓洗，肥皂呈现泡沫状—把手放进水里再洗双手，把肥皂沫洗净—用毛巾把手擦干。一个步骤一个步骤地训练，直至掌握洗手的技能。还可以用同样的方法，让儿童掌握吃、喝、拉、撒、睡等的基本能力。

　　（四）重视社会适应能力训练，培养与正常儿童的交往能力

　　为了发展智障儿童的社会行为，要重视对智障儿童的社会适应能力训练。家长要帮助智障儿童懂得社会的基本生活准则，如集体中不能大声喧哗、对人要有礼貌、不能在别人讲话时插嘴、购物要排队、不经别人允许不随意拿别人东西、过马路要走人行横道等。

智障儿童的家长由于怕孩子出去玩耍受到欺负，担心自己的孩子被歧视，因而限制孩子与正常儿童进行交往。要知道家长过度的保护对智障儿童社会适应能力的提高是不利的，家长应摆正自己的心态，给孩子创造条件，让他们多和正常儿童交往，在与同伴交往中模仿学习正确的行为举止，培养良好的情感和个性品质。在此过程中，家长要参与指导，让孩子懂得与同伴共同分享玩具和食物，学会关心他人，相互帮助，提高社会适应能力。

（五）进行认知活动训练，注重对孩子进行科学知识的教育

有关研究和康复训练的实践表明，特殊儿童普遍存在着抽象思维方面的障碍和缺乏应变能力，要改善他们的智力和社会适应能力，认知能力训练起着重要的作用。认知训练包括：知道物体的存在、能从背景中选择知觉对象、感知范围训练、注意持续训练、学会配对分类、学会分辨常见关系、认识常见的形体、认识常见物体的形状、分辨有无和多少、认识快慢、能识别简单方位、认识早迟、形成基本时间概念、认识简单的因果关系、能用常见的办法解决问题、认识数、认识钱、会观察天气状况、认识常见动物、知道常见的水果和蔬菜、认识花草树木、认识常见的粮食、认识最基本的自然现象等。

结合认知活动训练，家长还要根据自己孩子的特点，进行科学知识的教育。智障儿童记忆力差，对知识的记忆很零散，需要在家长指导下进行反复练习。运用直观形象的资料，让儿童进行观察，采取多种形式进行练习。家长要有爱心，要有耐心，要不厌其烦地进行指导和训练，不能以没有时间或教育成效不大为由，放弃对孩子的教育，这是很不负责任的。

家长还要注重家庭环境对智障儿童的熏陶，要把教过的有关知识和具体实物结合起来，放在孩子能随时看得见、摸得着的地方，不断地对他进行实物刺激，耐心地教育。不要让孩子处于沉闷的气氛或压抑的环境中，这样会使孩子的性格更孤僻、沉默、固执，教育效果会受到很大的影响。要给孩子创造良好的家庭氛围、积极的情绪情感体验，让孩子无拘无束、自由自在地生活，让孩子在愉快的情绪下学习。

（六）经常带孩子去户外活动

丰富多彩的自然世界是对智障儿童进行启智的最有效的途径和方法，真实的自然世界有助于激活大脑细胞，调动智障儿童的兴趣、需要和求知、联想的积极性。家长要减少担忧，避免保护过度，经常带孩子到户外进行活动，在自然环境中，通过观察周围的事物，激发孩子的好奇心，同时也让孩子掌握一些简单生活常识。例如过马路时，教育孩子注意交通规则，看红绿灯过马路；游戏时，教育孩子如何跟同龄伙伴交往；看到社区的健身器材，教育孩子正确使用等。

总之，只要家长正视智障儿童存在的问题，了解他们的身心需要，保护他们的自尊心，在早期及时地给予针对性的帮助，孩子今后就有可能进入正常的发展轨道。

【技能训练6-2】

怎样和智障儿童做游戏

游戏是每个孩子都喜爱的，即使是智力障碍儿童，也同样喜欢游戏。也就是说，

游戏在智障儿童的学习和生活中扮演着重要的角色，对其身心发展也起到相当大的作用。家长和教师若想在游戏中发展智障儿童各方面的能力，首先要学会的是和智障儿童做游戏。

在游戏开始前，家长或老师首先要表达对游戏的兴趣。如果儿童对游戏没有兴趣，游戏当然不会好玩。应该和儿童商量着玩，玩一些大家都感兴趣的游戏。同时，要耐心地向儿童说明这种游戏怎么做，做游戏的动作顺序，必要时先示范一次。

在游戏过程中，家长或老师要和儿童一样真诚投入、非常专心，短时间完整的注意力投入，比长时间的敷衍来得更有力量。此外，倾听会让孩子感受到你对他的关注和爱意，让他更想展现自己。儿童在游戏中所表达的可能有它潜在的含义，家长或教师多花些心思去倾听儿童所说的，收获的可能是儿童想对你说却不敢或不知如何开口的心里话。当然也可以借此机会多问开放性的问题。游戏中若遇到问题，如果在儿童能力范围之内的，要试着让儿童自己解决。应避免态度粗暴和随意指责儿童，让儿童以愉快的心情、极高的兴趣参加游戏，并在游戏中有所收获。

在编排游戏时，要注意游戏的趣味性，不要繁杂及规则太多，否则会削弱儿童对游戏的兴趣而达不到预定的效果。

智力的游戏：训练儿童的空间知觉。

在游戏过程中，让孩子正确判断不同的空间方位，让其空间知觉的敏感度增强，同时掌握相应的词汇，并且能在今后的日常生活中正确运用。

游戏方法：

父母用讲故事的形式，对孩子说："小狗累了，想坐到椅子上去休息，你能帮助他吗？"孩子照办后，家长接着边进故事，边请孩子继续做下去。

"小狗休息好了，想从椅子上跳下来，请你帮助，好，谢谢！"

"前面来了一只大灰狼，小狗想躲在椅子的后面，好的，你真帮了大忙！"

"大灰狼走了，小狗要到椅子旁边去翻跟斗，好，连翻了三个，真有趣！"

"小狗玩累了，来到椅子下面打瞌睡，呼噜噜、呼噜噜……"

"哦，他睡醒了，让他爬到卡车里，带他去兜风吧！"

"我们先把车子开到椅子的前面，再开到椅子的后面，不错，再围着椅子转一圈，真棒！"

"小狗的肚子饿了，他想看看纸箱子的角落里是不是有吃的东西，带上他找了一个角落，再找另一个角落，你能告诉爸爸妈妈，纸箱子有几处角吗？一、二、三、四，四个角，对吗？对的！噢，在最后一个角落里有一块巧克力，快让小狗吃个饱。"

"啊，小狗想躺在椅子的反面晒太阳，这可难办，你能帮他想个办法吗？对，只要把椅子翻过来，上下颠倒一下就行了！"

最后，父母代表小狗，向孩子表示感谢和赞赏。

（摘编自极光网，http://jiguang.ci123.com/）

第三节 情绪与行为障碍儿童的家庭教育

一、情绪与行为障碍儿童的发现与鉴别

（一）什么是有情绪与行为障碍的儿童

什么是有情绪与行为障碍的儿童？目前国内外并未有一个统一而严格的定义，有的将情绪和行为障碍分开，分别下定义；有的从医学的角度，认为这是一种心理疾病；有的从教育学的角度，认为这是一种可以矫正的情绪不稳和行为不良。近十多年来，人们越来越重视从教育的角度来认识、矫治有情绪与行为障碍的儿童，强调发挥他们的潜能并体现可教育性。

我们简单将其定义为：情绪与行为障碍儿童指其行为在没有智力障碍和精神失常的情况下与其所处的社会情境及社会评价相违背，在行为上显著地异于常态，且妨碍个人对正常社会生活的适应。

美国《所有残疾儿童教育法》实施细则对这类儿童和青少年的特征作了如下几方面的概括。

1）既不是由智力、感官残疾，也不是由健康条件引起的学习低能。

2）不能与同龄人、伙伴、家长、教师建立或维持令人满意的人际关系。

3）在正常的情况下，也会出现过度的情绪困扰和令别人难以接受的行为方式。

4）长期伴有不愉快的心境和抑郁、沮丧、压抑感。

5）有无意识的抵触行为和不合群的孤僻感。

（二）情绪与行为障碍儿童的症状

1）冲动性、攻击性的反应。

2）孤独与退缩反应。

3）学习障碍。

4）多动症（注意缺陷与多动障碍）。

5）反社会行为表现。

（三）儿童情绪与行为障碍的成因

儿童情绪和行为障碍产生的原因极为复杂，从目前研究成果来看，大致有以下原因。

1. 遗传因素

以前，人们认识到基因会影响到儿童的生理特征。只是在近期以来，人们才发现，基因还会影响到他们的行为特征。许多研究结果都表明，基因的变化可能是导致人的行为改变的一个重要因素。染色体的变异可能引起严重的行为问题。有两种类型的情绪与行为

障碍与基因很牢固地联系在一起：抑郁症和精神分裂症。虽然基因所传递的准确的生物特征现在仍然未知，但是有一点很清楚，精神分裂症是由于大脑神经化学因素的失衡造成的。

2. 脑外伤

关于脑外伤、神经功能和内分泌异常的一些研究表明，某些情绪与行为障碍儿童的脑电波和正常儿童相比有异常现象。例如注意缺陷多动症，就是由于脑功能失常、前庭系统反应不足或异常、感觉统合功能失调，引起孩子多动、注意力缺陷以及学习困难，进而引发情绪和行为障碍等问题。

目前有关这方面的研究情况可以概括为以下几点。

1）严重的情绪与行为障碍可能伴有脑功能失调。

2）有些多动症与脑功能失调有关。

3）大多数的情绪与行为障碍不是由脑功能失调引起的。

4）并不是脑功能失调都会引起情绪与行为障碍。

3. 营养缺乏

严重的营养缺乏也可能导致情绪与行为障碍。例如，维生素的严重缺乏会影响情绪的稳定性。

4. 其他病理因素

高血压、甲状腺机能亢进等也可能导致情绪与行为障碍。随着科学的进步，越来越多的情绪与行为障碍的生理方面的病因被发现，从而可以通过药物对它们进行有效的控制。例如，忧郁症、焦虑症、注意力缺陷多动症等，均可以利用药物有效地进行控制和改善。

5. 母亲妊娠期遭受严重的精神创伤

如孕妇经受过强的精神刺激，长期处于紧张、焦虑、抑郁等状态，也会引起孩子的情绪与行为障碍。

6. 家庭因素

1）家庭不完整。由于不能很好地发挥家庭的教育功能，加之可能产生家庭经济困难，很容易造成儿童的情绪和行为障碍。

2）家长本身的情绪和行为障碍。家长如果有酗酒、赌博、吸毒、行凶、偷窃等劣行，势必不同程度地影响儿童的身心发展。

3）家庭成员之间感情冷漠。儿童感情上的需要得不到相应的满足，从而影响情感的发展和良好的行为模式的建立。

4）家庭教育方法不当。溺爱会影响儿童行为控制能力的发展；过于苛刻和严厉则会增加儿童的焦虑，使其形成双重人格。

5）贫困。贫困条件下，身心发展可能会受到资源不足的影响，同时贫困也可能导致家庭不完整及家长的情绪问题，影响家庭成员之间的关系。

此外，儿童的情绪和行为障碍的发生也与幼儿园教育以及电视媒体的影响等社会因素有关。可以说上述因素往往交织在一起，共同对儿童行为和情绪问题产生影响。

（四）情绪与行为障碍对儿童的影响

1. 认知不协调

这类儿童缺乏从纵向和横向分析复杂问题的能力，加上情绪的不稳定，易于凭借一时的感觉冲动对问题作出判断和处理。这种认知不协调倾向于将复杂的问题简单化，又缺乏灵活的思维、恰当的判断和选择，其行为的外化形式多表现为冲动、草率与鲁莽。

2. 挫折感强

情绪与行为障碍儿童由于客观与主观两个方面的原因，经常受到挫折，加上缺乏正确对待和解决问题的能力，往往使挫折感不断增强。过强的挫折感会助长儿童的攻击性行为，把自己的挫折转嫁到那些无辜的人和事的身上；有的则以退缩、躲避的方式来躲避挫折。挫折感的增强会使儿童产生显性的或隐性的自卑感，造成人格发展的障碍。

3. 心理冲突过强

由于认知的不协调和挫折感的增强，情绪与行为障碍儿童、青少年的心理冲突加剧。过强的心理冲突既可能影响认知能力的发展，造成认知判断的失误，也可能导致他们采用回避矛盾的方法来减轻内心的冲突和压力，或采用不正当的行为方式来解脱、转移、掩盖内心的苦闷、焦虑和恐惧。这些不正确的减轻内心冲突的方法还会导致攻击、自残、打架等社会行为。

4. 自我意识发展滞后

情绪与行为障碍儿童、青少年自我意识发展水平不高，且在人格发展中严重滞后，这是他们心理发展的主要特征之一。概括起来讲，其特征有自我中心倾向严重，自我认识能力较差，自我控制能力薄弱，他们往往很难与别人和睦相处。

总之，情绪与行为障碍儿童在认知、情感、意志的发展过程中都存在着一定的问题。这些人格上的障碍和不健全的心理因素，是在家庭教育中需要引起充分注意并进行矫治的问题。

二、情绪与行为障碍儿童的家庭教育对策

（一）营造和谐的家庭氛围

有研究发现，情绪与行为障碍儿童的家庭最主要的特征是缺乏家庭温暖，家庭成员之间缺乏良好的感情上的沟通和交流。这样，儿童感情上的需要得不到相应的满足，就会影响情感的发展和良好的行为模式的建立。家庭成员，特别是父母之间的和谐，是家庭稳定和温馨的基础，也是孩子心理稳定和健康的保障。家庭成员之间感情不和，言行冲突，会直接影响儿童的情绪，使之产生心理上的不良反应。

（二）加强与儿童的沟通与交流

在一个家庭中，父母与孩子之间如果能有平等、坦诚的交流与互动，会让孩子有更

多的家庭归属感、安全感和幸福感，也会让孩子从中学习到如何在家庭之外更合理地与人交流。因此良好的交流氛围对孩子来讲至关重要，必将深刻影响孩子与他人、与社会的融合程度及应对态度。家长应该经常用语言、动作、表情和姿态让孩子体会到父母的爱，多给孩子正确的引导，鼓励帮助孩子采取恰当的方式克服生活中的困难。儿童自身疏导不良情绪的能力是很低的，一旦出现情感伤害很难自行修复，就会诱发情绪和行为问题。所以预防儿童情绪和行为问题一定要注意保护儿童脆弱的心理，尽量避免其受到精神刺激，且在儿童出现低落情绪时，及时与其沟通，帮助儿童进行正确的疏导和排解，以防止情绪剧烈反应而引发的不良行为。

（三）多采取启发鼓励、说服教育的方式

父母在教育这类孩子时，要多一些耐心和爱心。在孩子出现行为问题时，要冷静应对，不要动辄训斥和打骂孩子。平时要多花些时间与孩子进行沟通交流，有意识地陪孩子做一些游戏或运动，并在活动过程中给孩子一些有效的指导，以此来培养孩子的自控能力和自信心。要保持教养态度的一致性，在面对孩子的行为问题时，父母要采取一致的、理性的态度，不能各执己见或前后要求不一。此外，父母也不可走向另外一个极端——因为同情自己的孩子，而替代孩子完成一些义务和责任，过度纵容孩子的一些行为，从而剥夺了让孩子自己体验生活与承担责任的机会，也会进一步增强儿童内心的无能感，降低他们的自信和自尊。

（四）支持、尊重和鼓励儿童，多向儿童表达积极情感

这类儿童的心理十分脆弱，尤其需要家长的鼓励、支持和尊重。为人父母者，总是希望自己的孩子能够出类拔萃、有出息，但这类儿童给父母的感受又恰恰相反。家长一定要接受现实，调整好心态，不要苛求孩子；要善于控制情绪，不能喜形于色，更不能喜怒无常。面对孩子身上的种种不是，父母一定要学会把握、隐藏情绪，尤其是坏情绪，不要总是抱怨，不能因为心里不痛快，就对孩子左右看不顺眼，把他们当作出气筒，乱发一通脾气。你的不满和愤懑得到了宣泄，孩子的心灵却布满了阴霾。家长一定要多向孩子表达积极的情绪，让乐观积极的态度感染孩子，让他们也能充满自信。

（五）多给儿童创造与伙伴交往的机会，培养儿童的集体意识

研究表明，同伴群体的力量是使情绪与行为障碍儿童产生积极改变的一种有效方式。良好的伙伴关系对情绪和行为障碍儿童的身心发展起着至关重要的作用。家长多为孩子创造人际交往的机会，使其适应集体生活，是减少其心理和行为问题的重要途径。

同伴关系是儿童人际交往的重要组成部分，是亲子关系和师生关系都无法替代的。有情绪和行为问题的孩子在学前阶段与同伴的关系会出现障碍，便难以向前发展。我们应该积极创造机会让他们参加各种同伴活动，从中体验到交往的乐趣。与同伴相处的过程能让这类儿童感受到爱、亲密和温暖，从而产生安全感，同时良好的同伴关系有利于这类儿童的社会化。在建立起同伴关系的过程中能够充分调动儿童的语言、表情，使他们的行为在向同伴模仿、学习的过程中逐渐符合社会规范。

家庭教育案例评析

克服儿童情绪障碍个案分析

案例背景：

余飞，男，6岁，幼儿园大班。他不喜欢上幼儿园，尤其不喜欢集体教育活动（上课），而且对集体教育活动有着强烈的厌倦和惧怕。在班上他有点儿自卑，班上选值日生，他也挺想被选上的，可当最后的结果不能如愿时，他就特别地失望，而且像大人似的唉声叹气："我肯定选不上的，反正我也不想当。"

他非常爱哭，让他洗脸刷牙要哭，与他说话时的声音高了也要哭，不给他买东西更是在地上打着滚地哭，无论是在家里还是在公共场所，只要哭起来，他可以全然不顾。可以说，在他生活中的每件事都能让他哭个不停。

他的脾气非常暴躁，稍不顺心就可以打任何人，可以把任何东西作为发泄对象，但他有时又显得非常怯弱，若骂他，他甚至可以躲在角落里不出来。

除了上幼儿园、参加集体教育活动（上课），他对其他活动都很感兴趣，而且也可以做得很好。他是住家大院内所有小孩的滑冰"总教练"，组装赛车的高手。只要是他感兴趣的东西，他就学得很快。

案例评析：

从余飞的表现看，他的表现属于心理学临床常见的情绪障碍。这也是他自卑的深层次原因。在余飞身上，情绪障碍的两种情况——非常脆弱或非常暴躁都存在。通过了解，余飞产生情绪障碍的主要原因如下。

1）余飞4岁时，母亲去国外进修，把他交给奶奶照顾；爸爸也因为忙于自己的工作而忽略了对儿子的关心，刚开始以物质刺激来满足他，当物质刺激不能满足时，就采取简单粗暴的骂和打来解决问题。余飞正值情感发展的重要时期，因为父母不经意间给他的情感生活制造了一段空白，在他的情感世界引起了不安全感。偶然的机会，他发现哭是一种可以引起别人注意并控制他人的有效办法，于是将哭当成了法宝，同时通过哭来安慰自己，求得情感的安全感和平衡。

2）有些教师开展集体教育活动时教学方式"小学化"，管得过多过死；忽视孩子的兴趣爱好和全面发展，尤其是忽视孩子的心理健康问题；对孩子的评价多以教师计划达成结果为标准，没有给像余飞这种个性化的孩子提供更为广阔和宽松的天地，从而造成孩子的自卑心理，甚至厌倦、惧怕、逃避上幼儿园。

采取的措施：

家长和老师共同配合，主要采取了以下措施。

1. 家长方面

1）情感满足法。孩子现在最需要的是父母的关注、鼓励、支持，并与他分享快乐。因此，家长应该花更多的时间去陪伴孩子，用更多的爱去滋润他的心田，让他的情感得到满足。

2）旧习革除法。在日常生活中注意观察孩子的心理变化，及时发现他好的行为反应，并注意加以强化，以代替他原来不良的行为，使已形成的不良行为习惯逐渐被革除。

3）行为冷淡法。孩子哭或发脾气时不注意他，但在他不哭时加强与他的交流，让孩子意识到只有不哭、不发脾气时才能得到家长的注意。这个方法最重要的是家里的人要协调好，步调要一致，不要变成妈妈不管奶奶管，奶奶不管爷爷管，否则不会有效的。此法开始实施时孩子会和家长较劲，哭的声音更大，时间更长，家长一定要坚持到底。

4）注意转移法。在日常生活中多用一些有趣的事情来转移孩子的注意力，培养孩子多方面的兴趣爱好，陶冶性情，这样可以帮助孩子恢复心理平衡，从而达到克服情绪障碍的目的，如在孩子情绪紧张或怒气冲冲时带他出去玩或做他感兴趣的事情等。

5）后果惩戒法。在他发脾气、扔东西时，不理睬他（只要不是太贵重的东西），待他平静后，让他收拾好扔的东西；若有损坏，让他"赔偿"，如扣他的零用钱、不给他买他想要的东西等。

6）愉快体验法。平时对孩子少批评，多表扬鼓励，以增强孩子的自尊心。只有提高了孩子的自尊心、自信心，孩子才能更善于认可自我，产生成就感，体验愉快感，从而使心情获得平静。

2. 教师方面

1）改变评价标准。老师要改变仅以"乖"与"不乖"、"听话"与"不听话"等为标准来评价孩子，改变只注重学习结果而不注重过程的观念，注重孩子的个体差异，注重孩子的心理问题，以多元标准评价孩子。余飞的内心其实是很要求上进的，他有很多优点和长处，老师应经常肯定他的优点和长处，让他得到成功体验，减少失败感。

2）担负责任。老师采取轮岗或多设岗的方式，让孩子在班上担负起一定的责任，给所有的孩子尤其是像余飞这种有心理障碍的孩子有表现的机会，调动他们的积极性，以增强其自信心。

最后，值得注意的是：对于有情绪障碍的孩子，家长和老师除了要付出比常人更多的爱以外，还必须要有极大的耐心和恒心，千万不要急于求成，更不能采取简单粗暴的方法，不然会加重孩子的情绪障碍。

小结与启示：

1. 培养结果

通过近两年的培养，余飞已基本克服了情绪障碍，遇到什么事情都能克制住自己的情绪，即使是受到冤枉，也能采取正确的方式发泄，如悄悄地哭一场、听音乐、玩电脑等，再也没有打人或扔东西的现象发生。只是有时遇事还忍不住会哭，但会很快收住眼泪，再也不会大哭大闹，有时会自我安慰说："我是男子汉，我才不哭呢!"

2. 几点启示

1）家长为了自己的事业，为了给孩子创造更好的未来而忽略孩子的现在是不可取的。

2）家长应尽量避免给孩子制造情感生活的空白，若不经意制造了空白，应及时弥补，切忌采取简单粗暴的方法来对待。

3）老师的评价对孩子很重要，老师应更新观念，改变评价方式，防止片面性，尤其要避免只重知识和技能，忽略情感、社会性和实际能力的倾向，应承认和关注孩子的个体差异，注重孩子的心理健康，避免用划一的标准评价不同的孩子。

4）幼儿园是培养孩子良好心理的有效场所，教师应与家长配合充分发挥幼儿园集体的作用。

（摘编自爸妈在线，http://www.bamaol.com/Html/2012101210284138504.shtml）

思考与练习

1．怎样鉴别超常儿童？如何对超常儿童实施教育？

2．情绪与行为障碍儿童有哪些特点？如何有针对性地进行教育？

3．身体有残疾的儿童在同伴中往往容易被欺负和嘲笑。作为教师，你认为应该为其提供什么样的帮助？

拓展阅读

陈云英，等，2004．中国特殊教育学基础．北京：教育科学出版社．

周念丽，2011．特殊儿童的游戏治疗．北京：北京大学出版社．

第七章

特殊家庭的学前儿童家庭教育

【学习目标】

了解：不同类型特殊家庭对学前儿童身心发展的影响。

分析：不同类型特殊家庭教育中存在的问题。

掌握：不同类型特殊家庭教育的对策。

近些年来，随着经济社会的发展和变化，人们的价值观、婚姻观、教育观都发生了很大的改变，致使儿童生活的家庭出现了各种各样的情况，原有的完整的家庭格局被打破，出现了大量备受社会关注的特殊形态的家庭，例如单身家庭、留守儿童家庭、流动人口家庭、再婚家庭等。家庭形态的变化对儿童的教育提出了新的课题，本章仅就当今社会普遍关注的几种特殊家庭的学前儿童家庭教育进行阐述。

第一节 单亲家庭学前儿童的家庭教育

一、家庭离散对学前儿童成长的影响

单亲家庭是指夫妻双方因离婚、丧偶而仅有一方同未婚子女生活在一起的家庭，也叫缺损家庭。近几十年来离婚率的持续上升促成了大量离婚式单亲家庭的出现，引起了社会的普遍关注。1978 年，我国的粗离婚率（离婚数与总人口之比）仅为 0.2‰，2000年升至 1.0‰，2010 年升至 2.0‰，是 1978 年的 10 倍。民政部发布的《2014 年社会服务发展统计公报》显示，2014 年粗离婚率升至 2.7‰。单亲家庭带来的社会问题，最明显的莫过于单亲家庭子女的成长和教育问题。许多研究表明，离散家庭会给孩子成长带来不良影响[1]。

（一）对身体发育的影响

单亲家庭的儿童由于家庭经济收入减少，生活条件变差，加之缺少父母的疼爱，身

---

① 杨菊华，何炤华，2014. 社会转型过程中家庭的变迁与延续. 人口研究, 38（2）：36-51.

体正常发育会受到一定的影响。据调查，离散家庭的儿童身体发育情况要差于完整家庭的儿童。

（二）对心理健康的影响

单亲家庭的儿童由于经历了父母长期的不和，亲眼目睹了父母之间的争吵及敌对情景，缺乏家庭应有的温馨和关爱，容易出现抑郁、自卑、敌意、逆反等心理，产生强烈的自卑感、被遗弃感、怨恨感等消极情感。在很多孩子身上，这些消极情感不但不会随着时间的流逝而减轻、消失，反而会越积越深。和成人应付离异创伤不同，孩子的创伤愈合期要比成人长得多。尤其是那些年幼的孩子，由于心智尚未发育成熟，对家庭的突变他们无法预见，在事发后没有心理准备的情况下，很容易将父母的离异归咎于自己，形成严重的心理创伤。

（三）对个性形成的影响

儿童心理研究表明，人的个性初步形成于幼儿期。在个性塑造上，父母亲是子女的首任教师，而离异家庭带给子女的却是残缺不全的个性影响与教育。有的单亲家庭子女不善交际，鲜有朋友；有的单亲家庭子女攻击性强，而且与正常家庭子女相比较沉默寡言，很少与别人交流感情，性格内向比例较大。随着年龄的增长，他们容易出现较严重的性格缺陷，个性形成和发展受到严重影响。

另外，家庭的离散造成孩子被迫与父母中的一人生活。如果男孩与母亲生活在一起，由于没有父亲的引导，在性别发展上可能会不够男性化，他们接触更多的是女性的角色行为，可能更细腻、敏感，但胆识和魄力不够，或感性过度而理性薄弱，或用过度补偿来弥补家庭的男性角色，显得过于男子气；相反，如果女孩与父亲生活在一起，生活中就缺少了具有阴柔之美的母亲榜样，性格中也就缺少这方面的素质，孩子可能很独立，但爱心不够，甚至具有攻击性，或变得大大咧咧，这对其成年以后的行为及社会适应能力的发展无疑会产生重要的影响。

（四）对人际交往的影响

家庭健全的儿童对他人的信任程度较高，而在单亲家庭中，父母的离异使孩子在心灵深处有被抛弃的感觉，导致孩子对他人的信任程度降低，变得态度冷漠，产生强烈的自卑感、被遗弃感、怨恨感等消极情绪，久之则形成胆小怕事、孤僻、易怒、走极端、不相信人等特征。这些消极情绪及行为、性格表现直接作用于他们与同伴的交往活动，影响到他们与周围的同学、师长的人际交往，造成他们与人交往能力的下降，结伴难度增大。

（五）对智力发展和学习成绩的影响

对智力发展的影响。我国心理学家朱智贤、林崇德、程跃的"智力表型表达等级及其条件"的研究表明：单亲家庭儿童的智力发展明显落后于完整家庭的儿童，学习成绩从总体上显著差于完整家庭的儿童。Deborah Dawson 的研究表明，与家庭稳定的孩子相比，来自单亲家庭的孩子更容易受到语言缺陷的困扰。完整家庭中家长会有意无意、自觉不自觉地表现出各自的性别特征色彩，在互补中不断完善孩子的智力发展，而单亲家庭中，部分家庭环境被剥夺，父母一方角色缺失对子女的智力完善和行为发展极为不利[①]。

对学习成绩的影响。家庭的离散必然会引起孩子心理和情绪上的不良反应，导致注意力分散，影响到学习态度。再加上离散家庭的儿童很少得到有效管教，使他们行为无约束，自我调节及适应能力没有得到良好的发展，很容易形成不良的行为习惯，导致学习态度不端正，学习成绩差。也有的孩子由于心理过分压抑，精神上受到很大刺激，虽然家长在尽心尽力地辅导孩子学习，可是孩子的学习成绩总是进步甚微。

以上主要为单亲家庭对儿童成长的消极影响。当然，家庭的变故并不必然对孩子的成长形成消极影响，问题的关键还是在于孩子的父母对问题的处理是否得当。处理得当，离散家庭的孩子照样可以健康成长，甚至有些单亲家庭的孩子发展得比普通双亲家庭的还要好。在单亲家庭中，单亲父母的教育观点由于没有他人来干扰，因而比较容易贯彻，从孩子的角度看，孩子也不必在父母之间摇摆，他们与单亲父母间更容易形成较为清晰的信息交流。同时，单亲家庭单亲父母对孩子的关爱也会更一多些，这对于形成孩子爱与被爱的能力、形成自我认同、形成与他人的依恋关系更有益处，有的孩子会反过来关心单亲父母，甚至照料他们，来代替缺失父母的功能，这反倒更有利于孩子独立个性的形成。

二、单亲家庭儿童的家庭教育容易出现的问题

（一）教育职责难履行或不履行

单亲家庭的家长，既要当妈妈，又要当爸爸，虽然他们也希望给予孩子良好的家庭教育，但工作、家务占用大量的时间和精力，他们承受的压力要比双亲家庭的家长大得多，往往无暇顾及孩子的教育。另一些家长，由于感情恶化或生活压力等方面的问题，双方相互推卸，把孩子当"皮球"踢来踢去，对孩子漠不关心，放任自流，甚至不愿履行对子女的教育义务和抚养义务。

（二）教育方法失之偏颇

在单亲家庭，孩子往往成为单亲父母寄托情感的唯一对象。有的家长为了弥补孩子失去的父爱或母爱，无原则地迁就、溺爱孩子，什么事都依着孩子，宁愿自己受苦受累，也不让孩子受一点委屈，结果导致孩子处处以我为中心，自私任性，甚至专横；有的家长在经济上对孩子百依百顺，有求必应，结果造成孩子养成好逸恶劳、追求享受、爱慕虚荣的心理；有的家长在失去配偶之后，把孩子作为自己唯一的精神支柱，往往把自己全部的希望、梦想都寄托在孩子身上，要求孩子处处出人头地，导致孩子心理压力过大，有些孩子受不了压力，索性走向了反面，不思进取，乃至"破罐子破摔"，有些孩子可能坚持奋进，不辜负父母的期望，但是由于超负荷的运转及超强的压力，其心理损伤也不容忽视；还有的父母把孩子作为出气筒，把对对方的怨恨发泄在孩子身上，动辄又打又骂，使孩子整日生活在惊恐不安之中，身心发展受到严重的压抑、摧残。

---

① 魏知超，邹庆宇，2005. 单亲家庭子女的心理健康问题. 高校保健医学研究与实践，2（2）.

（三）父母之爱不完整

现实生活中，离婚的父母往往难以做到彼此宽容、认同，而是相互怨恨、冷漠与隔绝，致使许多单亲家庭的孩子不能同时得到父母的爱，不能享受正常家庭的完美、和谐和幸福。父母只看到自己的不幸，却没有关注自己的孩子。其实父母离异本身对孩子就是一种创伤，或许孩子比父母伤得还要深。他们不但要接受社会上其他人同情的、歧视的眼光，还要饱受失去亲人的相思之苦。不完整的父母之爱，致使孩子人格发展出现偏差。失去了父爱，孩子容易形成偏阴人格，表现出懦弱、多愁善感、缺乏毅力、自卑、优柔寡断等；缺少了母爱，孩子又会形成偏阳人格，表现出孤僻、冷漠，缺乏爱心和同情心，没有安全感等。不论孩子缺少父爱还是母爱，孩子应得到的爱都大为削弱了。

（四）家长缺乏良好的心态

单亲家庭中家长的心态是否良好与其能否采取良好的教育方法关系十分密切，家长的心态是乐观自信的还是自卑的，将直接导致子女在品德和行为方面的显著差异。在许多地方，离婚被看作是一件不光彩的事情，父母往往背负着极大的舆论压力，难免情绪烦躁，继而影响到孩子。也有的父母不管是因为什么原因离婚，自己总是难以启齿，更不想让别人知道自己已经离异，害怕孩子受到别人歧视，因此，在孩子面前总是遮遮掩掩，不能敞开心扉。家长缺乏良好的心态，会不同程度地表现出不良的情绪，孩子也会受到家庭气氛的影响，表现出情绪低落，注意力不集中，学习态度不认真等。

三、单亲家庭儿童的家庭教育对策

单亲家庭中的孩子不是我们生活中的"另类"，只要父母正确对待，孩子同样可以在单亲家庭中健康成长，单亲家庭也拥有未来生活形态的正向潜力，关键是要拥有健康的"阳光心理"。

（一）走出家庭离散阴影，平静地处理婚变事实

父母离散对于孩子无疑是一个沉重的打击。同时，社会公众信息不恰当地夸大单亲的危害，也会使孩子内心留下阴影而陷入混乱。因此，抚养孩子的母亲或父亲必须做到保持良好的心态，给孩子最大的帮助。

1）以良好的心态和积极的生活态度来面对残缺家庭。要树立这样一种观念：单亲家庭和其他类型家庭一样，没什么特殊性，不要主观地给孩子灌输"不幸""抬不起头来""可怜"等意识。父母要尽快走出离散的阴影，摆脱离散给自己和孩子带来的痛苦，要保持良好的心态，给孩子一片明朗的天空。

2）应尽早向孩子说出事实，不要隐瞒。要心平气和地、用孩子能理解的方式告诉孩子，并向他承诺对他的爱永远不变，"不管父母之间发生什么事，我们都会永远爱你"。要知道，一味地向孩子隐瞒真相反而会给孩子带来更大的伤害，勇敢地面对现实既是对孩子的鼓励，也是对自己生活的考验。从孩子的心理需求方面看，在不同的年龄阶段应有不同的对待。

如果孩子还在婴儿期时父母就已经分开，那么此时孩子与父母的亲密感还没有形成，他们在孩子心中还只是个象征，很自然地告诉父母分开的事实，并向孩子适当地保证自己会照料他（她），不离开他（她），爱他（她），一般不会对孩子形成太大伤害；如果父母是在孩子幼儿期以后才分开，经过几年的共同生活，父母的形象已深入孩子内心，此时是要讲究一些技巧的，可以先让孩子慢慢接受父母一方不再回家的事实，给孩子以心理缓冲，然后再用孩子能理解的语言告诉他（她）；如果父母是在孩子儿童期或少年期以后离散，孩子已有个人见解，这个时期的最佳做法是在父母不带消极情绪的状态下，坦诚相告。

3）多和孩子交流。不管工作多忙，也要抽时间带孩子一起游戏和旅行等，弥补亲情不足，让孩子感受到温暖。

（二）保持理智，善待离散对方，给孩子完整的父母之爱

从有利于孩子健康成长的角度出发，离散的父母一定要有足够的理智，不要带有情绪，要懂得在孩子面前维护另一方父母的正面形象，这对学龄前期的孩子是很重要的，否则会剥夺孩子心理发展中对父母之爱的心理需求，在孩子心中埋下怨恨离家父母的种子，尤其不要让孩子觉得一方是被另一方赶出家门的。父母双方相互拆台，也会使孩子觉得父母是因为他（她）才离的婚，从而产生抑郁、自卑、敌意、逆反等情绪。

抚养孩子的一方不要限制甚至剥夺孩子和另一方家长相处的机会，离婚父母把双方矛盾转嫁给孩子是可鄙的。家庭离散了，但父母的爱没有离开孩子。一个孩子既要有母爱，也要有父爱，二者缺一不可。家长离异后，孩子定期到父亲或母亲那里去是非常正常的需要，无论谁也不应剥夺孩子的这一份自由，让他得到完整的爱。同时，离开的一方也要保持与孩子的密切接触，决不能只尽经济义务，而应尽量创造条件让孩子与自己在一起，让他得到父母的爱，让他感觉到：虽然父母离婚了，但父母还和以前一样地爱他、关心他。这样，孩子才会觉得父母只是不再在一起生活而已，自己实际上并没失去什么。为了教育好孩子，为了孩子的发展，离散的父母一定要善待对方，不要再给孩子增添新的烦恼和伤害。

（三）注意性别角色教育

在孩子心理成长过程中，性别角色的学习是一个重要的环节。在家庭教育中，父母对子女的影响是不同的。父亲在独立性、自信心、社交能力、智力发展和设身处地为他人着想方面对子女影响重大；而母亲则在抚爱、谦虚、举止规范、认真细致、严于律己等方面对子女影响重大。单亲子女最大的遗憾是在性别角色学习中缺乏直接的模仿榜样。只有母亲的家庭，孩子可能更细腻、敏感，但胆识和魄力不够，或感性过大，而理性薄弱；只有父亲的家庭，孩子可能很独立，但爱心不够，甚至具有攻击性。这种情况下，要求单亲家庭的父母，要借助其他异性亲属的力量，给孩子一个健全的性格。比如，没有母亲的家庭，父亲可以经常把孩子交到姑姑家住几天；没有父亲的家庭，妈妈可以借助舅舅来约束男孩子，也可以多领孩子出去串门，让孩子与自己的男性同事、邻居或女同事的丈夫多交往，让孩子也受到外向、开朗、坚强的影响。

（四）对孩子保持合理期望

缺少了配偶，不少家长把孩子作为自己唯一的精神寄托，对孩子的期望值比双亲家庭还高，甚至产生负气的想法：一定要把孩子培养得出人头地，否则自己没有面子，结果使孩子心理负担沉重。有的孩子可能因此而变得很听话、懂事，但那是孩子因害怕失去父母而不得不放弃了自己年龄应有的兴趣和个性发展的结果。这种隐忍会大大增加孩子的心理张力，一旦超出了承受极限，便有可能走向崩溃，结果反而更糟。也有的孩子可能会产生抵触情绪或逆反心理，得过且过，不求上进，乃至"破罐子破摔"，让家长大失所望。因此，对孩子的期待要合理适度，才会更有利于孩子成长。

（五）扩大孩子的交友圈，增进社会交往

单亲家庭往往容易出现封闭状态，不利于子女心理、人际交往能力的发展，为了改变这一现象，离散的父亲或母亲应鼓励孩子多与同龄小朋友交流，接触社会生活，增进他们的社会交往，让他们感觉到周围的人对自己的关爱。在交往中，学会容忍和宽容，享受他人的快乐，这样既满足了孩子社会交往的需要，又可以让孩子学会基本的社会行为准则，提高社会交往能力。可以邀请亲戚、朋友到家里来做客，也可以带孩子外出做客。尽量与孩子一起度过节假日，如各种参观、看演出、外出旅游等，让孩子感觉到自己和其他孩子一样拥有家长的关爱，并且能在玩的过程中，学会社会交往，学会生活自理等。这样，不仅可以弥补孩子在家庭中的交往缺陷，还可使孩子养成活泼开朗的性格，也会给自己一个积极的心态去面对新生活。

（六）爱而不娇，宽严适度，培养自理、自立能力

单亲家庭的父母对孩子的爱更专一、更投入，有的父母甚至把孩子看成是自己的唯一，对孩子的教育充满感情色彩，但缺乏理性。在家庭教育中，家长应该保持清醒的头脑，严格而合理地进行教育，培养孩子的自理、自立能力，为以后的成长打下基础。在教育过程中，家长也要讲究一定的技巧、方法和语言。例如一位父亲给孩子演戏，对孩子进行教育。夫妻双方离散后，为了教育好女儿，他是全身心地投入。下班后首先为她准备三餐，所有家务活全包了。因为缺少母爱，对女儿有点娇惯，后来发现孩子变懒了，他就引导孩子来干活。有时他干着活，突然喊："哎哟，我的腰"，这时女儿就会心疼得跑来说："爸爸，您歇着，我来干。"看这个父亲多会演戏，没有过多的语言，也没有很多的唠叨，就让孩子知道自己该干什么。离散家庭的父母应该多学习这样的技巧、方法，在不让孩子反感的情况下教育孩子，让孩子更容易接受，也让孩子知道怎样疼爱自己的父亲或母亲，而且学会了自理能力。再如，一位母亲对孩子讲"如果做错了事情，还不改，我就不理你了"，说到做到。一次，女儿吃多了糖，不认错，母亲就不理她了。开始女儿不在乎，时间一长，就受不了了，一会儿撒娇，一会儿没话找话说，甚至故意逗母亲开心，母亲还是不理她，她就哭着求母亲理她。母亲很严格，没有让步。晚上，本应该讲《365夜故事》，然后再睡觉，可是母亲没有给她讲，让她自己睡觉去。女儿哭着说睡不着，母亲就让她数数1～100。第二天，女儿终于承认错误了，以后再也不固执了。

单亲家庭的父亲或母亲只要从痛苦中走出来，对自己充满自信，用积极的人生态度去面对生活，敬业、进取、好学，不断地影响子女，子女会获得人格力量，父母亲与子女相互鼓励，共同迎接新的挑战。"穷人家的孩子早当家"，困难、挫折有时候也是一笔财富，家长可利用这一条件锻炼孩子，使其在逆境中自强不息。

第二节　留守儿童的家庭教育

一、留守对学前儿童产生的消极影响

"留守儿童"是指父母双方或一方在户籍地以外谋生时，将未成年子女留置家乡，由祖父母、外祖父母或其他亲属来承担监护教育责任的儿童。

随着我国经济改革的逐步深化，社会对劳动力的需求在扩大，而农村经济条件落后，一些年轻父母为了能让自己的家庭过上幸福生活，选择了外出打工。这些外出打工人口中有相当一部分没有能力和条件将年幼的子女安置在其所在的城市，只能将其留在家乡，由父母一方留下照顾，或将子女托付给老人或者亲戚朋友照顾。根据中国 2010 年第六次人口普查资料样本数据推算，全国有农村留守儿童 6102.55 万，占农村儿童的 37.7%，占全国儿童的 21.88%。与 2005 年全国 1%抽样调查估算数据相比，五年间全国农村留守儿童增加约 242 万。其中，学龄前农村留守儿童（0～5 岁）达 2342 万，在农村留守儿童中占 38.37%，比 2005 年的学龄前农村留守儿童增加了 757 万，增幅达 47.73%[①]。留守儿童已经成为中国的教育不得不正视的一种新现象，也是我们全面提高国民素质、建设和谐社会所不得不面临的一个实际问题。

儿童留守对学前儿童的成长有重大的影响。

（一）不容易与父母形成正常的依恋关系

良好的依恋关系能够满足孩子的基本生理和心理需要，帮助孩子形成对社会的安全感和信任感。儿童心理学研究表明，培养父母与孩子之间亲密的依恋关系是婴幼儿时期的主要任务。年幼时把孩子留守、寄养在别处，孩子就可能很难与父母形成良好的依恋，等孩子长大回到父母身边时，父母会发现孩子与自己已产生了较大疏离感，不愿听从父母的管教，致使父母对孩子的管教无从实施。

（二）亲情感缺失

留守儿童自幼离开父母，缺乏父母直接的关爱与呵护，也缺乏深层次的交流，从精神上得不到满足，存在严重的"亲情饥渴"现象。久而久之，变得沉默寡言、内向、不开朗，容易产生焦虑、烦躁、悲观、疑虑等一系列的消极情绪，在性格方面较为突出的是柔弱内向、自卑孤僻。有的忍受不了对父母的思念，一旦谈及其父母，就表现得非常

① 全国妇联课题组，2013. 全国农村留守儿童、城乡流动儿童状况研究报告. 中国妇运，（6）：30-34.

焦虑，并悲痛不已，泣不成声；有的长期跟随爷爷、奶奶、外公、外婆生活，对父母已经失去了以往的那种浓厚的亲切感，有的甚至会讨厌父母、怨恨父母。

（三）孤独感强

长期远离父母，留守儿童常常会感到非常孤单。家庭本应是孩子生活的港湾，学前儿童又正处在身心迅速发展的时期，对自身变化、同伴交往等方面开始逐渐有了自己的理解和认识，与此同时也会有一些烦恼与心事。他们需要有倾诉的渠道，也需要成人的指导，而此时最亲近的父母却长期远离，不在身边，致使他们常常会感到孤单。他们所寄养的家庭，也往往忙于自己的农活与家务，没有时间与精力过问孩子的学习，对孩子的困惑、需求、交往、兴趣的关注就更少了。据《京华时报》（2010年5月26日）报道，在全国妇联、全国心系好儿童系列活动组委会发布的《农村留守儿童家庭教育活动调查分析报告》中指出，有45.1%的留守儿童认为父母不在身边对自己产生的最大影响是"感到心里孤单"。

（四）易形成孤僻胆小、顽皮任性、冲动易怒、不受管束等心理行为特点

在孩子的成长过程中，家庭教育对人格的塑造起着重要作用，但父母外出务工长期化趋势，造成家庭教育的突然断裂或缺位，孩子与父母之间日常亲情互动的缺失或不足，形成了留守儿童的心理焦虑。许多孩子出现了性格内向、孤僻、不善于与人交往、胆小、焦虑紧张、缺乏安全感、有被歧视的感觉和强烈的自卑感、心理负担过重，或者顽皮任性、冲动易怒、神经过敏、逆反心理强等问题。他们在日常生活中常表现为：对于幼儿园的各种活动没有强烈的参与意识，不愿意自己动手做事，对他人的依赖性较强，对以老师为代表的成人世界表现出胆怯的态度等；或者上课喜欢随意走动，不愿意接受任何约束，卫生习惯较差，很难接受老师的指导等。

（五）后续成长阶段安全度过的隐患多

学龄前期儿童的健康成长，可以奠定人一生发展的基础，也可以为孩子平稳度过儿童期、少年期打下良好基础。孩子在这一阶段可以形成未来从事挑战性学习所需要的自信心，形成中小学阶段所需要的良好的学习习惯和学习兴趣，形成良好的心理素质，以迎接中小学阶段约束性较高的学习生活。父母在孩子身边，可以增强孩子的信心，并通过父母的示范作用，让孩子获得模仿的角色，提高孩子自身的自主能力；父母的训诫或诱导可以使孩子的行为得到规范和调整，朝着有利于社会化的方向发展。留守儿童显然在这方面获得的支持不多，对孩子造成的影响有许多是潜在的。随着年龄的增加，到学龄后，这种亲情缺失的状态往往受到义务教育阶段较为严格的学校教育规范的约束，不易被成人发现，使部分留守儿童逐步形成内敛的性格和相对自卑的心理，或者发展为对以老师为代表的成人世界的反抗。这些问题往往形成于小学较早阶段，甚至学前期，到了初中阶段，达到很难矫正的状态。有的厌学情绪严重，经常上课迟到、早退，对教师的教育置若罔闻；有的已沾染上了不良习气；有的对于自己的考试成绩缺乏理性、冷静的心态，考试成绩好的时候大喜，考试成绩稍不理想，则大悲，心理平衡能力较差；有的对老师怀有叛逆心理，对于老师的教育经常以言语乃至行为进行抵制。

案例 7-1

眼前的覃浩是一个7岁但身高还不满1米的孩子,他像是一个缩影,反映着中国西部农村留守儿童的生存现状,令所有在场的人都心酸不已。

覃浩今年才7岁,爸爸在新都打工,2个月左右回一次家,妈妈在他1岁时离家出走,从此他便和奶奶相依相伴。奶奶向工作人员描述,小覃浩每天都在牵挂着爸爸妈妈,有时候早上醒来,睁开眼睛的第一句话就是:"奶奶,爸爸妈妈回来了吗? 我好想见见他们。"面对这个小孙子,奶奶只能哄哄他,告诉他只要乖乖地读书,马上爸爸妈妈就回来了。于是,小覃浩用功读书,每天坚持去山上的中心小学上课,而且成绩特别优异。可是"谎言"听多了,7岁的孩子也开始分辨其中的含义。有一次因为奶奶无心的一句"快点写作业,不然爸爸妈妈不回来看我们了"而号啕大哭,边擦眼泪边抹鼻涕:"我认真写作业,还是见不到爸爸妈妈。"奶奶说着说着,也流下了眼泪。

二、留守儿童家庭教育中容易出现的问题

（一）容易错失对子女进行最初的人生塑造的时机

在人生的最初几年,婴幼儿从外界获得的影响对其未来的发展具有决定性的意义。父母与环境对婴幼儿身心体验产生的影响,发挥着"印刻效应"的作用。家庭塑造人的力量,远大于人们的想象,尤其是婴幼儿时期的塑造,将奠定孩子一生发展的基础。如果说孩子的心理、个性在出生时是一张白纸,到五六岁时就已被父母涂上了颜色。这个时期父母怎么处理,将会在孩子心灵深处留下难以消除的体验。一个家庭的家庭规则,是父母价值观和人生态度的体现,一个人的品行问题、心理问题、社会适应问题是主要植根于家庭教育的。这个时期如果父母与孩子隔离,将会使父母错失最初的对孩子进行人生塑造的最佳时机。

（二）片面重视孩子物质上的满足感

大多数父母外出务工的一个主要目的在于为子女将来的教育准备必要的资金,对于留守子女的学习给予压倒一切的关注,而对其心理和情感发展等其他方面关注的兴趣不大。他们误认为只要给孩子充足的物质保证,就是对孩子最大的爱;父母外出挣钱,让孩子吃好、穿好,由祖父母照顾,孩子就是幸福的,却忽视了父母的教育责任,忽视了孩子的精神需求。由于长期在外,基于一种补偿心理,父母大多采取"物质(金钱)+放任"的方式来对待与孩子的分离。有的几年都不回家一次,而且很少与孩子进行交流,难以尽到为人父母的职责,殊不知孩子最需要的不是金钱,而是父母的关爱,这是金钱所代替不了的。

（三）临时监护人不能完全胜任对孩子的管教

调查结果表明,89.2%的留守儿童由祖父母辈进行监护抚养。父母们往往认为把孩

子留给祖父母是最放心的，在外面可以放心挣钱，但是没有考虑到孩子的教育问题。隔代教育，年龄差距很大，老年人的知识能力有限，不能适应社会发展的需要，出现什么问题，他们不会分析研究，找出原因，也不与幼儿园配合，要么粗暴地训斥，要么溺爱袒护，要么冷漠放任，彼此间很难有真正的沟通。有的留守儿童由亲朋好友等代为监护抚养。对于别人的孩子，代养人通常是不敢管，管不了，也没法管，于是采取通融政策，只要不犯大错误就行。在这种特殊的教育环境下，留守儿童很难养成良好的生活习惯。

（四）孩子成长所需的营养、保健、安全等问题难以落到实处

由于经济条件的限制和陈旧的儿童健康观念的影响，以及临时监护人的职责不明等原因，留守儿童的饮食营养搭配、疾病预防、安全教育等问题往往难以得到应有的重视，监护人把对孩子的养育理解为只要让孩子吃饱穿暖，冻不着，饿不着就行了。父母不在身边，孩子没有直接的关爱和呵护，其成长所需要的营养、保健、安全等问题无法落到实处，很可能成为不法分子的侵害对象。近年来，留守儿童被拐卖或伤害的案例呈上升趋势，这些孩子的人身权益和身心健康受到严重侵害。

三、留守儿童的家庭教育对策

（一）父母应当避免在儿童早期与其长期分离

鉴于婴幼儿时期在人一生成长中的重要作用，建议父母在做出外出务工决定时，不要仅考量家庭经济方面的压力，也把是否更有利于孩子健康成长的因素考虑在内，给孩子一个幸福快乐的童年。以牺牲子女的情感幸福来换取物质水平的提高或未来教育投资的储备，往往是得不偿失的。人的成长与其他事物不同，它不是发现教育不成功就可以任意毁掉重来的。

（二）改变家长的外出务工方式，把伤害减到最低

建议父母变通一下外出务工的方式，应尽量避免双亲同时外出。如果父母双双外出，则对子女影响较大，但如果有一个在家，则影响相对就要小得多。因此，父母在做出外出务工决定时，最好留一人在家，尤其是母亲的陪伴作用，对婴幼儿更为重要。母亲无论在照顾孩子饮食起居，还是在教育孩子方面都会更有优势，同时母亲在家孩子会感觉有安全感，有倾诉对象。因此，父母不同时外出，或尽最大可能降低母亲外出率，可保持家庭教育的存在与完整，从而把对孩子的伤害减到最低。

（三）寻找合适的临时监护人

家长要减少任意性，尽可能地寻找那些水平高、教育能力强、责任心强、有保护能力和精力的人来充当孩子的临时监护人。留守儿童的临时监护人也是需要具备一定素质的，如能够及时发现孩子的不良行为，给予及时的教育与引导；能够对留守儿童进行细心的观察与沟通；能够及时与孩子的父母交流沟通等。寻找高素质的临时监护人，可以降低孩子成长中出现问题的概率。

（四）改变教育沟通方式，并常与临时监护人、幼儿园联系

家长对孩子的关心是解决留守儿童问题的根本，忽视了这一点，其他任何措施都将难以落到实处。因此，如果父母双方都不得不外出，要改变与孩子之间的沟通与交流方式：在沟通时间上不能相距太久，原则上最好做到每个星期交流联系一次；在沟通内容上，不能只谈生活，应该全面了解其心理、身体、学习等方面的综合情况，让孩子感受到父母的关爱，以尽可能地减少孩子离开父母的孤独感和无助感；每年应抽空回家看孩子，尤其是节假日，可以接孩子和父母团聚，让孩子感到父母虽然在异地，但父母的爱随时随地陪伴着他们；在沟通方式上，除了电话联系外，还可以用书信、图画的方式，这对于孩子的情感发展非常有帮助。同时，父母还要与孩子的临时监护人、幼儿园保持经常性联系，掌握孩子的动态，共同商讨教育孩子的办法，使孩子从小就能在良好的心理环境和社会环境中健康成长。

（五）增加亲情关心，用父母之爱呵护孩子健康成长

亲情缺失是留守儿童心理孤僻、感情冷漠的主要原因。因此，对留守儿童，家长要多给予亲情关怀。经常和子女取得联系，关心孩子的情绪情感变化，采取多种形式进行亲情关怀，让留守儿童不感到无聊、孤单和寂寞。现代心理学研究表明，孩子对父母的感情需要，是其他任何感情都不能取代的。即使祖父母、外祖父母天天全身心放在孩子身上，把自己的全部感情给了孩子，也无法代替父母的爱。不管什么时候，不要忘记给孩子一份完整的爱，让他生活在充满爱的阳光生活里。只要孩子能感受到这一份爱，他就不会感到孤单和寂寞，即使在分离状态中，也会有幸福感。

第三节　流动人口子女的家庭教育

一、流动人口家庭的现状及其对学前儿童的影响

随着现代化、城市化进程加快，以家庭形式进入城市的流动人口越来越多。流动人口包含两种，一种是精英式的人才流动；另一种则是基于最基本的生存需要而进行的劳动力的转移。本书所指的流动人口是基于第二种考虑而提出的，通俗地讲，就是外来进城务工人员以农民工居多。根据中国 2010 年第六次人口普查资料样本数据推算，0～17岁城乡流动儿童规模为 3581 万，在 2005 年基础上增加了 41.37%，其中户口性质为农业户口的流动儿童占 80.35%，据此全国有农村流动儿童达 2877 万。全国学龄前流动儿童（0～5 周岁）规模达到 981 万，约占流动儿童总数的 27.40%，与 2005 年相比，增幅达 38.59%[①]。人口流动引发了一系列问题，其中流动人口子女的教育问题尤为引人关注。在流动人口子女教育中，家庭教育无疑是最为关键和基础的，这不仅仅因为家庭教育是

---

① 全国妇联课题组，2013. 全国农村留守儿童、城乡流动儿童状况研究报告. 中国妇运，（6）：30-34.

人生整个教育的开端，是开始最早、持续时间最长的一种教育形式，还因为家长对孩子成长潜移默化的影响往往是其他教育方式所不能及的。然而流动人口子女在家庭教育方面还存在着诸多问题。

🦄 小资料

外来务工人员子女犯罪率明显上升

近年来，外来务工人员子女犯罪率明显上升，与未成年人犯罪率逐年下降的总体趋势形成反差。2012 年，江苏省镇江市润州区人民法院审理未成年人犯罪案件 12 件 22 人，其中外来务工人员的未成年子女占比近 80%。今年上半年，该院新收未成年人犯罪案件仅 4 件，全部是外来务工人员子女，多以盗窃、抢劫、故意伤害为主。

该院分析，导致外来务工人员子女犯罪率上升的主要原因有：

外来务工家庭未成年被告人不适应城市教育方式；家长生存压力大，对子女疏于管教或教育方式简单粗暴；外来务工家庭未成年人城市融入性差，学校和社会缺乏主动引导。居住环境的人员良莠不齐，容易引起相似家庭背景的未成年人串联纠结，聚众斗殴、结伙盗窃和抢劫等犯罪。

犯罪大多以数额相对较小的盗窃、抢劫公私财物为主，其余依次为寻衅滋事、故意伤害等，这和其他城市及地区的情况也大致相同。

此外，未成年人犯罪，特别是外来务工人员子女呈现出共同犯罪案件数量逐年上升的趋势。

（摘自中国新闻网，http://www.chinanews.com/edu/2013/08-26/5207825.shtml，2013 年 08 月 26 日）

（一）流动人口子女父母的文化程度

从现有流动人口的文化程度看，处于初中和小学文化水平的比例最高，整体文化水平偏低，尤其是母亲在小学和初中文化层次上比父亲要多，这对于学前儿童的家庭教育非常不利。父母的受教育程度直接决定在家庭中父母对孩子的学业指导和帮助程度，间接影响孩子的入学机会和学业成就。

流动人口自身的遭遇使得他们对孩子的期望很高，都希望孩子能长大成才，活得比他们轻松。这反映出他们对孩子教育的重视，而从实际的教养方式来看，严厉惩罚成为他们家庭教养的主流，只有少数的家长能以平等的身份与孩子进行交流与沟通，能接纳孩子合理的意见和想法。这说明虽然期望孩子受到良好的教育，但他们自己却缺乏正确的教育观念和教育方法，不知道如何给予孩子科学的指导，有的甚至将孩子的教育完全推给幼儿园和学校。

（二）流动人口子女父母的职业地位

由于城市用工制度不完善，以及农民工自身文化素质不高、缺乏现代工业社会工作经验等他们只能进入下层劳动力市场，从事技术要求不高、收入低又缺少福利保障的岗位，这决定了流动人口阶层的职业地位整体上处于社会底层。

父母职业地位越高，子女越有可能获得较好的教育，也越有机会获得向上流动的机会。流动人口从事的工作，只是作为一种谋生的手段，除了在经济上给下一代提供一定的条件，在其他方面对孩子的帮助是微乎其微。流动人口职业上的低层次特点对其子女教育造成复杂的影响：低层次的职业收入偏低导致家庭经济困难，因此流动人口家庭教育物质条件都较差；多从事脏苦累活，且劳动时间过长，因此其花在家庭教育上的时间和精力有限；社会地位低，易受歧视，且子女易受心理伤害；职业不稳定，流动性较强，子女经常需要适应不同环境；有的占用子女学习时间过多。

（三）流动人口子女父母的经济收入

经济收入和职业地位紧密相关。家庭经济收入往往决定整个家庭的生活质量高低。流动人口家庭的经济收入普遍低下，一般消费结构比较单一，绝大部分收入供消费食品之用。尽管流动人口家庭一再节衣缩食，削减各项开支，很多家庭还是难以承受生活需求的各项消费，这就决定了在对孩子的教育费用的投入上要大打折扣，而不像城市居民将教育消费作为家庭的重要开支。

研究发现，父母的经济地位与父母在家中的角色地位同样有着重要的影响。主要表现在：社会经济地位低下的父母强调服从、遵从权威，更倾向于严厉和专制，与孩子说理较少，语言贫乏，很少向孩子表示温情。在很大程度上，因为流动人口在城市中受到巨大的精神压力和经济压力，只能忙于生存，较少关注孩子的发展，难以形成与孩子之间的良性沟通和平等民主。

（四）流动人口子女的家庭居住环境

由于经济条件限制，流动人口能够在当地买房的是凤毛麟角，极大多数流动人口采取租房居住，甚至通常几个外来工友家庭合租一套民房。由于居住的条件简陋，缺少孩子学习的书桌和必要的设施。另外很多小商小贩家庭，营业场所就是自己的居住场所，孩子很难有基本的学习和游戏空间，缺乏游戏活动的玩具和材料，家庭中也很少有健康的娱乐生活，孩子的精神生活相当贫乏，缺乏健康有益的家庭生活和家庭情趣。

就居住的大环境看，流动人口一般住在城乡结合部，人员混杂，治安较差，孩子在社区内缺乏必要的活动场所，家长总是不放心让孩子出去玩耍，孩子的户外活动和社会交往都受到很大限制，而且在鱼龙混杂的环境中孩子也容易沾染不良习气。

二、流动人口子女的家庭教育对策

（一）家长克服生活困难，为儿童创造良好的生活环境

孩子生活环境不稳定或环境差，对他们的成长影响很大，除个别适应能力特别强的孩子外，一般都是负面影响。所以家长要特别注意多加考虑，尽量给孩子提供稳定良好的生活环境。家长要尽可能为孩子创设一个畅心益智、悦情怡神的家庭生活环境，要保证室内光线充足，空气流通，要想办法为孩子腾出独自活动的空间，尽可能保证孩子的

学习时间和休息时间，力所能及地为孩子添置一些必需的游戏、娱乐和学习工具，经常为孩子提供游戏和活动上的方便、解决学习上的困难，以激发孩子学习的兴趣。

良好的社区环境是家庭教育环境的重要方面。流动人口在选择居住地的时候一定要注意社区环境的选择，千万不要仅仅考虑房租的低廉或就业的方便，而应该尽可能选择对子女成长有利的社区环境。

家长要加强学习，主动参加社区和有关部门的职业培训，提高自己在城市的生存能力，改善家庭生活水平和减少家庭问题，从而给子女家庭教育提供良好的客观环境。

（二）处理好家庭成员之间的关系，为儿童创设宽松的心理环境

家庭环境对子女健康性格的形成至关重要。因此营造良好的家庭心理环境是必不可少的。

1）作为家长，要做到互敬互爱，互谅互让，保持恩爱的夫妻关系。无论是传统型家庭，还是互助型家庭或依存型家庭，夫妻之间在生活和工作上都应该是亲密的战友，在营造家庭经济共同体的同时，绝不能忽视家庭精神共同体的建设。

2）父母与邻里之间和平共处，互帮互助，建立良好的邻里关系，引导和鼓励子女加强与同龄群体的交往，不要限制孩子外出，不要限制孩子接触社区生活。

3）父母对子女要平等相待，多一分体贴，少一些训斥，多一分爱护，少一些冷淡，多一分理解，少一些专横，既不能动辄严厉惩罚，也不能过分溺爱和保护。

4）在流动人口家庭中，大部分孩子一般要帮助父母承担一定的家务劳动甚至生产劳动，如帮父母做饭，守摊点，值班等。针对此特点，家长可有针对性地开展劳动教育，动员子女做好自己的事，帮大人做一些力所能及的事，多参加一些公益活动，给孩子树立正确的劳动观念，使其对父母的职业持正确的看法，明白父母就业过程中的艰辛。

（三）加强学习，提高素质，树立正确的教育观念

家庭教育的教育者是孩子的家长，家长居于家庭教育的主导地位，是家庭教育的设计者、组织者、执行者。家长对于未成年的孩子来说是物质生活的基础和来源，家长的劳动观念、生活方式、思想道德品质对孩子产生更有实际意义的长期的潜移默化的影响。家长是孩子的一面镜子，一个榜样，直接对孩子的学习生活产生影响。

1）家长要加强修养，以身作则，为孩子树立榜样。在生活中，父母首先要注意自己的言行。避免说脏话、大话、假话、粗话；杜绝大吃、大喝、酗酒、赌博、抽烟、骂人、吵架；绝不能有坑蒙拐骗偷的行为。要谨言慎行、文明礼貌、尊重他人。其次，着装要整洁配套，举止得体。尤其在公众场合一定要给孩子尊严，比如到学校开家长会等。再次，要尊重孩子，精心呵护，认真教育，不能随意训斥、打骂。通过言传身教潜移默化的影响教育孩子健康成长。

2）家长必须掌握教育常识。懂得教育孩子的知识，掌握必要的教育方法和机能，善于了解孩子的心理特点，正确地预见和分析孩子对各种情况的反映，从而在教育子女的过程中避免失误，有针对性地依据孩子的心理去设计方法，实施教育，才会有良好的效果。

3）家长必须树立正确的教育观念。要认识到为人父母的家庭责任，履行社会道德

规范，尽养育子女的职责，对子女教育上持积极向上的态度并保持高度重视，使子女在监督与关心中得到更好的教育。要树立先进的教育理念，才能有效地实施家庭教育，营造良好的学习氛围。

（四）多与儿童交流，注重沟通，融洽关系

许多外来务工的家长把通过教育脱离贫困的重担过早地压给了孩子，当其子女成绩不理想的时候，更多的是一味的责罚，甚至是无理的打骂，缺乏同孩子之间的心灵沟通，不了解孩子的心理状态和内心世界，使得孩子心理负担过重，导致情绪的反常和人格的扭曲。

家长要改变这种威严家长的做派，与子女平等相待、相互尊重、注重交流和沟通。家长要走进孩子的内心世界，了解他们的思想动态。不论工作多忙，都要抽时间多陪孩子，平时多关心孩子的学习、生活、生理等。了解孩子的内心所想、所需，这样才能有的放矢地教育孩子。如果发现孩子的表现不理想，也要从自己所走的道路和孩子的成长史中客观地分析原因，找出问题。采取正面引导、循序渐进的办法，站在他们的角度处理问题、帮助他们。发现孩子身上有不良行为时，不要简单粗暴地处理，要先反思自身，看是否存在类似问题，假如存在，要先修正自身的不足，然后再有针对性地教育孩子，循循善诱，以理服人。

另外，由于自身条件的限制，外来务工的家长没有更多的时间、精力和经济实力参加各种社会活动，狭隘的交往空间十分不利于孩子视野的开阔、性格的养成，以及对社会规范和社会角色的学习和内化，影响他们健康人格的形成和发展。因此，家长要积极创造条件，多陪孩子参加幼儿园和社区的活动，多陪孩子旅游、参观，尽可能为孩子的健康发展提供更多的机会和条件。

（五）与幼儿园加强联系，共同为儿童创造良好的学习环境

把孩子送进了幼儿园，许多父母松了一口气，认为以后孩子的教育就看幼儿园老师的了。殊不知这时的孩子站在了一个新的起点上，更需要父母的关注、扶持。在孩子入园后家长还要善于与幼儿园加强联系，及时与老师沟通。

1. 及时鼓励孩子在幼儿园的进步

当孩子在幼儿园取得了一点进步，如学会一首歌、一支舞，学会写自己的名字……父母应及时鼓励。让孩子深刻体会到幼儿园生活给自己带来的成就感，加深对幼儿园的情感，更好地融入幼儿园生活。对不容易适应幼儿园生活的孩子，父母应该尽量避免问他"今天在幼儿园老师对你好吗？""今天和小朋友一起唱歌了吗"等问题，避免让孩子的记忆一直停留在不良的情绪体验中。如果孩子说不喜欢幼儿园，或者不喜欢老师，父母应该转移孩子的注意力，避免与他谈幼儿园的事。

2. 教给孩子一定的交往技巧

幼儿时期的交往不仅能促进孩子更好地适应幼儿园和社会，同时，对孩子的成长极为重要。在社会性交往的过程中，对待不同的人有不同的交往方式，通过交往，能使幼儿了解和认识人与人、人与社会之间的关系。因此，在平时的生活中，父母应该教给孩

子如何热情地邀请小朋友一起玩，如何与小朋友一起分享等交往技巧。在家中，父母要有意识地教孩子学会使用一些礼貌用语，大方地向别人问好等。孩子说话时，要教他清晰地表达自己的意愿。例如，当孩子想去厕所时，应该说"我想去厕所"的完整句子，而不要让他用意义含糊的习惯语代替。

3. 在孩子面前正确评价老师

在培养孩子方面，父母和教师是一条战线上的"战友"，父母首先应该信任教师，才能协同教师工作。千万不要当着孩子的面，议论、指责教师。刚入园的孩子，需要对老师产生一种心理上的安全感。老师在他们心目中的地位很重要，父母应该帮助他们维护教师形象。家长平时要注重自己的言行，最好能为老师在孩子心目中的印象加分，即使自己对老师有什么不满，也不要在孩子面前流露，可以私下跟老师沟通。只有家长和老师紧密合作、形成合力，才能促进孩子健康发展。

4. 积极参与幼儿园教育活动

入园之初，父母要主动帮助老师全面了解自己的孩子，让老师真实地掌握孩子的特点，以便用有效的方式和途径接近孩子，使孩子对教师形成信赖、依恋的心理。幼儿入园后，父母同样应该把孩子在家里的情绪、表现告诉老师，但不要当着孩子的面。这样既可以从老师那里获得指导孩子的方法，也有利于老师采取积极的措施来消除孩子的顾虑、不安，促进孩子的成长。

父母可以利用接送孩子的时间，直接与教师交流孩子的情况，也可以通过联系手册，进行家园联系。此外，幼儿园各种活动，如家长会、六一儿童节、元旦以及家长开放日，父母要积极参加，理解幼儿园的教育、管理方法，亲眼目睹孩子在集体生活中的各种表现，全面了解孩子，这样才能配合幼儿园教育活动的开展，形成家园合力，使教育发挥最大效率。

🐌 家庭教育案例评析

如何将父母离婚对孩子的伤害降到最低

现在宝贝4岁，我们都很爱他，但我们夫妻的婚姻却走到了尽头。请问夫妻离婚，怎么和孩子交代能最小伤害孩子呢？

案例评析：

父母离婚对孩子来说是一场灾难，孩子可能会感觉他的世界完全被毁灭了。所有孩子无一例外地会在心里形成这样的三段论：因为我不好——爸爸妈妈就不再相爱——所以他们就离婚不要我了。

孩子的这个结论对于未成年的他们最致命的地方在于：孩子会因为父母的离异而丧失对自己的公正评价，产生强烈的自卑感或极度缺乏安全感，他们中大多都会因为父母离异而变得太过懂事或太过敏感、自卑，并因此而讨厌自己或对承担抚养责任的家长过度依赖、掌控，担心已经失去一个家长的爱了，如果身边的家长再婚会再次抛弃他们，使他们成为孤儿，这份恐惧在孩子心中很牢固。

实际情况是，离婚并不是导致孩子受伤的唯一原因，夫妻相互攻击诋毁对孩子的打击才是致命的。事实表明：不离婚而成天争吵、互相谩骂攻击、拿孩子撒气、毫无温情的婚姻比和平分手之后继续给孩子爱和支持的离婚对孩子的伤害要大得多！

如何把离婚对孩子的伤害降到最低？

1）提醒孩子你们永远爱他。夫妻双方最好能一起向孩子公布即将离婚的消息，真诚并简洁地说出这个消息，跳过那些不好的细节。可以对孩子这样说："爸爸妈妈很难一起相处，所以我们认为最好不要生活在一起了。"确保孩子理解离婚只是大人之间的事，提醒孩子，他并不是爸爸妈妈离婚的原因。

2）保持孩子的常规生活。得知父母离婚的消息，孩子可能会对具体的事情最感兴趣。如我将住在哪里？我需要换学校吗？谁会带我去参加游泳课？夫妻双方离婚后，应该试着尽可能地保持孩子的常规生活。

3）鼓励孩子表达他的感受。父母离婚，孩子会出现心理压力，例如，小一点的孩子会出现尿床，大一点的可能会变得压抑或沉默寡言。和父母一方离别的焦虑会影响到孩子，但是他们可能不会口头表达，因此，父母可以帮助孩子将他的情感表达出来，并鼓励他分享他的感受。

4）不要让孩子加入斗争。在孩子面前不要说配偶的坏话，也不要在孩子面前争论或讨论他的抚养问题，更加不要迫使孩子选择其立场，例如不要问孩子"你是跟着爸爸还是跟着妈妈？""你觉得是爸爸的错还是妈妈的错？"等。

5）请把孩子放在首位。在解决孩子监护问题及其他细节的问题时，请把孩子放在首位。持续很久的监护权之战，对孩子的心理将产生严重的影响。

思考与练习

1．根据当前的社会现状，提出解决留守儿童接受教育的措施。

2．结合单亲家庭给孩子带来的影响，谈谈如何培养儿童的健全人格。

3．分析流动人口家庭在子女教育上的优势和劣势。作为教师，应该给这些家长什么样的帮助和指导？

4．"我家宝宝5岁了，我在宝宝2岁的时候离婚了，宝宝现在长大了，最近他常问我，别的小朋友都有爸爸，为什么他没有。我不知道怎么回答他，我也想知道怎么才能让宝宝的心理没有阴影。"作为教师，你能给这位妈妈提供什么好的建议？

拓展阅读

吴奇程，袁元，2011．家庭教育学．3版．广州：广东高等教育出版社．

周德钧，2014．分享城市阳光——流动儿童的成长困境与融合教育之道．北京：新世界出版社．

第八章

学前教育机构家庭教育指导

【学习目标】

了解：学前教育机构家庭教育指导的内涵和意义。

理解：学前教育机构家庭教育指导的目的和内容，教师在家庭教育指导中的责任和义务。

掌握：学前教育机构家庭教育指导的原则和途径。

运用：灵活设计学前教育机构与家庭的合作活动。

20 世纪 90 年代以来，我国明确提出了要重视家庭教育和开展家庭教育指导工作的要求。1992 年 3 月国务院颁布了《九十年代中国儿童发展规划纲要》，明确指出要"使 90% 儿童（十四岁以下）的家长不同程度地掌握保育、教育儿童的知识"。此后，《幼儿园工作规程》《幼儿园教育指导纲要（试行）》等文件都提出幼儿园应与家庭、社会密切配合，共同为幼儿创造一个良好的成长环境。2010 年 2 月全国妇联与教育部、中央文明办、民政部、卫生部、国家人口计生委、中国关工委联合发布了《全国家庭教育指导大纲》，体现了科学的家庭教育理念，进一步规范了各年龄阶段儿童家庭教育指导的重点，突出了特殊儿童、特殊家庭的家教指导，明确了相关部门的工作职责。2015 年 10 月教育部发布《关于加强家庭教育工作的指导意见》，文件不仅进一步明确了家长在家庭教育中的主体地位，也提出中小学幼儿园要建立健全家庭教育工作机制，强化家庭教育工作指导，并对中小学幼儿园开展家庭教育指导的内容和形式提出了明确要求。以上这些，都充分体现了国家对我国家庭教育和家庭教育指导工作的重视，同时也指明了方向。做好家长工作，指导家庭教育是幼儿园贯彻执行教育法规的需要，毫无疑问应该成为幼儿园工作的重要组成部分。

第 一 节　学前教育机构家庭教育指导的意义和任务

一、学前教育机构家庭教育指导的意义

（一）什么是家庭教育指导

20 世纪 90 年代初"家庭教育指导"这个概念在我国被正式使用，标志着家庭教育工作进入了一个新时期。

家庭教育指导一般是指为了提高家长家庭教育的水平、提高家庭教育质量，学校、社会及其他企事业单位向有子女的家长提供教育帮助和指导，使被指导者及其家教水平发生积极变化的一种社会公益型活动。它是以促进儿童身心健康发展为最终目的、以家长为主要对象的、带有师范教育性质的成人业余教育，是社会终身教育体系的一个有机组成部分。

1）家庭教育指导不是由家庭自身来完成的，而是由家庭以外的社会机构如学校、妇联、关心下一代工作委员会（简称"关工委"）、社区街道、企事业单位、传媒、教育科研院所、教育心理咨询机构等完成的。

2）家庭教育指导是对家长如何教育子女"提供帮助"和"指导"，提高家庭教育的水平和质量，帮助指导孩子如何接受家长的教育。

3）家庭教育指导的对象是"家庭全体成员"，既包括父母与孩子，也包括祖辈、叔姨等。

4）家庭教育指导是一种教育。对于家长来讲这种教育是带有师范教育性质的成人教育；对于孩子来讲则是一种社会教育。

5）家庭教育指导的过程是指导者与家长的互动过程，是家长与家长互动的过程，是家长自我教育的过程。

学前教育机构家庭教育指导，是指由学前教育机构（托儿所、幼儿园等）组织的，以学前儿童家庭为主要对象的，以家庭教育为主要内容的指导活动。

（二）学前教育机构家庭教育指导的意义

1. 有利于发挥幼儿教育的整体功能

幼儿教育是一项复杂的系统工程，许多自然和社会因子都渗透其中。在幼儿教育这个整体中，除了包括幼儿园教育之外，还包括家庭教育。幼儿园如果对家长进行家庭教育的指导，就能增强家长配合幼儿园教育的自觉性，实现家园同步同态，形成教育合力，充分发挥幼儿教育的整体作用，使幼儿教育的价值大于幼儿园教育与家庭教育两者价值的总和。正如我国教育家陈鹤琴先生曾指出的那样："儿童教育是一件很复杂的事情，不是家庭一方面可以单独胜任的，也不是幼稚园一方面可以单独胜任的，必定要两方面共同合作方能得到充分的功效。"

2. 有利于提高家长的教育素质

在家庭教育指导的过程中，幼儿园通过向家长讲解幼儿教育的目标，可以帮助家长树立正确的培养目标；通过向家长说明家庭教育的作用，能增强家长教养孩子的责任感；通过向家长介绍幼儿身心发展的知识和培养举措，能端正家长的教养态度，提高家长的教育能力。

3. 有利于幼儿的成长发展

教育生态学认为幼儿的成长发展受到周围环境的影响。这个环境包括幼儿园、家庭、社区、幼儿园与家庭及社区之间的关系等因素，幼儿的发展水平是其与周围环境相互作用的结果。幼儿园和家庭是幼儿成长的两个最为重要的场所，幼儿园开展家庭教育指导，就能对这些因素进行调节、整合，提高环境的质量，促进幼儿与环境的相互作用，加快幼儿成长的步伐；反之，就会阻碍幼儿与环境的相互作用，延缓幼儿成长的历程。

二、学前教育机构家庭教育指导的目的和任务

由学前教育机构组织的家庭教育指导，是目前我国学前儿童家庭教育指导的主要渠道。学前教育机构家庭教育指导工作的目的，一般是为了整合学前教育机构和学前儿童家庭的教育力量，扩大学前教育机构的有限教育资源，补充学前教育机构教育力量的不足，从而为学前儿童创设一个完整的、适宜的、一致的教育环境，进而实现促进学前儿童健康成长这一学前教育机构与家庭的共同目标。

学前教育机构家庭教育指导的具体任务包括以下方面。

1. 指导家长优化家庭环境

通过指导，促使家长为孩子提供基本的生活、游戏和学习条件，形成良好的亲子关系、夫妇关系、婆媳关系等家庭关系和邻里关系，建立民主、平等、和谐的家庭氛围，为学前儿童的健康成长创设良好的家庭环境。

2. 指导家长提高养育水平

通过指导，提高学前儿童家长的科学喂养知识普及率，向家长倡导科学喂养，培养学前儿童良好的饮食习惯；倡导母乳喂养，提高儿童营养水平；从整体上增强学前儿童体质，提高健康水平。

3. 指导家长提高教育水平

通过指导，提高家长家庭教育知识的知晓率，转变教育观念，改进教养态度，增强教育能力，改进家庭教育，提高家庭教育质量，促进学前儿童身心发展。

4. 指导家长家园合作教育

学前教育机构应通过指导，让家长正确了解学前教育机构保育和教育的内容、方法，认真分析、吸收家长对学前教育机构教育和管理的意见与建议，实施学前教育机构、家庭对学前儿童的合作教育。

5. 向家长进行法治教育

通过向家长宣传《中华人民共和国未成年人保护法》和《中华人民共和国收养法》等法律法规和《儿童权利公约》，提高法治意识，依法保障儿童生存权、发展权、受保护权和参与权。

三、教师在学前儿童家庭教育中的责任和义务

教师是幼儿园与家庭相互作用的中介和桥梁，在幼儿园与家庭的相互沟通中起着不可替代的作用：一方面，教师要在家园之间起传递信息的作用，另一方面要对家庭教育起指导的作用。所以提高教师素质就成为提高家庭教育指导质量的关键。这就要求教师不断提高自身素质，提高自己的家教理论水平和指导能力。

（一）教师是儿童家庭教育的指导者

幼儿教师都接受过专业教育，拥有较深的专业技能和宽广的理论修养，能够从家庭的实际情况出发，运用自己所学的最新教育理论对家长进行不同的指导：可以根据家长的兴趣需要予以指导，满足家长的合理需求。比如，通过调查发现，家长们普遍喜欢利用接孩子的这段时间参加集体活动，教师就把"家长会""咨询活动""售报活动"等安排在这一时间里，以便于更多的家长能参与进来。可以根据孩子的发展特点予以指导，促进孩子的更好发展。例如，针对孩子喜欢小汽车而计数能力又较差的特点，教师指导家长多和孩子一起数数马路上、玩具店和家里玩具架上的小汽车等。

（二）教师是儿童家教指导的研究者

儿童家庭教育指导要取得预期的成效，就必须以科学研究为基础，教师在日常工作中，要注意调查研究，以便对家长进行行之有效的指导。不仅对家庭教育指导的内容、原则加以思考，还要不断探索更新家庭教育指导的形式、方法，并依据家长的心态，及时加以调整。例如，有位教师在对全班 32 个幼儿的家长进行不记名问卷调查以后，发现家长最喜欢"家园联系手册"这种形式，就以此为突破口，开展对家长的指导工作。

（三）教师是儿童家长施教的合作者

教师基本上都能和家长建立合作伙伴关系，进行双向交流，彼此尊重，相互协作，共同承担保育、教育幼儿的责任。众多教师能经常和家长讨论幼儿的学习和成长情况，一同评估儿童的发展水平，制定相应的教育计划。一些教师还能定期和家长、儿童保健所、小学等机构进行联系，了解幼儿的健康状况和进步的速度，以谋求家园教育的一致性。比如，教师把幼儿视力检测的结果通过"家园联系册""家园小报"和便条向家长反映，要求家长在家庭中教育孩子注意用眼卫生，控制看电视的时间，并为孩子做出榜样。

案例 8-1

最近班上在进行"叶子"的主题活动，家长们很不解，这个主题小班也搞过，中班也搞过，为什么孩子到了大班了还要进行？家长们的议论无意中被老师听见了，老师及时地给家长们写了一封信。信的主要内容就是把这个主题的脉络进行了一下说明，并且指出了孩子在这个主题中如何从五大领域得到发展，还介绍了一些这个主题中认识茶叶、品茶、叶子贴画等有趣的活动，消除了家长对于该主题的疑虑，让家长知道了同一主题在不同的年龄班有不同的目的和意义，对班上的教育教学工作也更加了解了。

（四）教师是儿童家长参教的评价者

国际组织伯纳德·范·利尔基金会近 20 年的研究结果显示，家长是否参与学前教育、参与的程度如何，直接关系到学前教育质量的高低。今日许多教师还没有充分认识到对家长参与学前教育这项工作进行评估的重要性，因而缺乏对家长参与学前教育的程度进行客观、公正的评价。美国学前教育专家 A. S. 赫林格指出，教师在给予家长指导以后，只有考察家长的参与水平是属于"听众""观众"，还是属于"孩子的教师""班级的志愿者"，或是属于"教师的助手""活动的共同决定者"，才能在今后的工作中对家长做出更有效的指导。所以，教师应重视对家长参教水平的评估，帮助家长从支持者、学习者的水平过渡、发展到参与者、决策者的水平，使他们能自愿为学前教育机构提供"交换服务"（如通过为幼儿园服务，来得到某种优先权）或"无偿服务"、"普通服务"或"特色服务"（如用自己的一技之长为幼儿园服务），自觉参与到幼儿教育决策的形成、执行和监督等各个环节的运作过程之中去，以不断丰富合作的内容，提高共育的质量。

（五）教师是儿童家长意见的采纳者

由于教育经验、教育理念以及各自的立场不同，教师和家长在教育儿童的整个过程中，难免会出现认识上的分歧和行为上的差异。因此，教师要在倾听家长的呼声之后，认真分析家长的意见，迅速给家长提供反馈信息，认可家长的正当发泄，接纳家长的合理化建议，并付诸实践，提高家长议教、参教的主动性、积极性和创造性。

（六）教师是儿童家长心声的倾听者

教师要了解家长，既可用眼去看，也可用耳去听。教师要改变过去那种只当"演说家""讲解员"的习惯，静下心来，当个耐心的"听众"，并为家长创造许多诉说自己的心思、发表自己的见解的机会。家园共育成功的经验证明，学会倾听，善于倾听，是教师成为家长亲密伙伴的前提条件，教师只有与家长坦诚相待，才能使家长视教师为倾诉的对象，敢在教师面前讲真话，并做到"知无不言，言无不尽"。

（七）教师是儿童家庭隐私的保护者

教师要尊重家长，保护家庭的隐私，不仅为家长不同的文化价值观（如相信宗教）、居住条件（如简易平房）、极端的经济条件（如极高的薪水和待遇或极低的薪水和待遇）、较差的就业状况（如下岗、待业）保守秘密，而且还要对家长不妥的兴趣爱好（如打麻将）、残缺的婚姻状态（如夫妻离异）、敌对的家庭关系（如婆媳不和）、消极的生活方式（如过于重视吃穿）等方面的信息严加保密，不在大庭广众之下揭家长的短处，对家访中看到的不良现象不点名道姓，使家长能消除顾虑，欢迎教师的继续来访。

第二节　学前教育机构家庭教育指导的原则

学前教育机构家庭教育指导的原则，是学前教育机构在进行家长工作指导时，所必须遵循的基本要求，按照这些要求去做，有助于提高家长工作的质量，忽视或违背这些要求，则会使家长工作收效甚微以至走向失败。幼儿园要卓有成效地进行家长工作指导，就应遵循尊重家长、区别对待、要求适度、双向反馈等原则。

一、尊重家长的原则

尊重家长是开展家庭教育指导活动的前提，老师与家长是孩子健康成长过程中的引路人，不同的身份、不同的情感、不同的观念、不同的教育，难免会出现不同的见解。只有互相了解、互相尊重、平等合作才能共同教育好孩子，因此尊重家长是开展家庭教育指导活动时的首要原则。在活动中把家长看成是朋友，互相信任，诚挚合作，对不同社会地位、不同经济条件、不同教育观念的家长一视同仁，真诚地尊重每一位家长，坚持做到真心、细心、耐心、热心，以心交心、以心感心，使家长不仅乐于接受教师提出的意见和建议，配合幼儿园做好家庭教育工作，还积极地为幼儿园的家教指导活动出谋划策，充分地调动他们的积极性和主动性。

首先，教师要尊重职业身份、自身条件不同的家长。有的家长是工人、营业员，有的家长是律师、医生；有的家长是普通老百姓，有的家长担任行政领导职务；有的家长工资收入微薄，有的家长腰缠万贯；有的家长文化程度仅初中甚至小学，有的家长为"留洋博士"，对这些不同职业、不同社会地位、不同经济条件、不同文化程度的家长，教师都要一视同仁，给予应有的尊重。

其次，教师要尊重孩子情况不同的家长。有的幼儿长得漂亮，有的幼儿长得不好看；有的幼儿聪明伶俐，有的幼儿反应较迟钝；有的幼儿有特长，有的幼儿无一技之长；有的幼儿遵守纪律，有的幼儿则不守纪律，教师要用平等的眼光，来看待这些拥有不同发展水平的幼儿的家长。特别对发展暂时落后的幼儿的家长，应给予更多的尊重，保护他们的自尊心，帮助他们激发孩子的上进心。每个家长都有自尊心，不喜欢被人在众人面前揭短，不希望教师当着其他家长的面批评他及他的孩子，孩子暂时发展水平不高的家长更是如此。教师如果能注意到这一点，就会化消极因素为积极因素，使幼儿不断进步。否则，会引起对立情绪，干扰教育工作的正常进行。例如，晨间接待时，有几位母亲围着教师，说是要让自己的孩子参加幼儿园的合唱团，教师就分别和小朋友的妈妈谈话。有位小朋友唱歌老跑调，参加合唱团不合适，但这位教师考虑到孩子妈妈的"面子"，就没有直接和她这么说，而是夸她的孩子想象力丰富，画画得好，如果参加绘画班，更能激发他的兴趣，更好地发展他的才能。孩子的母亲听了教师的话以后很高兴，给孩子报了名，让他参加课外绘画兴趣小组的活动。后来，这个孩子绘画进步很快，母亲很感谢教师对孩子特点的准确把握。

此外，教师还要尊重那些喜欢提意见、反映问题的家长。不论家长提的意见是否正确，反映的问题是否属实，教师都要认真、耐心听取。正确的并且能做到的，就应予改正或从速加以解决；不正确的也要本着"有则改之，无则加勉"的精神，耐心做好解释工作，争取得到家长的理解和支持；对一些虽然是正确的但一时尚无法办到的事，也要表明态度，创造条件尽量解决、改正，并用行动向家长说明，幼儿园重视他们的意见，只要是正确的就会设法给予解决或改正。比如，一位父亲向教师反映，他的孩子在幼儿园里吃完饭以后，总是"抢"不到印有孙悟空图案的小毛巾擦嘴，因为全班只有一条这样的毛巾，既然孩子们都喜欢这种毛巾，可否多增加几条。教师觉得家长提的意见合理，就予以采纳，以利于培养幼儿良好的进餐习惯。

二、区别对待的原则

家长的文化程度、经济收入、社会地位等因素是不同的，父母、祖辈等不同家庭成员在教育上也存在着观念、方法的差异，因此，家庭教育指导在内容、方式和方法上，应充分考虑家庭与孩子的不同类型，根据他们的需要，区别对待，实行分层分类指导，注意针对性、具体性和灵活性，不搞"一刀切"。

在贯彻这条原则时，首先要从幼儿身心发展的年龄特征出发，进行分类指导。例如，在对小班幼儿家长进行指导时，要重点帮助他们做好孩子的入园适应工作；而在对大班幼儿家长进行指导时，则要把重点放在帮助他们做好孩子的入学准备上。

其次，要从家长的具体情况出发，进行分类指导。可把父辈归为一类，祖辈归为另一类，加以指导；把父亲、祖父归为一类，母亲、祖母归为另一类，分开指导；把单亲父亲归为一类，单亲母亲归为另一类，分别指导。例如，在对父亲进行家庭教育指导时，首先，要阐明他们在孩子成长中的独特作用。父亲能为男孩树立一个母亲之外的大人形象，使他们认识到父子关系；能使女孩感受到异性的谈吐、举止。在孩子成长的过程中，仅有母亲的赞扬是很不够的，父亲对孩子的赞赏，尤其是对女孩子的称赞具有更大的效果。幼儿在幼儿园受到的影响基本上来自女性。为了保证孩子人格的正常发展，减少由于幼教师资队伍中男性不足可能产生的负面效应，父亲就必须更多地参与到幼儿教育工作上来，为孩子的全面和谐发展发挥应有的作用。其次，要把如何发挥自身作用的策略教给他们。①学会全面关心孩子的生活，从日常生活入手，从具体小事做起，关心孩子，照顾孩子的饮食起居，满足孩子的生理需求。②要运用科学的育儿方法，满足孩子的安全需要。有些幼儿抱怨父亲对他们"太狠""好瞪眼"，甚至打、骂他们，孩子常常感到恐惧，没有安全感。父亲应抛弃"棍棒底下出孝子""不打不成器"的陈腐观念和侵犯幼儿权利的错误做法，尽量少用或不用惩罚的方法对待孩子，应用讲解说理、实践练习，特别是榜样示范、表扬鼓励等方法教育孩子，以真正树立起父亲的威信。③和孩子一起学习、游戏，满足孩子的社会需要。孩子随着年龄的增长，会产生学习、游戏等方面的更高层次的需求，并以能否满足这种需求为标准，来衡量父亲的好坏。孩子往往把好爸爸归纳为：给他们讲故事，教他们写字，带他们去公园玩等。可见，父亲要成为孩子的良师益友，就应当教孩子学文化，做孩子游戏的伙伴，和孩子共欢乐，让孩子愉快地成长。

此外，还要从家庭教育的具体问题出发，进行分类指导。例如，把不重视培养孩子爱心的家长归为一类，单独指导，使其注意通过家庭的日常生活，教育孩子学会关心父母、热爱老师；把喜欢打骂孩子的家长集中起来，加强指导，使其学会运用各种正面教育的方法教育孩子；把不知道如何创设家庭教育环境的家长合为一类，进行指导，使其掌握一些策略，如合理利用家庭经济条件、优化家庭生活环境、创造和谐的家庭生活氛围、善于调节控制情感、摆正孩子在家庭中的位置、正确树立教育威信等。

三、要求适度的原则

由于家长的文化教养、职业状况、精神面貌、生活方式等各有差异，在家庭教育指导中要注意对家长提出的要求切合实际，是家长的能力和物力所能达到的，不苛求，不硬性指派。在指导家庭教育的内容和方法时，幼儿园要注意科学性，使其符合幼儿身心发展的基本规律和幼儿教育发展的客观规律，做到理论联系实际，既有科学性又有通俗性，注重实效。

在贯彻这一原则时，要注意向家长传授的知识，既要正确、准确，又要深入浅出，生动有趣，操作性强。例如，在指导家长开发幼儿智力的时候，指导者不仅要说明观察力是幼儿智力活动的窗口，对幼儿智力的发展影响很大，而且还要把一些具体实用的方法介绍给家长。①激发孩子观察的兴趣：兴趣是孩子观察事物的动力，家长应根据孩子好奇心强、求知欲旺的特点，指导孩子观察大自然的变化和社会生活的发展。例如，让孩子观察哪种树的叶子最先变绿，马路上哪种型号的轿车最多，都会激起孩子观察的兴趣。②教给孩子观察的方法：家长要教给孩子观察事物的一些基本方法，如从上到下、从左到右、从里到外，从整体到部分等。例如，家里买来了一条鲫鱼，家长先教孩子进行整体观察：鲫鱼的形态呈菱形，分头、躯干、尾 3 部分。再教孩子作局部观察：头部前端有口，能张开闭合，头部两侧有眼睑，不能闭合，眼的前面有两个鼻孔，头的两侧各有一片鳃盖，鳃盖后边掩住鳃孔，能开闭，与口的开合互相配合，让水不停地由口流入，由鳃排出。③参与孩子的活动：幼儿活泼好动，家长应给孩子提供各种活动的机会，并尽可能多地参与孩子的活动，让孩子在活动中进行操作，直接观察事物的变化，认识其属性。比如，家长和孩子一起动手，用纸片制作一个长方形、一个正方形，然后让孩子仔细观察，进行比较，找出它们的相同点（都有 4 条边，4 个角都是直角）和不同点（正方形的 4 条边相等，而长方形只有对应的两条边相等）；它们还可以相互转化，当长方形的长和宽相等时（先用尺量，再剪去长的部分），长方形就变成了正方形。④发挥语言的调节功能：孩子的观察活动离不开父母的语言指导。家长要充分发挥语言的调节功能，吸引孩子的注意力，教会孩子观察，并评价孩子观察的结果。为此，家长的语言应该简明扼要，重点突出，有较强的针对性。例如，带领孩子参观动物园时，家长引导孩子观察猫头鹰，应用语言提示孩子注意其眼睛、嘴、爪子等。

四、双向反馈的原则

学前教育机构在开展家长教育时，要变幼儿园的单向宣传为家园双向沟通，既要向家长宣传科学育儿的信息，也要努力收集家长反馈的信息。这些反馈无论是积极的还是消极的都要认真分析处理，以便加强家园教育的相互促进，相互沟通，互通有无，协调配合，形成教育的合力，保证孩子的身心健康，从而形成指导—实施—反馈—再指导的良性循环。

贯彻这一原则时要注意以下几点。

一是让家教指导内容来源于家庭教育工作实际，以家长家庭教育实际中存在的问题为突破口，使家长因为了解熟悉而便于分析、思考、探讨和处理。

二是采用便于家长主动参与的家教指导活动形式与方法，提供让家长相互学习、相互提高的舞台。例如辨析会上家长的针锋相对、唇枪舌剑；家庭友好小组中家长的组织协调能力；经验交流会上家长的滔滔不绝；座谈会上家长的精彩发言等，都充分体现了家长的主体地位，发挥了家长在家教指导活动中的作用。

三是提供"回音壁"等家长反馈专栏，让家长对家教指导活动提出宝贵的意见和建议，直接参与家教指导活动的策划与构想，这又从另一个角度突出了家长的主体地位。让教师、家长、幼儿都参与到家教指导活动中，教师是家教指导活动的组织者，家长是接受指导的对象，幼儿又是家长施教的对象，幼儿能力水平的发展情况能剖析和指导家长的家庭教育方法，家长的行为及时给教师提供了采用何种家教指导方法的依据，三者相互影响、相互促进，全员参与能使家教指导活动的质量更上新台阶。

案例 8-2

班级中有一个孩子叫小豪，老师留的作业从来不带到幼儿园来，老师跟妈妈说过很多次孩子不认真学习，可是妈妈听后总是支支吾吾，红着脸就走了。老师每次批评小豪的时候，小豪总是说故事讲了，妈妈就是不肯帮他记录。

老师十分困惑，不知道孩子为什么从不带作业，批评、交流都收效甚微。别的家长在提醒后都能帮助孩子完成老师的要求。难道是小豪的妈妈不认同老师的教育理念？还是什么别的原因呢？老师仔细回忆，发现小豪的家园联系手册上的字歪歪扭扭，而且很难看，还经常有空着的项目，填写的内容也有很多错别字。职业一栏上老师发现家长填写的是"无业"，文化水平填写的是"小学"。和小豪妈妈吞吞吐吐的样子联系起来，老师恍然大悟，原来是因为家长的文化水平低，记录孩子复述的故事和诗歌时有困难。老师主动找到小豪，告诉他以后老师帮他记录想法。小豪的妈妈非常感动。

第三节 学前教育机构家庭教育指导的内容和途径

一、学前教育机构家庭教育指导的内容

学前教育机构家庭教育指导（主要是幼儿园）一般有以下方面的内容。

（一）关于幼儿身心发展规律和特点的知识

这里所讲的"规律"和"知识"首先包括幼儿期一般的发展特点和规律，如喜爱大

自然的天性、具体形象的思维特点、经验虽贫乏但求知欲旺盛、好奇心强等。其次，包括各个年龄阶段幼儿的发展特点与规律，如3~4岁、4~5岁、5~6岁幼儿的身心发展特点与规律。最后，是幼儿的个别特点与实际水平。如有的幼儿性格内向敏感，有的则活泼开朗；有的喜欢阅读，有的则喜欢动手操作，适合动作性学习等；有的幼儿语言水平低于同龄孩子的水平等。只有了解这些特点和规律，才有可能进行恰当的教育。

（二）幼儿园教育的有关知识

幼儿园教育的有关知识包括幼儿园教育的依据、目标、任务、内容、特点、方式，以及伴随社会发展和教育改革的幼儿园的改革动向与要求等。目的是家长了解后，能对幼儿园教育达成理解，有效支持、参与幼儿园的教育，并对幼儿园教育起一定的监督作用。

（三）更多地掌握家庭教育的知识

家庭教育的知识包括家庭教育的功能、特点、任务、内容、原则、方法艺术、影响家庭教育的因素、家长教育素质和能力的提高、家庭教育中现存问题的分析与解决等。这一部分内容在实际中有较大需求，是指导的重点内容，要指导家长树立科学的儿童观和教育观。

（四）家园合作共育的知识和要求

家园合作共育的知识和要求包括为什么要实施家园合作共育，怎样实施，包括家长对家教指导怎么认识，了解家长参与幼儿园教育的权利与义务等。

（五）围绕社会热点问题和幼儿园中心工作与家长交换意见

现在，社会发展迅速，教育改革活跃，新生事物层出不穷，人们的思想、价值观念也趋于多元化，对许多教育问题非常有必要进行共商，以便达成正确的共识。如社会上各种儿童教育方案繁多，幼儿园要不要开蒙台梭利班，要不要孩子学珠心算，还有学英语的问题，等等，许多家长跟风而动但却不明事理。幼儿园都可以与家长商讨，首先使家长明了这些事情的实质，形成正确的看法，再商量如何运用科学的方式和内容去促成孩子真正意义上的发展。

（六）有关儿童保护和教育的法规政策和文件

家长作为幼儿的法定监护人及第一任老师，法盲是不行的。要让家长知法、懂法、遵法而行，从而知道自己在孩子的养育上应该做些什么，怎么做，这在21世纪里特别重要。如联合国《儿童权利公约》以及《中华人民共和国未成年人保护法》《幼儿园教育指导纲要（试行）》，还有一些有关孩子伤害事故的处理规定一类的文件，家长都有知晓的必要。这样，一方面可以使家长更好地履行自己的责任和义务，另一方面出了问题方便处理，特别是幼儿伤害事故的处理。幼儿园应通过恰当的指导形式来进行这一工作。

（七）指导家长提高个人的一般素质和教育素质

现在我们越来越频繁地闻知"家长教育"一词，它比"家教指导"更能让人感受到这样一个道理：家长要履行好教育子女的使命，就必须自身接受教育，即"教育者先受教育"。家长个人的一般素质，如文化素养、道德修养、行为方式等，均对其教育素质有相当的影响。这些素质其实就是对孩子潜移默化的影响素质。比如，家长很注意爱护公共场所的环境，这本身就是对孩子的有力的积极影响。因而，家长作为孩子的第一任和终身教师，首先应该提高自身的做人素质。

在强调提高家长做人素质的同时，还必须注重其教育素质及能力的不断提高。家长需要了解教育方面的相关专业知识，树立正确的儿童观和教育观，掌握科学的教育方式方法，不断提高自己有效促进孩子健康发展的教育能力。我国著名儿童教育家陈鹤琴指出："父母，不是容易做的，一般人以为结了婚，生了孩子，就有做父母的资格了，其实不然。做父母的，要想把孩子养得好，在未做父母之前，应该问问自己：是否懂得养孩子的方法？有什么资格做孩子的父亲或母亲？怎样养育孩子，使得孩子身心两方面都充分而又正当地发育？这些，都该弄得明白，才配做孩子的父亲或母亲。"

二、学前教育机构家庭教育指导的途径

学前教育机构家庭教育指导怎么去进行呢？首先要借助于一定的途径和形式。多年来，学前教育机构在家教指导实际工作中，探索出了多种多样的途径和形式。下面介绍常用的几种。

（一）家庭教育讲座和报告会

幼儿园应定期请儿童保健专家、心理专家、教育专家开设讲座，也可由园长、老师、家长自己主讲；把重点放在儿童的全面发展上，或放在家长素质的整体提高上；采用讲授为主、答疑为辅、先讲后答或边讲边答的形式；在讲座中亦可以穿插必要的家长讨论环节；讲座人可与家长坐成秧田式、半圆式、圆圈式。幼儿园如果是有计划地组织、系统地向家长介绍学前教育的相关知识，提高家长的教育能力，那么这种形式就成为家长学校。

1. 讲座前

在开办讲座之前，学前教育机构要向家长公布详细的计划，便于家长适时参加，也可以将一次的讲座主题内容提前通知家长，这样便于家长有所准备，可以事先找出自己家教中的问题向讲座人请教或与其他家长讨论。

2. 讲座中

报告人要做到报告具有时代性、系统性、针对性、家庭性、实践性和通俗性。即不仅要讲家庭教育的理论、原则，还要讲家庭教育的途径方法、操作策略，注意理论联系实际，注意观念、做法符合时代要求；对家庭教育的基本概念、基础知识，既要科学地讲解，又要深入浅出，易于为家长所接受。也就是说，报告人在熟悉教育理论的同时必须熟悉家庭教育的实际，掌握大量的例子。

3. 讲座后

园长要通过各种渠道如家长委员会、班级老师意见箱、网络等了解家长的反映，及时获取反馈信息，做出效果评价，及时改进，以不断提高讲座的质量。

如果是幼儿园领导或骨干教师来开讲座，应认真备课。

1）讲什么。范围很广，可以是幼儿身心发展的特点，家庭教育的基础知识，家庭教育的具体做法，等等。一般应有系统性，也可以根据家长家庭教育中存在的较普遍的问题、较关注的问题等单个确定，如儿童早期的特长培养问题，早期阅读的开展等。

2）找资料。针对讲座的主题广泛查找资料，把握科学的理论观点，掌握一些有效的经验做法，并了解当前家庭教育实践中这方面的实际情况（特别是存在的问题）。

3）写稿。要在讲稿中明确主题的论点是什么（正确的与错误的）；目前家庭教育中的实际情况是怎样的（将现象或做法总结为几条并举例说明）；应当怎样做（具体说明，借助于家庭教育中的实际例子教给家长具体的做法）。

（二）家长会

家长会一般是学期初、中、末固定开办，另外在需要时随时举行。例如，要家长配合搞一个主题活动。任务可轻可重，既可要求家长做记录、认真思考、主动发言，也可只要家长听；对象可分可合，可分类召开，如父亲家长会、祖辈家长会、溺爱型家长会、高学历家长会等；规模可大可小，可以全园或班级（包括各班和整个级部）为单位。

1. 全园或级部家长会

主持者：全园家长会可由园长统一讲，或园长讲后再分级部、分班进行，由级部组长主持。

内容：学期初、期末固定的家长会一般是向家长常规性地介绍新学期的目标、教育活动安排等，并对家长提出相应的要求，同时征求家长的意见和建议。中间随机举行的家长会就是围绕某个主题，如幼儿园准备搞生成课程，就把什么是生成课程、对孩子有何好处、准备怎么搞、家长如何配合开展等向家长介绍一下，并征求家长的意见，使家长的观念与幼儿园同步，争取达成共识。

2. 各班家长会

主持者：带班老师一个为主一个为辅，或分开内容，分别主持。

内容：学期初、期末固定的家长会同全园家长会。这种家长会是有主题的，如"家长如何对待孩子的提问"（主题是根据本班实际情况确定的），一般老师引出话题，并注意让家长自由发言，谈谈他们的做法，提出问题，还可以进行一定的讨论。

不管是哪种家长会，主持者最后要作总结，把会议的主要内容、主要结果概要地强调、总结一下，使家长更明确，特别是一些正确的结论。主持者还要注意不要照本宣科，讲话要自然，要和家长有充分的互动。

（三）辨析评论会

辨析评论会是指在家教指导工作中，指导人员创设一定的情境和机会，鼓励家长对一些有争论的价值观、教养态度、方法发表自己的看法，引导家长在讨论或交流过程中思考，在比较和衡量的基础上做出选择并实践自己选择的一种家教指导模式。它以价值观指导为基础，创设诱发社会认知冲突的客观情境，促使家长在争论和辨析中主动寻求、选择正确和合适的方案，逐步影响家长的观念和行为。

辨析评论会的基本程序和要点包括以下内容。

1. 确立指导重点

在制订家教指导方案前必须开展深入细致的调查研究工作，了解家长的价值观、教养态度、文化修养、性格特点和家教行为方式，了解家长对指导工作的需求，收集典型的家教实例。调查的方法，一是通过对家长的访问交谈、问卷等形式了解信息；二是通过对幼儿发展状况的观察测量及与幼儿谈话等了解家长的一些家教情况，以此作为进行指导的依据。收集大量的信息后要作深入的分析，在此基础上确定家教指导工作重点。

2. 制定指导目标

在确定指导目标时，既要有针对家长而言的直接目标，又要有针对幼儿而言的间接目标。否则，如果单有直接目标，会使指导工作缺乏固着点，而仅有间接目标则会无法检验家长家教水平的提高。鉴于以上思考，在制订目标时，一方面，要考虑家长文化水平、性格、家教行为特点和需求等实际情况；另一方面，还要以幼儿教育的总目标为依据。这样，才能使家教指导和幼儿教育总目标方向一致，两者既相辅相成，又彼此独立，不可替代。当然，有了直接和间接目标后，还要考虑目标的层次性，由易到难循序渐进，形成系列。

3. 选择内容主题

辨析式家教指导模式蕴含着争论与交流、比较与衡量、选择与实践，而其中的焦点则为"有争议的价值观、教养态度与方法"。如果选择的内容大家已有共识或不存在争议，那么，所谓辨析活动也就失去了开展的意义。因而，在根据指导目标选择辨析活动的内容与主题时，首先应考虑该主题必须是家长关心的热点问题，能激发家长的兴趣，使他们积极地投入到活动之中。其次，该问题应蕴含着有争议的价值观，家长对它持有不同的看法，能引发家长的讨论。再次，应考虑各主题内容的连续性与层次性，即该主题既是上一主题的延续和深入，又可为下一主题的开展提供基础与条件。从而使家长在观念、态度、行为、方法等方面获得较为全面、深入的认识。

4. 创设冲突情境

目标与内容确定后，要使指导活动充满吸引力，使家长饶有兴趣地参与其中，必须引发家长认知的需要、兴趣，造成家长认知上的冲突。而要创设冲突的情境，刺激物的选择呈现则是其中一个重要环节。因此，必须根据具体的目标、内容进行精心设计。它可以是小品表演、实况录像片断、一个故事或一段轶事，也可以是一个问题，但这里面同样要蕴含着争议性，能引发家长积极思考，对问题作广泛、深入的讨论。从而在解决矛盾和冲突的过程中，去调整和改变原有的认知结构。

5. 引导家长辨析

1）更新观念，营造平等互动的活动氛围。在辨析活动开展过程中，指导者必须更新观念，摒弃居高临下、我讲你听你执行的支配型的指导态度，认识到自己与家长之间的平等地位和合作伙伴关系，努力以参与者的身份投入其中，在活动中自始至终抱着真诚、理解、受纳、与家长共同探讨某个问题的态度，认真听取家长的发言，对家长的观点不时给予肯定与赞赏，从而在教师与家长平等融洽的氛围中，在大家畅所欲言、各抒己见的前提下，使辨析活动顺利展开，获得良好效果。

2）明确目标，将辨析讨论引向深入。指导者在开展辨析活动前应依据总目标，联系活动主题，制定具体、明确、可操作的活动目标，并了然于胸，从而在活动中更好地引导家长展开讨论，为目标的有效达成而努力。

当然，目标的制定虽然给活动指明了一定的方向，但要使活动更为有效地开展，指导者还应对目标有个清晰的了解与把握，明确辨析讨论的深入程度与目标达成的关系，从而在辨析活动过程中引导家长逐步达成目标。例如，在"要不要让孩子时时处处争第一"为主题的辨析活动中，家长们围绕着"要"与"不要"展开了激烈的讨论，各自表述了自己的观点。从表面上看，活动的目的已基本达到。但指导者感到离目标——要求家长能够辩证地看待"争第一"有距离，于是进一步引导："刚才大家谈得很好，但也提出了一些新问题。比如，提出一定要让孩子争第一的家长认为，如果对孩子没有要求，任其自然发展，那么孩子将缺乏进取心，国家也难以培养众多优秀的可用之才；而提出不一定要让孩子争第一的家长则认为，一味要求孩子争第一，会使孩子的心理承受过大的压力，不利于培养孩子健全的人格。对这些看法您是怎么想的，又该如何正确地对待争第一呢？"从而促使家长更为深入地思考，得出"争第一要根据孩子的能力与特点""争第一更要注重过程""争第一关键是要引导孩子超越自我""在引导孩子争第一的过程中，要注意纠正孩子的不良心态"等结论，使活动更具实效。

3）积极参与，灵活恰当地运用指导策略。指导者除了在活动前理清思路，设计好讨论的关键问题外，还应考虑家长的心理、心态和接受方式等诸多因素，在活动中采用合适、恰当的指导策略，根据家长在辨析讨论时出现的不同情况，灵活、机敏地做出不同的反应。指导者要在活动前：加强学习，汲取、了解与主题相关的理论知识及信息；注重调查，知晓家长的所思所想、所需所求，掌握第一手资料。活动中：集中注意，倾听家长的表述；积极思考，迅速将家长的观念与想法提炼、归纳；及时调控，对家长的发言作适当的牵引。活动后：注意观察，引导家长实践自己的选择；认真分析，探究家长的实践行为成功与失败之原因，从中找出新的问题，确立新的目标……这样，才能使自己在辨析活动中发挥更大的作用，也才能使辨析活动获得更好的效果。

（四）家长园地

幼儿园设置宣传栏、展览台、黑板报、陈列室，展示对家长有益的教育书刊和辅导材料，书写家庭教育的小常识，公布幼儿园的作息时间表、食谱、收费标准、集体活动要求及图片等，使家长能根据自己及孩子的实际情况和具体要求，有选择地进行观看，重点学习和观赏。比如，家长看到黑板报上"如何培养孩子良好的学习习惯"的标题时，想到自己家的孩子学习习惯较好，就可不去细看其具体内容；当家长看到旁边的"如何给孩子过生日"这一标题时，觉得很有兴趣，就可仔细阅读其具体内容：①首先正确处理物质需要和精神需要之间的关系，根据孩子的年龄特征赠送礼物。比如，2～3岁的孩子过生日，父母可送些娃娃、炊具、汽车、积木等，鼓励孩子爱惜玩具；4～5岁的孩子过生日，父母可送些图书画册，如《看图说话》《365夜》等，以培养孩子认识事物的能力，激发孩子的求知欲，诱导孩子良好的品行。②兼顾孩子的个性特征。如果孩子喜欢唱歌、跳舞，父母可让孩子在家里进行歌舞表演，或和父母一起唱卡拉OK；如果孩子爱好绘画，父母可在家里为孩子举办个人画展；如果孩子对汽车感兴趣，父母可带孩子到外面观看来来往往的各种车辆。③根据孩子的发展状况，补缺补差。如果孩子有挑食的毛病，父母可给孩子讲讲"大力士"的故事，使孩子意识到要想做个健壮有力的人，就得多吃各种各样的蔬菜，并鼓励孩子就餐时尝尝生日蔬菜面条的美味；如果孩子不太合群，正好可利用这一契机，培养孩子的合群性，鼓励孩子邀请邻居的小伙伴来参加生日晚会，让孩子和小伙伴一道吹蜡烛、吃蛋糕、看图书、玩玩具等，体验大家一起玩的乐趣。

在陈列室里，既有教师风采照片、种植的盆花、制作的教具、摄影图片，也有幼儿的绘画作品、自制的玩具、观察气象日记、歌舞活动照片等，父母如果想激发孩子制作玩具的兴趣，培养孩子的动手能力，就可带孩子一起参观教师制作的教具和幼儿同伴自制的玩具。例如，用麦片盒和吸管做出的电视机，用牛奶盒、瓶盖做成的机器人，用快餐盒、塑料绳制作的手提电脑等。

教师也可在自己班级门外的墙壁上开辟一块空间，作为家长园地，定期向家长介绍教育的目标、内容、形式、方法，可以是某个学科的教案，也可以是某个主题教育活动的设计。

（五）家庭教育咨询

家庭教育咨询是帮助家长释疑解惑的有效途径，其形式有个别咨询、团体咨询、电话咨询、宣传咨询、现场咨询等。幼儿园在进行家庭教育咨询时，可请有经验的教师或专业人员，专门接待家长，帮助家长分析孩子存在的各种问题，提出一些教育上的建议。例如，在现场咨询时，有位母亲提出"孩子喜欢听故事，但我不知道如何给孩子讲故事才能使孩子受到更好的影响"的问题，负责咨询的专家、教师就教给她一些简便易行的措施：①根据孩子心理发展的特点和教育的目的来选择故事的内容。多给孩子讲童话、寓言，不讲那些带恐怖色彩或低级趣味的故事。②把讲故事的过程变为拓宽孩子视野、发展孩子智力、培养孩子品德、提高孩子美感的过程。既要选择内容健康的故事，也要考虑怎样讲才最有教育效果。一般而言，可用边讲边提问的方法进行。这样，就能吸引孩子的注意力，使孩子的思路紧紧跟随着故事的情节，发展思维能力。为了培养孩子的想象力、创造力，父母还可在故事达到高潮时突然停下来，鼓励孩子讲下去，给故事编几个结尾。另外，在故事讲完以后，让孩子加以复述，以增加孩子的记忆力，促进孩子口头语言的发展。③要选择适当的时间来讲故事。在孩子休息、娱乐、学习时可给他讲故事，不要在孩子吃饭、睡觉时给他讲故事，以免形成不良的习惯。

家庭教育咨询还应建立档案，把家长提出的问题、教师的指导建议等方面的信息记录在档，以保存原始的资料；对接受过咨询建议的幼儿进行跟踪调查，以了解这些教育建议的效果和幼儿的发展情况，为提高家庭教育咨询的质量服务。咨询档案一般应包括以下几个方面的内容：咨询人、咨询的问题、咨询的时间、咨询的地点、解决问题的人、解决问题的办法、教育效果等。

（六）家庭访问

家访是幼儿园教师走出园外进行家庭教育指导的独特形式。教师通过家庭访问，能更深入地了解幼儿在家庭中的情况，和家长共商教育对策。这种指导形式虽然花费的时间多，但效果却更好，能给家长实用、有效的帮助。

教师一般在幼儿园的新生来园报到前，要进行家访。家访前，教师要对幼儿父母的职业、工作单位及文化程度有个大致的了解，对家访的内容做粗略的安排，还可设计一些图表，便于家访后记录和分析。家访中，教师可与家长交谈，了解幼儿的个性特点、行为习惯、兴趣爱好和家庭教育方面的情况，并对孩子的入园准备工作进行必要的指导。此外，教师可把带来的写有班级的幼儿的标志牌、表示欢迎的小红花送给幼儿，再向幼儿发出邀请，请他下周一戴上小红花，和爸爸妈妈一起到幼儿园来玩。

当幼儿出现了一些不良行为，或有很好的表现的时候，教师也要进行家访，以消除隐患，或强化幼儿的良好行为。教师对表现不好的幼儿进行家访，并不是去告状，希望家长责骂、痛打孩子一顿，也不是去"兴师问罪"，责怪家长，而是为了及时向家长反映孩子身上所存在的问题，和家长一起寻找解决的办法。例如，教师对家长说：洁洁小朋友在班上很遵守纪律，与小朋友团结友爱，大家都喜欢她。最近我发现她在玩"娃娃家"游戏时，喜欢打"娃娃"，边打还边说"打死你，打死你"。她是个很懂事的孩子，在班上，不论什么事情，只要老师用眼神示意一下，她就心领神会了。我不知道她在家里表现如何，但我总觉得打孩子不妥当，特别是对她这样敏感的孩子，根本不能打，她把什么不快乐的事情，都埋藏在心里，只能在游戏中进行发泄，这样下去，对她性格发展很不利。父亲听后，觉得很内疚，向教师坦言：最近自己工作上遇到了点不顺心的事情，心情不太好，所以，女儿撒娇不听话时，自己就显得不耐烦，动手打过她几次，没想到对孩子会有这么大的影响，今后一定注意克制自己的情感，请老师放心。

同时，教师进行家访，也能得到更多的关于幼儿及其家庭的感性知识，为设计日后的教育活动奠定基础。例如，教师在一个小朋友家里发现，他的卧室墙壁上贴了许多用英文字母组成的图画。家长解释说，儿子喜欢学英语，也喜欢画画，这都是儿子自己动脑、动手的杰作。教师除了夸奖孩子想象力丰富、动手能力强以外，还在班上开辟了一个英语活动区、一个绘画活动区，使幼儿有更多的机会发展自己的兴趣爱好。

此外，教师在家访前，要和家长预约好，既不做"不速之客"，也可避免"铁将军把门"，吃"闭门羹"。

（七）家长开放日活动

学前教育机构的开放活动，欲达到丰富家长的感性知识、帮助家长深刻了解孩子、全面认识教育活动、掌握教育规律的目的，不仅要妥善安排开放的时间（可以固定，也可以不固定；可以由园所决定，也可由家长自己决定；可以是一天的，也可以是半天的、几十分钟的；可以是几个环节的，也可以是一个环节的），而且要全面考虑开放的内容（让家长观看环境的布置、教育教学活动、儿童自由活动），此外还要正确评价开放的效果，不追求表面上的热热闹闹，而是看家长的教育能力是否真正提高。

评价能力是家长教育孩子能力的一个重要组成部分，联合国教科文组织将各国教育人员有无相当的教育评价能力，作为评价一个国家教育效能的标准之一。学前教育机构重视培养家长的评价能力是十分必要的，通过实验研究，可从以下几个方面来施行。

第一，为家长设计一份观察记录表，使家长明确该看什么、如何看，且能根据统一的标准进行评定；观察、评价的项目应比较简单、适中，不至于使家长感到繁琐、复杂，视之为负担，而不愿意去评价。

第二，要求家长如实记录孩子在各种活动中的表现，始终保持实事求是的态度，不凭主观印象、个人情感主观臆断，客观观察孩子的外部表现，如言语、行为、动作、表情，不干扰孩子的活动，真实记录所观察到的情况，使所记录的材料真实可靠，以提高评价的科学性。

第三，把家长的记录表加以汇总。按班级、年级进行各项统计，再把结果公布出来。例如，小班幼儿在 30 分钟之内独立吃完午餐的所占比例是多少；中班幼儿做操时动作合拍的所占比例是多少；大班幼儿回答教师提问时声音较响亮的所占比例是多少；等等。使家长做到心中有数，知道自己的孩子跟其他孩子之间的差距，知晓自己的孩子是在进步，还是在退步或停滞不前。

第四，对家长进行指导。评价要与指导相结合。对什么问题进行评价，就应该对什么问题进行指导；评价后必须加以指导，否则就失去了评价的意义。可根据家长的实际情况，采取分层指导（如对小班幼儿家长的指导与对中班、大班幼儿家长的指导分开进行），分类指导（如召集不举手发言的幼儿的家长开座谈会，使他们知道孩子举手发言是爱动脑筋的表现，有利于孩子语言能力和思维能力的发展，要求家长在家庭生活中鼓励孩子发现问题，提出问题，并找出解决问题的多种方案），个别指导（如有的小朋友吃饭很慢，又不能做到"三净"，老师就教给家长几种"绝招"，请进餐习惯好的幼儿的家长向进餐习惯差的幼儿的家长传授经验）。

第五，组织家长进行交流。开放活动结束以后，还应组织家长进行交流，让家长以口语或书面语的形式表达自己的真情实感，称赞好的地方，指出不足之处。

（八）亲子活动

亲子同乐活动是亲子之间相互沟通、共同学习、一起成长的载体，为家长提供了实践、交流、思考、提高的机会。以家长和孩子为主体，使孩子和家长之间、家长和家长之间进行互动，大大提高了家教指导工作的针对性、实效性。亲子同乐活动大致经历前期准备、活动过程和后期交流这三个阶段。

亲子同乐活动的设计任务由教师承担。教师通过日常观察，了解家长现阶段在家庭教育方面的共性问题，通过对现象和成因的分析，确定问题的症结，决定家教指导工作的近期目标和具体的亲子活动目标，进而制订具体的活动方案，包括内容的选择、程序的安排和参与对象的确定（例如，是邀请父辈还是祖辈参加？是邀请妈妈还是爸爸参加？）等。使方案尽可能周密，详尽，活动的内容和结构能呈现较强的针对性和指导性。

活动方案形成后，首先是通过不同形式向家长传递信息。如由幼儿出面向家长发邀请信或通过家园小报、家园之窗向家长介绍活动的目的、内容、组织形式……让家长做好时间安排和心理准备。然后通过回执或个别交谈了解家长对本次活动的态度。

了解家长对活动的理解和接受程度。通过细致的工作引起家长对亲子活动的足够重视，鼓励家长有备而来。如果家长对活动不了解，不接受，在亲子同乐活动中，家长的主导作用根本无从发挥，只能盲目、被动地接受老师的安排，最多做个用心的助教。家长对活动了解得越多，在活动中越是自信、主动地介入，对老师的指导也较为敏感。

了解家长在活动中可能出现的反应，收集建设性的意见，在此基础上进一步修改完善活动方案。

在前期准备中，教师是活动的核心人物，用直接指导的方式对家长进行组织、指导。在亲子同乐的活动过程中，家长是活动的直接指导者。根据事先的设计、活动的进程和孩子的现场反应不断地调整、实施计划。教师是活动的组织者、观察者和支持者。在活动过程中，家长和孩子是主体，促进家长和孩子、家长和家长之间的多方互动是亲子同乐活动过程中的首要任务。

每次亲子同乐现场活动结束后，家长、孩子都会有意犹未尽的感觉，有遗憾想找人倾诉，有喜悦想和别人共享，有疑问想与人探讨。在这种情况下，善于做家教指导工作的教师就会通过问卷、谈话来补充自己的观察，并对家长的指导行为作客观的分析，从中找出有价值、可分享的共性问题，组织家长进行交流、研讨。通过对家长的教育实践的理性分析，在研讨中变个体经验为集体智慧，变无意行为为有意指导。

这是一个提炼、升华的过程，许多朴素的想法、不经意的成功通过集体的加工，提炼为有效的指导策略，上升为正确的观念、意识，有效地提高了家长科学育儿的意识和能力。

（九）电话访谈

随着现代通信工具的普及，每个孩子家里都有电话，每个家长也基本都有手机，在社会进步、竞争日益激烈的今天，家长们或工作繁忙，或忙于生计，生活节奏加快，人们更习惯于用电话联系。电话访谈就成为教师与这些忙碌的家长沟通的最有效手段，最直接方式。首先，教师可把自己家的电话号码告诉家长，便于家长有事联系。例如，有位幼儿的父亲晚上拨通了教师家的电话，他说："下午接儿子时，没好意思当面和你讲，现在想在电话里说一下：每次孩子玩积木时，都那么几块，搭什么都不够，如搭'电视塔'，也只能搭个两三层，以后请老师多给几块积木，不知行不行？"教师感谢他及时把情况反映出来，并表示以后想办法多给孩子提供游戏材料和玩具。其次，教师要把全班幼儿家庭的电话号码记录下来，以便相互沟通。例如，有位幼儿生病在家，几天未来幼儿园，教师就把生病幼儿的情况及其家中的电话号码写在小黑板上，请家长们晚上让自己的孩子给生病的同伴打个电话，以此学会关心别人。晚上教师先给生病的幼儿家中打了个电话，了解孩子的病情，告诉家长：班上的小朋友都很想念他的孩子，今天晚上会有几个小朋友给他家打电话，请他让孩子接电话，使他感受到集体的温暖。并要求生病的幼儿在家中听爸爸妈妈的话，按时吃药，并祝他早日康复，早点来幼儿园。整个晚上家长和生病的幼儿都很激动，母亲说："家里的电话都成了孩子的热线电话了。"孩子也恨不得明天就去上幼儿园。再如，廷廷是班上十分出众的女孩，可是在汇报演出的排练中，她显出很不高兴的样子。一首上小班时就会的英文儿歌，她竟无法熟练地表演。晚上，老师便对她妈妈进行了一次电话访谈。在电话中，教师将孩子表演节目和汇报演出的要求和廷廷妈妈讲清，请她试着了解孩子的心理状态。第二天一早廷廷妈妈的电话来了，在电话里她告诉老师，廷廷是因为没有报幕在闹情绪。老师又询问了他们的处理态度和现在的情况，廷廷妈妈告诉老师她是这样问廷廷的："你参加表演几个节目？（3个）如果每个人都又报幕又表演3个节目，那么妈妈要从下午3点看到晚上8点，妈妈那么忙会有时间吗？"廷廷听了不作声了。早上她主动念起了儿歌。对廷廷妈妈的正确做法老师在电话里给予了肯定和赞同。这件事让老师感到孩子的心理十分脆弱，在老师面前有时会很拘谨，在捕捉孩子的心理变化后，可以及时通过电话访谈了解孩子的心理，和家长一起进行有针对性的教育。

电话访谈有其特点，方便、快捷，能够经常进行，能及时让老师家长双方交流掌握学生的思想、学习、行为表现的动态，共同讨论双方解决问题、教育孩子的办法。但是电话访谈因为只闻其声不见其人，因而又有其局限性。这就要求我们在电话家访时应注意以下问题。

1）电话访谈要选择适当的时机。电话访谈很便捷，但不能不分场合，不分时间地进行。最好是选择孩子不在父母身边的时候进行，以免让孩子陷入尴尬的境地，或让孩子陷入不安甚至恐慌的情绪中。要尽量选择家长下班以后的时间，让家长有充足的时间和平静的心态跟老师交流。

2）电话访谈的内容要充分准备。电话访谈很便捷，但绝不可随意。打电话之前最好要做充分的准备，该说什么，不该说什么，孰先孰后，孰轻孰重，尽可能地把话说完整，说全面。既要反映孩子的问题，告诉家长在教育过程中要注意的问题，又要让家长知道孩子的闪光点，看到孩子的进步和教育的希望，避免告状式的家访。

3）电话访谈要有平静的心态。由于不是面对面的交谈，对方的情绪和表情都看不到，而家长教育子女心切，对老师的话一般都很在意。因此打电话时的语气语调就显得尤其重要。老师要尽可能地用平静的心态、平和的语调把家访的内容告诉家长，与家长进行探讨。也让家长有良好的情绪来教育孩子，来与孩子交流。

（十）网络互动

网络时代的到来，不仅丰富了人们的生活，也为我们探索家园互动新形式带来了契机。当前，拥有电脑并具备上网条件的家庭越来越多，同时，幼儿家长都比较年轻，熟悉并喜欢网络。于是越来越多的幼儿园充分利用网络，搭建家园网络平台，建立幼儿园网站、班级网页，教师也通过 E-mail、QQ、微信等交流工具以多种形式与幼儿家长保持经常联系，这给家长、教师间的交流和联系带来了方便和快捷。网络平台在迅捷反映教育动态的同时，增强了家园的互动性，父母可以及时了解幼儿园的保教情况、孩子在园的表现、应该配合的事项、主题活动教育的内容等；教师可以了解孩子在家庭中各方面表现、兴趣和优势以及家长的教育观等，分别给予针对性的指引和适当的家教指导，有利于开展个别化教育。

由于网络不受时空限制，能让教师和家长进行深入全面的交流，而且可以解决许多年轻家长由于工作繁忙，没机会与老师面对面交流的问题。网络上一对一的方式，对家长教育行为的指导渗透在个别联系之中，指导内容因人而异，具有较强的针对性，也可有效地促使教师、家长用心去发现、挖掘孩子的闪光点，既实现了家园及时沟通，又优化了家庭教育与幼儿园教育。

幼儿园要想有效运行网络平台和家长进行沟通，就要清楚地认识网络平台是把双刃剑。幼儿园必须将家园网络平台的建设当成教师日常工作的重要部分。例如，以班级为单位负责整理家长反映的信息，给予及时反馈，班级内无法解决的要上报园长办公室；以月为单位，总结有价值的帖子分类汇总，作为班级下一步工作的重要依据和班级间相互借鉴、交流的内容；园长信箱有园领导班子轮流值班，对于园长信箱内的意见和建议及时反馈。

第四节 学前教育机构与家庭的合作活动

幼儿园与家庭是幼儿生活中两个最重要的环境。家庭与幼儿园对于幼儿的学习与发展的影响各具不同的特点，家园共同配合，才能为幼儿身心的健康发展创造有利的条件。长期以来，我们在家园关系上，过多强调幼儿园教育的长处（如目的性、计划性强等），用幼儿园教育的优点去弥补家庭教育的不足之处，而很少注意家庭教育的长处与幼儿园教育的短处。国内外大量研究表明，家庭对于幼儿的重要影响是不容忽视的。学前儿童不依靠社会教育机构的帮助，在家庭内也可以受到高质量的教育，但是，社会教育机构缺乏家庭的帮助，却很难做到这一点。对 3 岁以下的幼儿来说，家庭是教育儿童的理想环境，家庭与幼儿园教育的结合才能保证幼儿的健康发展。

一、学前教育机构与家庭合作活动的意义

幼儿园与家庭合作，既有利于幼儿的成长与发展，也有利于幼儿园的教育工作。同时，对于幼儿的家庭与家庭教育也有积极的意义。

（一）家园合作为幼儿身心健康发展创造良好的条件

幼儿园与家庭是幼儿生活与学习的两个重要的环境。幼儿每天从家庭到幼儿园，又从幼儿园到家庭，这两个环境之间就自然发生了联系。这种联系是否有利于幼儿身心健康发展，取决于这两个环境对幼儿施加的教育影响在方向上是否一致。如果来自不同环

境的教育影响在方向上是一致的，那么，就可以相互支持，形成影响幼儿发展的合力。如果来自不同环境的教育影响在方向上不一致，那么就会减弱和抵消各自的教育影响，而且，结果往往是负面的影响多于正面的影响。

家长是教育幼儿的重要力量，家庭是幼儿学习与发展的重要环境与影响源。家庭教育的随机性、情感性等特点造成了家庭教育影响的广泛性、潜移默化性、终身性等特点。因此，只有有目的、有意识地建立与形成幼儿园与家庭之间的合作关系，才能使两个环境之间的联系成为促进幼儿身心健康发展的有利条件。

（二）家园合作为幼儿园教育工作创造有利的条件

家庭作为支持幼儿园教育工作的外部环境因素之一，是幼儿园应当注意利用的宝贵的教育资源。一般来说，家长都很关心子女的学习和教育，他们也乐于支持和配合幼儿园的教育工作。良好的家园合作关系，可以使幼儿园从家长那里获得多种支持，包括人力、物力的支持。家长对幼儿园教育工作的支持，不仅仅只限于配合教师，做好对自己孩子的教育工作，保证教育要求的一致性、一贯性，提高教育工作的效果，还可以表现在直接参与幼儿园的教育活动，丰富幼儿园的教育内容等方面。从事不同职业的家长，可以成为幼儿园开展各种相关主题活动的重要教育资源。幼儿园教师不可能是所有问题上的专家，而不同职业的家长参与幼儿园的教育活动，可以丰富幼儿园的教育内容和幼儿的学习经验。

通过家园合作使家长了解幼儿园教育的内容，理解幼儿园的教育原则与方法，他们也就会支持幼儿园的教育工作，使幼儿园教育能够更好地实施，而不受不必要的干扰与影响。幼儿园常常抱怨家长对幼儿园施加压力，要求幼儿园教识字、教计算等。如果幼儿园能够开门办园，让家长参与幼儿园的活动，了解幼儿园的教育内容与方法，那么，他们会觉察和理解幼儿园教育内容与方法的意义，也就不会再硬要幼儿园教识字、计算了。曾经有位教育专家说，没有家长支持的教育改革，是不可能持久的。只有受到家长认可与支持的课程，才能顺利地实施并取得好的效果。

案例 8-3

　　小宝的爸爸有一天在和老师的聊天中无意透露出了一点想法，他觉得孩子回家总是说不清楚在幼儿园一天的活动，有的时候光听老师介绍孩子在班里的情况不足以让家长知道如何才能更加真实全面地了解孩子。听了小宝爸爸的想法，老师设计了一个区角游戏开放的亲子活动，并且还要家长亲临现场，听听孩子们怎样评价自己的区角游戏。家长们参观后反响非常好，而且也对班里的一些丰富有趣的活动有了更多的了解。有个家长指着老师制作的玩教具说："老师真是不容易，为了孩子们的发展动了太多脑筋。"老师和家长的距离因为这次活动拉近了不少。

（三）家园合作可以密切亲子关系，改进家庭教育

家园合作为促进亲子互动、相互了解提供了新的途径。通过让家长参与幼儿园的教育活动，可以让家长有机会了解自己的孩子在幼儿园的生活与学习，更好地认识自己孩子的特点。同时，也使幼儿有机会了解自己的父母的工作与"本领"，对家长产生敬佩、尊敬的情感。家长和幼儿一起为幼儿园的主题活动收集资料、实地观察，帮助幼儿解决问题，都促进了亲子交往，密切了亲子关系。

通过家园合作，家长也可以从幼儿园获得科学育儿的专业知识，通过配合幼儿园的教育工作，可以提高与改善家庭教育的质量。

苏联教育家苏霍姆林斯基把开始受教育的儿童比作一块大理石，把教育者比作雕塑家，这些雕塑家第一是家庭，家庭中最细致和最有才干的雕塑家是母亲；第二是教师；第三是集体；第四是受教育者本人；第五是书籍；第六是完全未料想到的雕塑家。在教育幼儿的过程中，一切教育因素都是十分重要的，幼儿成为一个体育、智育、德育、美育的完善杰作，有赖于来自幼儿园和家庭创造的各种活动的和谐一致。因此，家园合作使家园双方都受益，最大的受益者是幼儿。父母越关心幼儿的教育，幼儿发展与幼儿园教育的效果就越好。家园合作，可以共同努力，教养好幼儿。

二、学前教育机构与家庭合作活动设计的原则

（一）教育性原则

家园合作活动的设计，要符合幼儿教育的目标，有助于幼儿教育任务和内容的实施，有利于幼儿体、智、德、美的全面发展。

（二）娱乐性原则

家园合作活动的设计，要寓教于乐，使幼儿在轻松、愉悦的气氛中丰富知识，发展能力，增长才干。

（三）适宜性原则

家园合作活动的设计，要从实际情况出发，符合幼儿园和家庭的自身条件、所处的地理环境和人文环境。比如，拥有众多具有音乐才能教师的幼儿园，可和家长一起，开展幼儿音乐教育方面的合作活动；高等学府附设的幼儿园可以就家庭教育的若干问题，开展讨论、辨析等方面的家园合作活动；地处北方的幼儿园，可以利用冰雪这一独特的资源，邀请家长来园和幼儿一起堆雪人、制冰灯。

（四）针对性原则

家园合作活动的设计，要针对具体的情况，考虑幼儿、幼儿园、家长、幼儿教育的需要。例如，针对幼儿怕黑暗、勇敢精神不足这一弱点，教师和家长研讨，利用周末的时间，在园内举办"篝火晚会"；针对家长对孩子娇惯溺爱的弊病，幼儿园和家长一起组织幼儿举办吃苦夏令营活动；为了提高幼儿的社交能力，幼儿园和家长一起安排园外

小组活动，组织住所邻近的孩子结成互学互助对子。

（五）发展性原则

家园合作活动的设计，要考虑幼儿发展的特点和社会发展的现实，使幼儿的发展与社会的发展相适应。比如，我国的一些地方发生了特大洪涝灾害，在抗洪救灾中，军民谱写了一曲曲感人的乐章。幼儿园可结合这一重大的社会教育内容，与家长一同设计"我为灾区献爱心"的活动，开展募捐活动，教师和家长慷慨解囊，捐款捐物，并鼓励幼儿献出自己的玩具、图书、衣服、储蓄罐里的钱，把爱的种子播进幼儿的心间，并使之发芽、开花、结果。

（六）经济性原则

家园合作活动的设计，要注意勤俭节约，本着少花钱、多办事的精神来进行，避免贵族化、高档化。在各种活动中，要注意利用无毒无害的废旧材料、自然材料，不铺张浪费。例如，在开展玩具展览评比活动中，教师和家长都要把视野集中在幼儿通过废旧材料自制玩具这一点上，而不是去购买现成的高档、豪华玩具来参赛、参评。

三、学前教育机构与家庭合作活动方案设计

学前教育机构与家庭合作活动方案，一般包括以下几个方面：活动名称、活动主持者、活动对象、活动时间与地点、活动目标、活动准备、活动内容与形式、活动的具体步骤与过程、活动的评价等。学前教育机构与家庭合作活动的种类丰富多彩，内容涉及幼儿发展的方方面面，下面试举几例。

实例一　家园合作烹调活动方案

（一）活动名称：包饺子
（二）活动主持者：教师、家委会委员
（三）活动对象：大一班幼儿及家长、教师
（四）活动时间：2006年6月1日
（五）活动地点：机关二幼
（六）活动目标
1）教幼儿练习用饺子皮双手对扣包饺子的技能。
2）感受劳动的乐趣，进一步培养幼儿动手能力。
3）增强幼儿自我服务和为他人服务的能力。
4）让家长有进一步了解自己孩子的机会，加深家园情、师生情、亲子情。
（七）活动准备
1）面粉、肉、菜等材料。
2）碗、筷子、勺子、锅等。
3）幼儿在家见过家人包饺子。
4）教师提前一周把活动安排告诉家长。

（八）活动的具体步骤与过程

1）班主任讲话，欢迎各位家长来参加这次的活动。

2）向幼儿介绍说明今天特色活动的内容：包饺子。

3）开展活动：

① 欣赏、观察饺子的外形，启发幼儿相互谈谈奶奶、妈妈以及其他家人平时是怎样包饺子的。

② 鼓励幼儿自己包饺子试试。

③ 幼儿相互讲述自己包饺子的方法。

教师进行小结，并讲解方法：先将面压平，放上饺子馅，然后对折成半圆，最后，把边捏紧，以防漏馅。

④ 幼儿再次尝试制作，比一比与第一次的作品有没有进步。请爸爸、妈妈、爷爷、奶奶等参与协助幼儿，帮助幼儿实现自己的制作愿望，在活动中感受包饺子的乐趣。

4）结束：

① 组织幼儿、家长相互参观彼此的作品。

② 将包好的饺子放入锅里煮熟，体验成功的喜悦。

③ 让幼儿为家长服务，为家长拿碗筷，品尝自己的劳动成果。

（九）活动的效果及评价（略）

（摘自中国儿童教育网，http://www.cnfirst.net/et/yryjzhwg/100019774.html）

实例二　家园合作郊游活动方案

（一）活动名称：到××公园郊游

（二）活动主持者：园长、教师、家委会委员

（三）活动对象：大班幼儿及家长、教师

（四）活动时间：2006年3月17日星期五上午

（五）活动地点：××公园

（六）活动目标

1）激发幼儿运用不同的感官感知与探索周围的自然环境，感受到周围自然环境的客观存在。

2）通过让幼儿观察周围环境，让幼儿能感受到自然环境的美，并喜欢周围环境。

3）开拓幼儿视野，使其增长知识，亲近自然、感受生活，让幼儿在与大自然的接触中感受人与自然和谐的重要，增强环保意识。

4）为父母和孩子创设一个情感交流的机会，增进家长与小朋友之间的亲子感情。

5）通过郊游活动拉近幼儿园与家庭的距离，使家庭与幼儿园的教育融入到一起去。

（七）活动准备

1）活动前通知家长做好准备，给孩子穿上园服，带一套衣服、毛巾、帽子及去游玩所需的物品，自带饮用水等。

2）准备好幼儿来园、离园登记表，郊游时所需的纸巾、药品等。

3）为每一位家长准备一个装垃圾的袋子。

4）教师提前一周把去郊游的日期及安排告诉家长。

（八）活动的具体步骤与过程

1）家长来园集合。做好登记工作，让每位家长都把当天所使用的手机号码写下来。发给家长每人一张郊游须知。

2）家长到齐后，向家长讲述特别要注意配合的地方：A. 一定要注意幼儿的安全，防止走失，不要让幼儿去池塘或水池边玩。B. 全部家长到达目的地后，跟着本班老师，不要自己走开了，统一进园。C. 进园后，要听老师及导游的安排。D. 下午的上车时间是3:30，家长一定要准时到出口外坐车。并且记好老师及园领导的电话号码，有事记得打电话。

3）准备上车，家长进行分组，让家长记住自己在哪一辆车，跟着哪个老师。

4）上车。车上进行爱护环境，保护环境的教育。

5）到达目的地后组织家长进园并再一次统计人数。

6）参观园内的名人雕塑，并请一位家长来向大家讲解。

7）休息时间，让幼儿与家长们坐一起与同伴们分享自己带来的食物，家长指导幼儿把垃圾放到垃圾桶里或放在垃圾袋里，不要随地乱丢。

8）开展爱护环境、从我做起的活动，大家一起把公园草地上的垃圾捡干净。

9）集合准备上车。

10）返回幼儿园。

11）家长登记好离园时间后离园。

12）郊游活动结束。

（九）后续活动

1）语言活动：讲述一位名人的故事，由家长当评委，对每一个孩子的表现进行评价。

2）绘画活动：大组画，教师、幼儿及家长一起画"美丽的××公园"。

3）想象活动：教师、家长鼓励幼儿大胆地想象，"未来的××公园会是什么样子"。

4）家庭活动：多带孩子到大自然中去，让孩子多观察，多说一说自己看到的，家长适当地向孩子讲解。

（十）活动的效果及评价（略）

（摘自儿童教育网，http://down.teacher910.com.cn/et/yryjzhwg/100019539.html）

实例三　中班六一亲子活动方案：参观天华文化艺术中心

活动目标：

1）通过六一节家长与幼儿一起参观天华文化艺术中心，使幼儿对江阴的文化中心有一定的了解。

2）在活动中通过家长引导幼儿一起参观、认识、讲解各个展览馆的内容，增进亲子之间的情感。

3）激发幼儿热爱家乡的情感。

活动准备：

事先发通知，活动前让幼儿看一些天华文化艺术中心的图片，丰富知识经验。

活动时间： 2006 年 6 月 1 日上午 9:00～11:00

活动地点： 天华文化艺术中心（家长带孩子直接到天华广场集合）

活动过程及注意事项：

1）家长和幼儿自愿参加活动，活动当天家长全程陪同，活动中对孩子安全全权负责。

2）可带少量的小零食、水果和饮料等，活动后和大家一起分享。

3）由于天华中心参观的地方较多，所以活动当天由各班教师具体安排各班家长参观的先后次序及集合的地点，活动中家长一定要带好自己的孩子以免走散。

具体安排参观次序：

1）自然标本馆（中一班先参观）。

2）古代史馆（中二班先参观）。

3）刘氏三兄弟纪念馆（中三班先参观）。

4）活动中家长带领自己的孩子一起认真参观并讲解参观的内容，及时做好相关记录，第二天将记录表交给班主任。

活动过程：

1）幼儿和家长在 6 月 1 日上午 9:00 直接到天华广场门口集合。

2）分班级集合后教师介绍天华文化艺术中心的一些展览馆的情况。

① 自然标本馆。

② 古代史馆。

③ 刘氏三兄弟纪念馆。

④ 青铜器馆。

⑤ 明清服饰馆。

⑥ 古代钱币馆。

⑦ 江阴城市展览馆。

3）分成 3 组，分别由老师带领幼儿和家长进入各个展览馆进行参观。

4）观后在 10:30 家长带孩子一起到班级指定集体地点集合，一起分享食物，交流参观见闻。

5）有照相机或摄像机的家长可带去，拍一些照片或录像，留下孩子美好的瞬间。

6）活动结束后家长带孩子回家休息，下午放假半天。

7）附公交车路线：

① 公交车 18 路：杏春站—西门车站—中山站—天华广场

② 公交车 28 路：环西新村—征存中学—平冠桥—青果路—天华广场

附：参观天华文化艺术中心记录表

1）你参观了天华文化艺术中心的哪些展览馆？每个展览馆有什么不同？

2）你最喜欢哪个展览馆？为什么？

3）你在天华文化艺术中心的展览馆里看见了什么？请你说一说，画一画。

4）你带孩子参观了天华文化艺术中心有什么收获？你觉得孩子从中收获了什么？对孩子的成长有什么帮助？

（摘自幼儿教育学科网，http://yejy.jyjy.net.cn/Article/ShowArticle.asp?ArticleID=4664）

家庭教育案例评析

如何处理孩子之间的小矛盾

在幼儿园里，一线的老师常常会碰到这样的问题：孩子小，经常会发生抓、咬、碰伤等情况，如果处理不好，将会引起误会与不满。如何处理好这类事情呢？

案例：咬人事件

刚开学没几天，新生骏杰在午睡醒后等待起床之际，一连咬了晶晶数口，有的地方甚至被咬破了皮。见此情景，陈老师和阿姨心疼不已，连忙帮着上药、冷敷，安抚晶晶情绪。晶晶是一个十分乖巧听话的小女孩，被咬成这样还一声不吭，不哭不闹。老师在心疼之余，又相当愧疚，为没有看管好、照顾好孩子而自责。为了更好地解决此事，老师思考再三后给骏杰的妈妈打了电话，告知此事。

骏杰妈妈当即在电话中说："我家孩子是不会主动咬别人的，肯定是别人先惹他了，不然他不会咬的。你们打电话给我是什么意思？"于是，老师耐心地告诉她：下午来接孩子时，希望家长能当面向被咬的小朋友及家长道个歉。下午放学时，骏杰妈妈和奶奶拎着一箱牛奶来园看望晶晶，了解晶晶被咬的情况。老师没有当众告状，而是悄声告诉家长"请等一会儿"。等接孩子的人潮退去后，老师礼貌地接待了她们，将她们领进教室看望被咬的小朋友，并等候晶晶家人的到来。当骏杰妈妈和奶奶看到晶晶被咬的胳膊时，她们都大吃一惊，不由得同时发出："啊！怎么咬成这样？"骏杰奶奶抬手就要去打骏杰，陈老师立即制止并说："教育孩子不在于发生事情之后，而是贵在平时；再者，打既不是教育孩子的好方法，也不是解决问题的好办法。"

晶晶爸爸来接孩子时，老师主动迎了上去，向晶晶爸爸说明事情的经过，并向他致以歉意。晶晶爸爸看到孩子被咬的胳膊后，十分心疼，但看到老师已帮孩子上过药，并对孩子关爱有加，况且解释、道歉在前，也不好再说什么。骏杰的妈妈和奶奶又拉着骏杰向晶晶和她爸爸道歉，晶晶爸爸一边摸着孩子的胳膊一边说："没事，没事。"晶晶爸爸原谅了骏杰，他的大度与宽容给这件事画上了圆满的句号。

案例评析：

案例中的老师做得非常好。首先，在事情发生后，及时处理被咬的伤口，安抚幼儿情绪。其次，第一时间告知咬人的小朋友家长，让其知道发生的事情，留给家长思考的时间。再次，对于"护犊"心切的家长不友善的态度不予计较，反倒耐心地、善意地提醒家长该做什么。另外，咬人的小朋友家长来园后，老师没有当众大肆宣扬其孩子的错误，而是悄悄地告诉家长稍等片刻，等接孩子的人潮退去后，礼貌地接待了她们，领进教室看望被咬的小朋友，这样做，防止了事情的扩大化，避免了众人皆知的尴尬，给咬人的小朋友和家长保留了颜面。最后，能够积极、主动地向被咬幼儿的家长解释、道歉，消除了家长的不满与误会。

思考与练习

1. 选择家教指导开展比较好的和差的幼儿园各一所，分别调查其开展家教指导工作的现状，写一份小型调查报告。

2. 通过文献研究，并结合对当地幼教机构的调查，了解目前国内外家教指导的具体途径和形式，看看有哪些创新。

3. 自行或与幼儿园合作编辑一份手抄小报——《家园报》，或参与幼儿园的家长园地、宣传橱窗等的布置工作。

4. 深入幼儿园，观摩和参与其家庭教育指导活动。

5. 设计一个家园（所）合作体育活动方案。

拓展阅读

晏红，2013. 幼儿园家庭教育指导形式与方法. 北京：中国轻工业出版社.

李生兰，2013. 幼儿园与家庭、社区合作共育的研究（修订版）. 上海：华东师范大学出版社.

第九章

社区与学前儿童家庭教育

【学习目标】

了解：社区教育的概念、特征。

理解：社区资源开发和利用的原则和途径。

运用：利用社区资源对学前儿童进行教育的方法，组织各种教育活动。

在 20 世纪，社区教育受到了世界范围普遍的重视与支持，20 世纪 80 年代，我国的京、津、沪、辽等地区在社区教育方面进行了积极的实践，在学前教育领域也有不少学者和幼儿园对幼儿园与家庭、社区的合作共育进行了积极探索。家庭利用社区资源对学前儿童进行教育已经刻不容缓。家庭利用社区资源进行教育的意义，家长利用社区教育资源的原则，家长在社区教育活动中扮演的角色，家长利用社区资源对学前儿童进行教育的方法都是值得我们探讨的问题。

第一节 社区教育概述

儿童的健康发展必须以良好的家庭关系为基础，而这种良好的家庭关系依靠的是家庭与亲属、社区的联系，以及有利的社会文化支持。

一、社区的概念

"社区"是一个社会学的概念，它是著名的社会学家费孝通先生提出的对英文community一词的中文译法。当德国社会学家滕尼斯 1887 年在《社区与社会》一书中最早提出社区这一概念时，了解、关注它的人寥寥无几。即使到了 1933 年，费孝通和燕京大学的几个同学翻译美国社会学家帕克的社会学论文，第一次将英文"community"译为"社区"向国人推介时，了解、关注它的人仍然为数不多。而今天，"社区"已经成为人们使用频率很高的一个词，受到广泛关注，成为包括社会学家在内的许多领域的专家和实际工作者研究的新课题。社区有 3 个含义：一是指有共同利益的人们构成的社会集团，既包含有组织的社会团体，也包括自然形成的社会群体，前者如欧洲共同体，后者如国外的华侨团体等；二是指居住在同一地区的全体公民，他们有某些共同的利益；三是共同占有，共同性。

有的资料称，社会学家给社区下的定义有140多种。尽管社会学家对社区下的定义各不相同，但在构成社区的基本要素的认识上还是基本一致的。构成社区要具备5个要素：有一定数量的人口；有一定范围的地域；有一定规模的设施；有一定特征的文化；有一定类型的组织。

同时，社会学家们认为，社区文化、社区性格和社区环境决定了一个社区的特点。

社区文化是通行于一个社区范围之内的特定的文化现象。包括社区内的人们的信仰、价值观、行为规范、历史传统、风俗习惯、生活方式、地方语言等。社区文化本质上是一种家园文化，它渗透在社区生活的方方面面，深刻地影响着社区成员的思想观念、行为方式、生活方式、审美标准甚至饮食衣着习惯，对学前儿童的社会性发展具有重要影响。

社区性格是一个国家中某一特定的社会区域内聚居着的各种群体或绝大多数人所显示出的一种共同的、比较稳定的对现实的态度倾向和与之相应的、习惯性的行为方式。社区性格是国民性格中由于地域差别而形成的一种局部的、相对独立的性格。在人的社会化过程中，社区性格作为一定社区中具有延续和传递的力量，不可避免地对学前儿童的性格产生着影响。社区性格在世代交替中得以延续，在儿童社会化过程中被嵌入个体性格之中。

社区环境既包括物质环境又包括社区自身的文明程度、治安环境等精神氛围。和谐融洽的社区环境、互帮互助的邻里关系、积极进取的小区精神氛围，必定能培养出有教养、讲文明、懂礼貌、勇进取、争上进的孩子。相反，如果社区自然环境恶劣，到处垃圾横行，人文环境较差，打架斗殴时常发生，邻里关系紧张，必然会对孩子产生负面影响。

社区就是由一定的、具有某种互动关系和共同地缘文化的、有秩序的、有感情的人群进行一定社会活动的地域空间，是具有共同利益的居民的结合，重视人和人的相互交往和互动。这种相互联系是一种资源的配置过程，也是一种民众参与的过程。

如果按照结构功能来给社区分类的话，可以分为农村社区和城市社区。城市社区又可分为以下几种情况：一是市辖区；二是街道办事处辖区；三是小于街道办事处、大于居民委员会辖区建立的区域功能社区；四是规模调整后的居民委员会辖区。目前我们所说的城市社区是指后面两种情况。

我国的社区有以下一些特点：地域大小差别很大，有的社区范围很大，有的社区范围很小；人口数量不均，有的社区有几万户人口，有的只有几千户人口；社区内各种职业群体的构成不同；从社区心理因素方面看，有的社区成员对本社区的归属感较强，有的则根本不知道社区是什么、社区何在、社区能做什么。

目前，由于政府对社区建设的大力支持，经济投入逐渐加大，社区在人们的生活中正起着越来越重要的作用。

二、社区教育及其特点

（一）社区教育的概念

1. 社区教育的含义

社区教育是一个国际概念，是经济社会发展到一定阶段并达到一定水平的产物。

19 世纪中叶丹麦教育家格兰德维格与其合作者柯尔德正式成立了第一所"民众学校"，开启了现代社区教育的先河。"社区教育"一词最早源于 20 世纪初美国的学者德威，后由曼雷和莫托在美国的密歇根州进行了实验。社区教育把教育部门和社区内其他各部门和各方力量和资源加以统筹协调。社区教育的内容从社区居民的需要出发，体现着当地人民的需要。现代意义上的社区教育是伴随着社会化大生产的发展和城市化进程，在世界范围内陆续出现和不断发展起来的，今天社区教育在美洲、欧洲、大洋州、亚洲以及非洲的部分国家和地区普遍开展起来。

我国社区教育的发端是以 20 世纪 80 年代中期在上海首先出现的社区教育委员会为标志的。随着社会结构体制的变化，人们对社会服务的依赖程度明显增加。由此，发展社区教育，改善生活环境，提高社区居民的素质，已成为大众居民的迫切要求，在此背景下，社区教育在全国范围内得到了较大的发展，并显示了旺盛的生命力和广阔的发展前景。

社区教育是由社区举办的教育。社区为了把本社区的劳动后备力量培养成具有一定职业能力和专业技术的使用人才，或为本社区成员提供其他非专业性的诸如文化、艺术、修养等各方面的教育，专门设立一些社区学校或利用一些其他共同场所组织一些专门的活动以承担和开展社区教育工作。

在现代社会，各层次、各方面的学习将贯穿人的一生。社区教育就是要充分发挥区域教育资源的作用，面向全民，提供全程、全面的教育服务。所谓全民，就是面向所有公民，人无老幼行业之分，只要有学习需求，教育就为其提供服务。所谓全程，就是面向人的一生。年龄无论长幼，学业无论高低，只要有学习需求，教育就为其提供服务。所谓全面，就是面向各种学习需求，在精神文明和物质文明建设中，无论学历教育还是非学历教育，无论正规教育还是非正规教育，无论文化基础还是技能培训，无论闲暇教育还是健康教育，社区教育都要为其服务。

社区教育本身就是社区工作的基本方法之一，需要借助社区工作来调动社区力量支持和参与教育活动，以其教育专业性活动来主动适应社区的需要和发展，为社区建设铺路和解困。社区教育作为一种活动，是有效开展社区工作的条件和措施。社区教育也是一种开发性工作手段，通过开展教育活动挖掘和培养社区人才和潜在力量，既能培养能干的社区工作者和社区领袖，又能调动居民的参与感和创造性，诱发更大的力量。社区教育工作涉及居民的知识、思想、行为及情感价值等方方面面，有效地塑造社区工作者和居民的人格形象，真正体现改变社区居民深层的心理素质的目标。社区教育配合社区建设的中心任务开展工作，将教育目标与社区建设目标整合起来，尽量符合社区建设的需要，与普通教育的专业和课程有所区别，既弥补普通教育的不足，又能满足社区的宣传、治安、环境保护等方面的需要，采取灵活多样的教育形式和方法，使社区管理者了解民情以做出规划指导，使社区居民获得知识和陶冶情操。

2. 社区教育的本质

通过不同年龄阶层的社区居民共同参与社区活动，经由教育资源的提供，使社区与社区教育活动两者因相互反馈而提升彼此的素质。

社区教育强调非正式与非正规的教育。社区教育的目的是强调以国家整体发展为目标，将社区视为整体社会改革中的一部分，由于新的理念和教育资源的投入，改善社区生活，其最终目的在于整个国家社会利益的提高。

总之，社区教育是一种认同社区的过程，一个调配资源以满足各种教育需求，使社区中的每个成员都能够通过教育的计划得以发展的过程，是一种促进终身教育理念的实践过程。教育被视为社区成员均可享有的与生俱来的权利，每个社区成员都是学生，它向人们提供一种灵活的终身教育体制，社区居民将以社区教育的形式参加各种适合自己需求的教育活动，完善自己，也完善社会。

（二）社区教育的特点

1. 地域性的特点

由于社区是一个拥有一定数量的人口、一定范围的地域、一定规模的设施、一定特征的文化、一定类型的组织，具有一定的地域范围，拥有独特的活动场所，特有的自然条件或生态环境，因此作为社区生活组成部分的社区教育就必须要结合自己的地域特征，为本地域内的教育、文化、经济生活服务，满足本地域内居民发展的需要。

2. 大众化的特点

我国的社区教育自产生之初，就担负着提高社区内所有居民的文化素质、丰富所有居民文化生活的重任。社区教育的服务对象上至离退休老人，下至刚刚出生的学前儿童，既面向学生的在校教育，又包括孩子的家庭、社会教育，充分体现了大众化的特点。

3. 开放性的特点

社区教育不同于学校、家庭教育。学校教育和家庭教育是游离于社会环境之外的一种相对封闭的教育。而社区教育使教育与社会相互沟通、相互促进，使社会各界都参加到教育中来，教育也充分利用了社会中的各种资源，实现了教育与社会的双向交流。

4. 伙伴合作特点

社区教育是学校教育系统和社会教育系统的结合体。在这个结合体中，国家、社会、团体和个人之间相互配合，通力合作，建立起一种新型而有活力的伙伴合作关系。

随着社区教育理论研究的深入和实践探索的开展，我国的社区教育在一些发达地区出现了许多可喜的变化。社区教育已经从自发走上了自觉，人们纷纷结合所在社区的特点合理地利用各种社区教育资源。社区教育已经从无序步入有序，许多地方采取了"一建""二并""三扩"的步骤开展社区教育工作。"一建"就是建立专门的社区教育机构；"二并"是在建立社区教育中，将过去"关心下一代委员会"并入到"社区教育服务中心"，有利于社区教育活动的开展；"三扩"是向外扩展活动区域，充分发挥文化馆、艺术馆、博物馆、科技馆、图书馆、体育馆等文化教育功能部门的作用。

案例 9-1

家长如何利用超市对儿童开展教育

超市是家长和幼儿经常去的场所，超市作为社区教育资源之一，家长可以在与孩子逛超市时开展适宜的教育。

1）可以指导儿童熟悉超市商品的种类。

2）可以指导儿童识别各类商品的名称、大小、颜色、功能。

3）可以指导儿童体验购物过程，熟悉货币与商品之间的对应关系。

4）可以指导儿童了解商品从进入仓库到上货架到买家手中的流通过程，以及超市工作人员的不同分工。

5）可以指导儿童识别各部门的指示图标，了解超市的部门组成结构。

6）可以在超市中锻炼孩子的道路识别能力，比如寻找入口、出口、厕所等。

第二节 社区教育资源的开发与利用

现代教育理论认为，幼儿园、家庭、社区作为影响孩子成长的三大外部力量，对其负有共同的教育责任。三者不是孤立存在的，而是紧密地结合在一起，综合发挥效能，共同影响学前儿童的发展水平。只有家庭、幼儿园、社区三者实现教育的一体化，才能发挥最大的教育合力，更有效地促进孩子的健康成长。

社会环境是教育孩子的广阔天地。社会风气、社会文化、社会舆论和社会宣传工具等，时时处处都在对孩子起着潜移默化的作用。因此努力争取社会，尤其是社区的积极配合、互相协调，给孩子一片心灵的沃土，对培养孩子们丰富的知识和良好的心理品质有着不可忽视的作用。

对今天的独生子女而言，在社区中邻里之间的交往，尤其是与同龄伙伴的交往是充实社会生活、促进学前儿童社会化的重要形式，是他们正常发展和全面成长的必要条件。农村的平房、低层楼房的居住环境，社区里邻里之间的交往和接触的频率很高，邻里之间相互关照、取长补短，在客观上为儿童们接触同辈群体、了解社会生活、认识各种社会现象、培养社会交往能力提供了良好的外部环境。而当今城市中高楼层、单元化的住宅，使邻居间的社会交往急剧减少，因而孩子相应地缺少了与同伴群体接触的机会。家长应充分利用社区的各种资源，与其他学前儿童家长、社区居委会联合形成良好的邻里关系，为学前儿童提供一起游玩、一同成长的环境。

教育无时不有，无处不在，关键在于家长是否能发现教育素材，能否正确进行教育分析。家长可以利用小区的变化，对学前儿童进行浅显的爱小区、爱家乡、爱祖国的教育。家长可以经常带孩子到小区的游戏场地去荡秋千、滑滑梯、走平衡木，到公园、郊外去看花草树木、野餐，到本地的名胜古迹去观光；在秋收时节带孩子到农村看成熟的农作物，与农民伯伯一起体验收获的快乐；到动物园去看孩子喜欢的猴子、企鹅等可爱的小动物，培养孩子的爱心；到商场、超市去购物，让孩子形成初步的数的概念以及对金钱的价值有初步的认识；到图书馆去读书，在看到各种图书的同时让孩子领略知识的丰富；到博物馆开阔孩子的视野，让孩子感受祖国丰富的文化遗产，并受到艺术的熏陶。

一、利用社区资源进行家庭教育的意义

（一）合理利用社区资源能提高学前儿童的社会适应能力

学前儿童的成长过程就是由"自然人"成长成为"社会人"的过程，在社区中，家长以"小手牵大手、大手扶小手、小手拉小手"的社区亲子互动形式，提供给独生子女们足够与小伙伴接触、玩耍的机会，让学前儿童学会分享、等待、合作等必需的社会交往能力，让孩子在不知不觉中掌握社交技能。

（二）合理利用社区资源能丰富学前儿童的知识

无论家长的知识有多么丰富、教育观念多么科学，无论家长把孩子送到多么高级、优质的幼儿园，孩子都不能在家庭和幼儿园获得足够丰富的知识；家长只有充分利用社区资源，把孩子带进大自然、人群中，让孩子在自然和社会两个大学校中，与小朋友密切接触，才能提供给孩子足够的知识。

（三）合理利用社区资源能提高学前儿童的运动能力

学前儿童期是孩子大小肌肉发育、身体协调性发展的重要时期，需要充分的运动。而目前我国无论家庭还是幼儿园的室外活动场地都比较小，大型运动器械也比较少，许多社区的公园中都有免费又比较宽阔的儿童游戏场地和丰富的运动器械，家长可以充分利用这些免费的社区资源，让孩子有成长发育所必需的运动场地和机会。

（四）合理利用社区资源能培养学前儿童的民族精神

在信息化浪潮将全球经济融为一体的全球化背景下，文化的交流、文化的碰撞、传统文化的传承、民族精神的传递，显得比过去任何时候都引人注目。家长可以在传统节日里利用社区资源抓住教育的契机，比如元宵节可以带孩子赏花灯、猜灯谜，春节利用社区浓厚的节日气氛让学前儿童体验祖国的传统文化，从小培养孩子的民族精神。也可以通过参观敬老院、疗养院培养孩子尊老爱幼、与人为善、助人为乐等良好的传统道德。

二、社区资源的开发

利用社区资源进行家庭教育的前提是合理开发社区教育资源。开发社区资源需要遵循以下原则。

（一）全面利用社区资源

社区的教育资源分有形和无形两种，有形的教育资源包括人力、物力、财力、信息、

组织等；无形的教育资源包括社区意识、社区归属感、良好的社区氛围、社区互助的伦理规范等。还有人把社区教育资源分为三大类：自然物质资源、社会物质资源和人力资源。社区的自然物质资源是指社区中的山川河流、动植物等，自然存在于家庭的生活环境中，构成家庭存在的自然背景；社区的社会物质资源包括社区的物质设施与服务机构，具有一定的社会性，包括农贸市场、楼房、街道、建筑工地、超市、医院、银行、图书馆、少年宫、敬老院等，这些是与家庭经常发生联系的社会机构或社会设施，构成学前儿童成长的社会物质背景；社区中的人力资源是指具有某种专业知识、技能的个人或组织，能为学前儿童传授或提供某一种专业技能知识。家长应通盘考虑，充分、合理地运用社区资源，把社区中的普通事物转化为学前儿童的学习内容、学习材料或学习环境对学前儿童进行教育。

案例 9-2

这几天，村里忽然热闹起来了，那条通往城里的旧公路开始扩建了，全村的人到处都在谈论着此事。4岁的宝宝每天都会冒出许多问题：工人叔叔为什么铲去旧路呀？为什么挖那么深的地道呀？未来的新公路到底有多宽啊……家长看到宝宝这么关注公路，便决定和他们一起来研究"公路"。

（二）整合社区资源的优势

社区教育是一个大的教育系统，其中既包括正规教育机构，也包括非正规的教育机构（如社区图书馆、文化馆以及其他的教育基地等）和非正式教育机构，家长在开发利用社区教育资源时，要主动与掌握优势资源的单位进行联系，以增强家庭教育的效果。比如，现在许多大城市的社区都建有社区图书馆，并根据少儿好动、兴趣转移快等特点，专门为儿童设置了趣味性较高、安全性比较好的少儿阅览室，家长可以利用休息日带学前儿童来阅读，开拓学前儿童的视野，培养孩子的阅读兴趣，使孩子初步掌握利用图书馆的能力，为孩子今后的学习打下良好的基础。

（三）充分体现社区资源的特色

不同的社区在教育资源上有不同的特色，在城市中心的社区往往有更多的商场、超市、展览馆、博物馆、图书馆等文化财产，而居住在郊区的家庭，则可以更多地接近农村，让孩子了解自然风光。

在开发社区教育资源上，家长要从社区的实际出发，依靠社区，因地制宜地运用社区资源，发挥有利因素，转化不利因素，让社区资源充分发挥作用，促进学前儿童的全面发展。

（四）充分发挥家长资源的价值

家长自身的知识和技能也是社区教育的重要资源。家长们可以组建"社区家庭友好互助小组"，即在同一社区里，根据家庭居住条件的不同、家庭结构的不同、家长职业的差别、家长学历的高低以及学前儿童的年龄大小和性别的不同，根据自觉、自愿的原则，成立小组，经过民主协商推选出一位组长，大家群策群力，拟订小组活动计划，开展各种活动，让学前儿童在休息日、节假日也能与小朋友们一起欢快地游戏、学习。

三、利用社区教育资源对儿童进行教育的原则

（一）便利性原则

社区的教育资源丰富多彩，家长在选择资源时要考虑学前儿童的年龄特点，孩子的年龄比较小，与之相适应的活动范围也就受到了限制。因此家长要选择孩子能够方便接触又安全卫生的资源，比如说同样类型的教育活动，应选择离家最近的场所。

（二）体验性原则

利用社区教育资源对学前儿童进行教育时，由于学前儿童是在自己非常熟悉的环境中学习，活动中的许多事物都是学前儿童在生活中接触过的，比较熟悉的，因此家长应有意识地在学前儿童已有生活经验的基础上，丰富学前儿童的体验。

（三）生活化原则

家长选择教育资源时，应与学前儿童的现实生活密切联系、息息相关。这类社区教育资源往往与学前儿童自身或学前儿童身边的人发生着千丝万缕的联系，深入地认识这些资源对学前儿童来说就是引导他们学习必须掌握的社会知识的一部分。比如，家长带领大班学前儿童去参观社区内的小学，就可使孩子对学校产生一定的感性认识，可以帮助孩子顺利地实现从幼儿园到小学的过渡。家长带孩子到图书馆、医院、银行等社会机构，可以让孩子在体验中学到社会知识，懂得社会规则。

（四）灵活性原则

家庭教育的一个优点就是：随时随地，无处不在。因此家长可以在日常生活中灵活运用社区的教育资源。比如，孩子生病，家长陪孩子去医院，家长就可以一边请医生给孩子看病，一边请医生讲解，这样既可以分散孩子的注意力，减轻孩子的痛苦感，又可以丰富孩子玩娃娃家游戏中的游戏情节，规范他们的游戏规则。

（五）趣味性原则

家长所选社区教育资源本身应具备吸引学前儿童的因素，能够激发学前儿童的强烈兴趣。比如去超市，让孩子做个"小当家"，给他们一定的权力，让他们在琳琅满目的货物前进行选择，让孩子直接与售货员叔叔、阿姨进行面对面的交流，自己从货架上取物、自己去收银台结算等。这种受到重视的小大人的感觉、体验是孩子特别感兴趣和喜欢的。

四、利用社区资源对儿童进行教育的途径

家长利用社区资源对学前儿童进行教育可以通过多种途径进行。可以说，凡是在社区中家长和学前儿童共同参与的活动，都可以对儿童进行教育。概括起来主要有两种途径：一是在日常生活中利用社区资源对儿童进行教育，二是通过专门的活动对儿童进行教育。

（一）日常生活中利用社区资源对儿童进行教育

日常生活为学前儿童提供了大量接触社区各种资源的机会，家长应充分利用这一便捷又丰富的资源。比如在接送儿童去幼儿园的路上，就可以锻炼孩子主动与熟人打招呼的能力，利用路上的店铺名称教孩子识字，在公交车上给老孕病残让座等，在耳濡目染中，为儿童提供大量的有关各种事物和人际交往的丰富经验。

案例 9-3

多为孩子创造社交环境

2岁的宝宝已经开始咿咿呀呀地学会说话了，这时候应该让宝宝多跟外界接触，给他更多的语言表达的机会。可是现在的家庭里，大多数的宝宝都是独生子女，家里没有兄弟姐妹的陪伴，宝宝很少有跟同龄人玩耍的机会。要让宝宝顺利成为小社交家，社交环境是必不可少的，爸爸妈妈要让宝宝多接触周围的同龄或年龄相仿的孩子，多给宝宝创造社交环境。比如，傍晚可以带着宝宝一起在小区里散步，周末带宝宝去郊外或游乐场玩，带宝宝去家里有小孩的朋友家串门等。宝宝刚认识一位新朋友的时候，爸爸妈妈要告诉他新朋友的名字，是哥哥还是姐姐，是弟弟还是妹妹，让他们互相认识，经常把他们带到一起玩耍。

最好让宝宝有几个固定的玩伴，这样他就有了固定的社交圈子，可以在他们的圈子里学会自己处理跟伙伴的关系。爸爸妈妈则要多引导宝宝，告诉他："你们都是好朋友，有新玩具要一起玩，不能孤立某个小伙伴，宝宝也不能当'小霸王'，不能欺负其他小朋友，知道吗？"家长们正确的引导能帮助宝宝们形成融洽、和谐的关系。

当然，有时争吵也是不可避免的，爸爸妈妈可以先试着让宝宝自己解决，但是之后也要正面教育他，告诉他这一次争吵是谁不对，以后遇到这种情况应该怎样处理等，让宝宝慢慢学会如何更好地处理交际关系。

（二）通过专门的活动对儿童进行教育

为了有利于学前儿童的发展，家长也可有目的、有计划地组织家庭或者家庭联合会的活动，比如带领孩子郊游、在社区花园锻炼、到小学参观、到社区图书馆读书等，通过专门的活动对儿童进行教育。

案例 9-4

社区亲子活动

6月13日上午，北关区红星社区欢声笑语不绝于耳，一场主题为"和谐社区、快乐家庭"的社区亲子活动在这里举行。

本次活动旨在增进邻里之间的感情，促进孩子们健康成长。辖区十几位家长和孩子一起参加了爬行比赛、摘水果、拼脸谱等趣味游戏。孩子们在与家长的共同努力下，出色地完成了一个个有趣的活动。在快乐的气氛中，家长与孩子们充分体验到了亲子活动带来的温馨与快乐。活动结束后，社区还为每位参加活动的小朋友发放了精美的礼物。

"这次活动不但增强了社区工作人员与居民之间的沟通，也为邻里间搭建起相互交流和学习的平台，增进了幼儿、家长、社区之间的感情。"社区居民张先生说。

（摘自《安阳日报》2014年6月18日05版. http://www.ayrbs.com/epaper/html/2014-06/18/content_163051.htm）

五、利用社区资源对儿童进行教育的方法

（一）情感体验法

情感体验法强调学前儿童的主动参与和亲身体验。比如，家长带领孩子到福利院，让孩子直接与福利院的小朋友接触，与他们一起玩耍、交流，在实际的情景中让孩子学会友爱、关心等良好的道德品质，同时使孩子在享受别人关爱的时候也知道要为别人奉献爱心，体验帮助别人时获得的快乐。

（二）探索发现法

探索发现法强调学前儿童学习的主动性、积极性和创造性，鼓励学前儿童大胆探索、勇于发现问题并在主动解决问题的过程中体验探索的乐趣，从而丰富学前儿童的知识，提高他们各方面的能力。

（三）尝试操作法

从心理学的角度来看，学前儿童以直观形象思维为主，亲眼看，亲耳听，亲手做获得的直接经验对他们印象更深刻，家长可让儿童利用各种感官看看、听听、摸摸、闻闻、尝尝，去感知进而去认识事物。比如在有风的日子，家长可以带儿童到小区花园，在树下去聆听风吹树叶"沙沙"响的声音，看树枝随风摇曳的姿态，这样更容易加深学前儿童的认识，会激发学前儿童的学习兴趣。

（四）情境学习法

我国著名教育家陶行知先生主张在大自然和大社会里办教育，家长应尽可能地带领学前儿童到各种各样的生活情景中去，让学前儿童在与环境的互动中，尽情地享受快乐，丰富体验，获得知识。比如，家长带孩子乘公共汽车、在公共健身器械上活动，就可以在实际的情境中，让孩子知道先上后下的乘车规则，给老人、孕妇、抱小孩的人让座的基本社会公德，让孩子懂得要像爱护自己心爱的玩具一样爱护公共财产。

（五）亲子活动法

家长带领孩子参加社区组织的丰富多彩、生动有趣的亲子活动，亲子体能游戏、亲子郊游、亲子制作等让学前儿童在活动中乐于探索、主动学习。比如，在秋高气爽的一天，一家人躺在公园的草地上，欣赏天空中变幻莫测的白云，家长和孩子共同去发现云彩的变化，在与家长的游戏活动中，孩子既体验到幸福与快乐，又了解了自然知识。

六、家长在社区教育活动中的角色

（一）支持者

首先家长要给孩子提供精神鼓励，对孩子参加社区的活动给予关心，对孩子与小伙伴一起玩耍给予信心。其次，家长要挤出时间陪孩子参加社区活动，不然孩子看到小伙伴的家长在场而自己的爸爸妈妈不在场会感到伤心、孤独，这对孩子的伤害比较大，会影响孩子以后走出家庭，与小伙伴游玩的热情。

（二）参与者

家长要用自己的热情参与感染孩子，吸引孩子积极地参加玩耍活动。家长的"暖场"活动，会在很大程度上帮助孩子积极参与。

（三）孩子的伙伴

跟孩子平等相处，不能以长者自居，要与孩子相互配合，相互商量，共同合作，以伙伴的角色和孩子一起完成亲子活动。

（四）观察者

在学前儿童与其他小朋友玩耍的过程中，家长要做有心人，观察孩子的发展，同时也要观察其他孩子的发展，客观、理智地与自己的孩子进行比较；还要观察别的家长，与其他家长的教育方法、态度、观念进行比较，向其他家长学习科学的育儿方式和方法。

同时，在学前儿童进行活动的过程中，家长们也可以充分利用时间和机会，进行育儿经验方面的交流，了解新的科学的饮食、保健以及教育知识。

家庭教育案例评析

利用社区资源进行亲子活动

活动1：走小路

利用资源：鹅卵石小路。

目标：

1）让幼儿探索不同的玩法，促进幼儿脚底等部位的血液循环。

2）培养幼儿的坚持性。

玩法：

1）家长与幼儿一起活动身体。

2）走小路：家长和孩子一起走鹅卵石小路，并鼓励幼儿不怕疼，勇敢地走下去。

3）探索不同的玩法。家长让幼儿自己在小路上玩耍，鼓励幼儿探索具有创造性的玩法，并与孩子一起做。

4）按摩脚底：大人和孩子坐在草地上自己按摩脚底，并互相交流感受。

建议：

1）赤脚走。

2）循序渐进，时间逐步延长。

活动2：跳格子

利用资源：彩色地砖。

目标：

1）练习跳跃动作。

2）培养幼儿动作的敏捷性。

3）巩固10以内的加法。

准备：在彩色地砖上写上10以内的数字。

玩法：

1）活动身体。

2）自由跳格子，家长和孩子探索用不同的方法跳格子。

3）听口令跳格子：由家长喊口令，孩子跳，或由孩子喊口令，家长跳，家长和孩子一起喊口令，一起跳。

口令可以是：①找数字；②说算式让幼儿或家长跳在答案上；③找颜色；④说答案，家长和幼儿的数字加或减等于答案。

建议：家长可以根据幼儿年龄，变换活动要求。如，在地砖上贴上数字，中班幼儿可结合认数，小班幼儿认识颜色等。

活动3：小鸭捉鱼

利用资源：路沿。

目标：

1）练习在路沿上走路、跳，发展幼儿的平衡能力及身体协调能力。

2）激发幼儿参与体育活动的兴趣，并养成良好的活动习惯。

准备：小鱼若干。

玩法：

1）活动身体。

2）家长和孩子一起探索路沿的玩法。

3）一起学习各种玩法。

4）游戏"小鸭捉鱼"。儿歌："小鱼小鱼游游游，游来游去真自由。小鸭小鸭爱吃鱼，跳到水中去捉鱼。"念儿歌时幼儿站在路沿上准备往下跳，儿歌念完，跳下路沿，按家长的要求捉鱼。

活动4：好玩的绳子

利用资源：水泥地。

目标：

1）通过创造性玩绳，培养小朋友对绳类体育活动的兴趣。

2）练习跳绳、钻、跨、跳等动作技能，培养动作的协调性。

3）培养幼儿的合作精神。

准备：每人一根短绳。

玩法：

1）活动身体。

2）家长和孩子共同探索绳子的玩法。

3）共同练习不同的玩法。

4）家长跳绳，孩子数数。

5）孩子跳绳，家长数数。

6）父母表演合作跳绳。

思考与练习

1. 什么是社区教育？社区教育有哪些特点？

2. 谈谈你对社区教育的认识。

3. 家长在利用社区资源对学前儿童进行教育时可以采取哪些方法？

4. 在你生活的社区里，有哪些资源是可以用来进行家庭教育的？你将怎样指导家长加以利用？

拓展阅读

李生兰，2013. 幼儿园与家庭、社区合作共育的研究（修订版）. 上海：华东师范大学出版社.

第十章

新形势下的学前儿童家庭教育

【学习目标】
　　了解：当前我国学前儿童家庭教育面临的新形势。
　　理解：当前我国学前儿童家庭教育变革的趋势和特点。
　　分析：当前我国学前儿童家庭教育变革中出现的新情况、新问题。

　　当前，我国社会进入了一个新的历史发展时期，社会政治经济正在发生着急剧变革。这种变革必然深刻地影响着家庭生活领域，带来了家庭结构、家庭关系、家庭消费、家庭养育方式的巨大变化。这给学前儿童的家庭教育带来了前所未有的新情况、新问题。要使学前儿童的家庭教育工作适应社会发展的需要，就要重视对这些新情况、新问题的关注和研究，转变教育思想和观念，积极探求应对之策，推进家庭教育的改革。

第一节　当前我国学前儿童家庭教育面临的新形势

　　20 世纪 70 年代，在中国这个世界上人口最多的国家，发生了两件具有重大影响的历史事件：一是改革开放，二是人口计划生育。

　　1978 年十一届三中全会召开，中国开始了改革开放的进程。随着改革开放的深入和市场经济的发展，我国社会发生了深刻变化，进入了全面转型时期。这次社会转型本质上是一场以社会主义市场经济为基本起点，以社会经济生活、政治生活和文化生活的现代化为总体价值目标的现代化运动。这场深刻全面的社会变革，不仅有力地冲击了原有的各种社会关系，造成了社会结构的广泛而深刻的变化，也深刻地影响到每一个社会成员的行为方式和生活模式，而且在更深的层面上影响到人们的思想方法、思维方式和价值取向。这样一场大规模的深刻的社会转型，必然对人们的家庭生活和家庭教育带来巨大的冲击。

　　20 世纪 70 年起，我国开始推行计划生育政策。特别是改革开放以来，我国确立了控制人口增长、提高人口素质、提倡一对夫妻只生育一个子女的人口生育政策，使生育率迅速下降，家庭中子女人数日益减少，独生子女日益增加。国家卫生计生委家庭司发布的《中国家庭发展报告 2015》显示，从计划生育政策实施以来，计划生育家庭（符合计划生育政策的家庭）占 69.9%，其中独生子女家庭占计划生育家庭的 56.1%；城镇计划生育家庭占 83.8%，独生子女家庭占计划生育家庭的 87.4%。今天，第一代独生子女早已经进入婚育高峰年龄，开始为人父母。在这种情况下，我国的家庭结构、家庭人际关系呈现出新的特点，这必然对家庭教育带来新的影响。

正是在这种双重背景下，我国的家庭结构、家庭关系、家庭消费、家庭养育方式等发生了巨大变化，学前儿童家庭教育面临着新的形势和挑战。

一、家庭物质生活水平普遍提高

改革开放促进了我国经济的飞速发展，带来了人们生活水平的大幅度提高。改革开放以来，中国经济一直保持高速增长，国民的总体人均收入水平大幅提高，1980~2000年，我国农民人均收入由 134 元增长到了 2253 元，增长了 15.8 倍；城镇居民人均收入从 343 元增长到了 6280 元，增长了 17.3 倍，全国城乡居民收入水平扣除物价因素后，增长了近 4 倍[①]。到 2014 年，全年全国居民人均可支配收入已经达到了 20 167 元，其中，城镇居民人均可支配收入达到了 28 844 元，农村居民人均可支配收入达到了 10 489 元[②]。经济收入的增加，极大地改善了居民的生活质量，由尚不能温饱提高到小康水平。随着经济的增长和家庭物质生活水平的提高，家庭在育嗣方面的消费也大幅度增加。

在家庭中，一般来说，成年以前的个人消费水平是随着年龄的增长而逐渐提高的。以往的许多调查表明，在多子女家庭，未成年子女的抚育费，通常都低于家庭成员的平均消费水平。但随着经济的发展和独生子女的大量出现，从 20 世纪 80 年代以来，诸多关于儿童消费的调查研究反映了这样一个共同的社会现实：在我国家庭中尤其是城镇家庭中，孩子的消费水平高于大人。

小资料

儿童消费呈引领消费趋势

随着儿童在我国家庭和社会中的地位日益突出，"儿童经济"渐渐火热，儿童消费也越来越成为带动整个家庭消费的核心。据相关调查，在一个普通家庭的消费总支出中，儿童消费占比达 40% 以上，念好"儿童经"由此日渐成为商家的必修课。

"现在一家基本只有一个小孩，爷爷、奶奶、外公、外婆、爸爸、妈妈都围着转，为了孩子都特别舍得花钱。"市民吴女士表示，除了"六一"，就算平常日子，家里为孩子的花费也不少，"家里宝宝今年快 4 岁了，正在上幼儿园，新衣服、新玩具以及兴趣班、游乐项目，平均下来，孩子每个月的花费在 3000 元左右。"

国家统计局数据显示，早在 2013 年，中国儿童消费市场的规模已超过 4000 亿元。记者在走访中发现，儿童家庭式消费模式随处可见。儿童乐园、儿童 DIY 手绘，儿童教育、图书、体验等占据了某些商场销售场所的很大地方。同时，不少毗邻儿童消费门店

[①] 伍再华，2005. 转型期我国城镇居民收入差距对消费需求的影响研究. 湘潭大学硕士论文.
[②] 中华人民共和国国家统计局.中华人民共和国 2014 年国民经济和社会发展统计公报. 2015 年 2 月 26 日. http://www.stats.gov.cn/tjsj/zxfb/201502/t20150226_685799.html.

的商家表示，儿童消费的火爆也使周围受益颇深，而儿童家庭式消费占比超过半数。

（周萍. 儿童消费呈引领消费趋势. 中国工商报，2015 年 6 月 4 日 005 版. 有删节）

　　这说明，儿童已经成为家庭消费中的主角，为孩子花钱值得、舍得成为现代父母们的普遍心态。父母们尤其舍得花费财力、精力为孩子创造更多的有利于身心发展的条件，家庭用于孩子智力开发、特长培养的投资比例大幅度增加。从孩子刚刚出生，父母们就开始为孩子购买各种玩具，节假日带孩子旅游、参观、参加各种娱乐活动。越来越多的家庭拥有各类高档学习用品和娱乐设备，如电脑、学习机、游戏机、影碟机等，它们成为孩子们学习娱乐的伙伴。父母们还不惜重金为孩子聘请保姆和家庭教师，或委托有经验的教师管教，或送孩子上高价寄宿制幼儿园、特色幼儿园、特长培训班等。可以说，现今的儿童不仅享受着父辈们童年时代不曾有过的优越的物质生活，也享有着父辈们童年时代所不具有的良好的发展条件。在物质的、文化的、精神的享受之中，孩子们健康地成长着。

　　然而必须指出的是，在经济发展和家庭物质生活水平提高的同时，某些不良的"伴生物"的出现是必然的，这给儿童的成长和家庭教育工作带来了新的问题和挑战。

　　在家庭消费领域的超前消费、奢侈消费、攀比消费、迷信消费、人情消费等畸形消费现象，或者超过了我国经济所能容纳的程度，或者走上了不健康的轨道。面对中国儿童消费的畸形现象，美国的《华尔街日报》载文声称："一个以中国被宠坏的一代为对象的庞大市场正在兴起。"美国沃尔特•迪士尼公司负责亚太消费品的部门经理约翰•菲尼则直言不讳地说："六个钱袋综合征"（即父母、祖父母、外祖父母六个大人为满足一个孩子的消费）正推动着中国儿童市场的不断扩大，中国儿童消费能力比西方儿童还强，其市场潜力是无法估计的，中国孩子的钱真好赚。"一些父母一味满足孩子的物欲，有求必应，很容易把孩子的注意力诱导到对物质享受的片面追求，刺激了孩子过高的消费欲望，在一定程度上有损于儿童健康人格和心理的形成。一旦家庭难以满足其膨胀的物欲时，他们就可能误入歧途。

　　尤其是在过多地满足孩子消费需求的同时，家长们对孩子勤俭节约、吃苦耐劳等良好品德的培养以及独立生活能力的锻炼等方面，存在着明显的认识和行为上的缺陷。在许多孩子心目中，得到钱和花掉钱都是很容易的事，他们体会不到父母工作之艰辛、挣钱之不易，由此带来了一系列不良的连锁反应：贪图享受，不能吃苦；讲排场、图虚荣；依赖性强、独立性差等。

　　在我国历史上，历来把勤俭视为美德，是人的德行修养的基础条件，即所谓"俭以养德"。司马光的《训俭示康》就是专门对儿子进行勤俭教育的家训。他引用春秋时期鲁国大夫御孙的话："俭，德之共也；侈，恶之大也。"在他看来，各种道德品质都不能离开俭。因为俭才能没有过多的欲望，才能不被身外之物所支配，才能依正道做人，至少也可以做到谨慎小心，节约开支，避免犯罪。而生活奢侈，欲望就会越来越多，这样就会贪图富贵，容易走上邪路，招来灾祸。在现代西方一些发达国家的家庭，经济条件多数优于中国家庭，但他们在对孩子的培养上则十分注重节俭教育，不使孩子因家庭的富有而产生任何的优越感。世界上第一个拥有 10 亿美元财产的大富翁洛克菲勒生活十分节俭，对孩子也十分"吝啬"，他认为，"过多的财富会给自己的子孙带来灾难"。从小教会孩子学会节俭，对他们的健康发展是必要的。在物质生活较为优越的条件下，如何培养儿童从小养成勤俭节约、吃苦耐劳的品质，是当前我国家庭教育普遍面临的一个新课题。

二、家庭规模小型化

改革开放以来，我国的婚姻家庭领域发生了深刻的变化。家庭规模变小，核心家庭成为主要的家庭类型。

小资料

家庭规模小型化成为主流

家庭规模日益小型化不仅是世界家庭发展的潮流，也已成为当前中国家庭变化的主要趋势。在 20 世纪 50 年代之前，家庭户平均人数基本上保持在 5.3 人的水平上。新中国成立后，家庭户平均规模开始缩小。20 世纪 80 年代以来，家庭户平均规模缩小的趋势更加显著，1990 年缩减到 3.96 人，2010 年缩减到 3.10 人，2012 年再缩减到 3.02 人。中国已是平均家庭规模较小的国家。

核心家庭已经成为城乡家庭的主导形式，占 64.3%；直系家庭已经退居其次，占 26.2%，传统的大家庭即使在农村也已并不多见。家庭人口的代数以 2 代人为主，占 50.6%；其次是 1 代人家庭，占 24.5%，第三位的是 3 代人家庭，占 23.6%。城镇地区独生子女家庭已经成为主流，农村独生子女家庭比例占 1/4 以上。

（根据国家卫生计生委家庭司《中国家庭发展报告 2014》《中国家庭发展报告 2015》整理）

家庭结构和规模的变化，直接影响了家庭的内部关系。美国家庭问题专家沙波特指出，家庭中人际关系的复杂程度取决于家庭成员的数目。他引用 $\frac{N^2-N}{2}$ 的公式来说明这一点（其中 N 为家庭人数，计算结果为家庭关系的次数）。据此，一个五口之家，就存有 10 种关系，若为三口之家，则仅存 3 种关系。由于我国家庭日益小型化，家庭成员相对减少，这使得家庭人际关系的支撑点大为减少，也就减少了家庭人际关系的复杂性而走向单纯化。

家庭人际关系单纯化直接导致了亲子互动频率的提高。尤其是对独生子女家庭来说，父母与子女之间的互动永远只发生在一个固定不变的对象上，无论何时何地，无论何种情况，作为子女与父母互动的对象，始终只有独生子女一人，这导致了孩子在整个家庭中的地位发生变化，孩子成为全家关注的重点和家庭生活的中心。这意味着孩子能够得到父母更多的关注和爱抚。在物质方面，父母可以更多地倾注于孩子，为孩子创造优越的物质生活条件，不仅可以让孩子吃好、用好、玩好，也为孩子的智力开发和特长培养给予较多的物力投入。在精神方面，家庭成员少，较少发生冲突，容易营造和谐的家庭氛围，孩子会得到父母更强烈、更集中的爱，在心理上能够实现爱的满足，从而产生强烈的安全感和归属感。这种经常性的情感上的满足和愉悦，有利于培养孩子活泼、健康、积极进取的品格，有利于孩子身心的健康发育。在教育方面，父母与孩子的共同活动频繁，父母有更多的时间和精力对孩子进行教育，与幼儿园老师进行沟通，父母之间、家庭与幼儿园之间更容易协调一致。可以说，父母对孩子倾注的感情和精力可达到最大的可能值，这对孩子发展和家庭教育来说是极为有利的条件。

但是，由于家庭关系单纯，孩子成为家庭生活的中心，这又容易造成双亲对于子女的过度关心、过高期望以及以溺爱子女为特征的不良教育态度，从而对孩子的健康发展和家庭教育带来不利的影响。比如，有的家长把孩子摆在不恰当的位置，一切围绕着孩子转，在一定程度上影响了孩子的自我角色认知，任性、霸道，自我中心意识严重，使其难以接受来自家长的正面教育，既不利于孩子良好人格的形成，也影响了正常的亲子关系。而且，家长的过度关心、过度照顾、过多干涉，实际上剥夺了孩子学习独立做人、独立解决问题和锻炼意志的机会。

此外，家庭关系简单，再也不会出现传统的大家庭中那种复杂多角的人际关系，如叔伯、妯娌、姑嫂、兄弟姐妹关系等。这将使儿童在家庭生活中领会不到那种复杂的人际交往关系，也就体验不到较为全面的家庭生活的社会经验，这实际上是失去了烙在生活中的一种教育资源。儿童很多规矩与行为是在与家庭成员的交往中潜移默化形成的，得不到复杂家庭关系的锻炼，不利于培养儿童适应社会生活的能力，影响儿童的社会化进程。

三、家庭类型趋向多样化

随着经济转轨、社会转型和人们观念的转变，我国家庭类型也趋向多样化，非传统类型家庭在中国大量出现，并一直呈增长之势。这些类型的家庭虽然在总体中的比重不高，但对家庭教育带来的影响十分复杂，存在的问题多，社会影响大。除了前文中已经阐述过的隔代家庭、单亲家庭、流动人口家庭、留守家庭，对家庭教育影响比较大的还有以下几种类型。

重组家庭（也称再婚家庭）一般从单亲家庭演变而来。随着离婚率的增长，再婚人口的队伍在不断扩大，重组家庭的数量在不断增加。再婚已经成为比较常见的社会现象。从单亲家庭到重组家庭，家庭环境、亲子关系、儿童在家庭中的地位都发生了巨大的变化。儿童能否很好地适应新家庭，是家庭教育面临的首要问题。虽然不能说重组家庭就一定不利于儿童的成长，但在离婚、再婚被贴上负面标签的中国，重组家庭的家长承受着较大的世俗压力，人际关系变得微妙而复杂，调适难度大，的确对家庭教育带来了不利的影响。有关调查结果也表明，重组家庭的儿童比一般正常家庭儿童的心理问题多。

空巢家庭主要是指子女不在身边的老年人家庭，其最本质的特征就是父母和子女在居住上开始分离。"空巢"是寓意深远、形象生动的用词，儿女就像嗷嗷待哺的小鸟终于羽翼丰满、可以展翅高飞一样，离开了巢穴，翱翔于天宇，只剩下夕阳中形影相吊的老鸟。空巢家庭给老人带来的是异乎寻常的孤寂和情感的失落，孩子从整天与父辈、祖辈在一起变成了偶尔的探望，然而不少老人对子辈、孙辈们仍然寄托着深深的眷念。毫无疑问，分开居住的祖辈们对子孙们的家庭教育的影响日渐式微，家庭教育在很大程度上是在"城市孤堡"（核心家庭）中进行的。减少了与祖辈联系的孩子们怎样去理解中华民族尊老、崇老、敬老的优良传统？社会的伦理传统是在继承中创新还是在批判中舍弃？如何利用老人们丰富的人生经历实施家庭教育？这都是家庭教育必须面对的现实问题。

　　"独生父母"家庭（有人称为双独夫妻家庭，是指夫妻双方均为独生子女且已育有子女的家庭）的大量出现，是新世纪我国家庭结构发展变化的新特点。我国自实行计划生育政策以来出生的"80后""90后"独生子女已进入婚育年龄。中国城市家庭出现的"四个老人、两个年轻人、一个孩子"的奇妙结构已是不争的事实。处在这"四老一小"中间的年轻父母自幼生长在"独生"的环境中，他们这一代人将以什么样的观念去对待生他（她）养他（她）的父母，又将以什么样的观念去教育他们的下一代是他们不得不回答的问题。第二代独生子女不仅像他们的父母一样，没有任何胞生的兄弟姐妹，而且比他们的父母更甚，他们没有任何堂兄弟姐妹、表兄弟姐妹——因为他们没有叔伯、姑母、舅父、姨妈，他们也不会有侄儿、侄女、外甥、外甥女。他们在家庭之外几乎没有什么亲属。家庭教育中的人伦教育将是未来独生子女教育碰到的第一难题。第二代独生子女处在"众星拱月"的环境中，他们获得的关照是前所未有的，但对孩子的发展来说未必是有利的。如何协调来自六个成人的教育力量，避免过度教育、过度关心、过度期望带来的弊端，这也是许多"独生父母"家庭将面临的难题。

四、家庭劳动的日益机械化和社会化

　　随着经济的发展和科学技术的进步，家用电器大量涌入家庭，部分代替了繁重的家务劳动，家庭生活也日益机械化、社会化。

小资料

山东省每百户居民家庭主要耐用消费品拥有量

消费品名称	单位	数量		
		全体居民	城镇居民	农村居民
家用汽车	辆	32.6	43.6	19.3
摩托车	辆	46.8	26.6	71.1
电冰箱（柜）	台	91.9	96.9	85.9
洗衣机	台	89.6	95.1	82.9
热水器	台	79.7	91.5	65.5
空调	台	71.6	103.7	32.9
彩色电视机	台	108.3	108.1	108.4
摄像机	台	6.2	10.9	0.6
照相机	台	27.1	45.7	4.6
计算机	台	56.8	78.2	31.2
中高档乐器	架	3.4	5.7	0.6
固定电话	部	49.1	54.4	42.7
移动电话	部	207.8	213.9	200.3
其中：接入互联网的移动电话	部	71.0	93.5	43.9

（山东省统计局，国家统计局山东调查总队．2014年山东省国民经济和社会发展统计公报．http://xxgk.stats-sd.gov.cn/xxgk/jcms_files/jcms1/web1/site/art/2015/3/2/art_34_7647.html）

家用电器的普及，使家庭劳动效率大大提高。另一方面，随着第三产业的发展和家庭消费水平的提高，许多家务劳动逐渐由社会承担，有许多家庭把部分家务（如做饭、照管小孩、清洁卫生）转移出去，或请保姆代劳，或请家政公司来服务，免去了艰辛繁重的家务劳动。根据山东省商务厅 2015 年 7 月颁布的《山东省家政服务业转型升级实施方案》的数据，目前全省拥有家政服务单位 5.2 万家，年营业额 350 亿元，占全省生产总值的 0.6%。从业人数 101 万人，年均增加 5.3 万人，占全省就业人数的 1.5%，从业人员人均年收入达到 3.2 万元。中国 30 多年的社会转型所带来的变化之一，就是家务劳动向社会转型的比例越来越大。

家庭劳动的日益机械化和社会化，使得家庭中的闲暇时间明显增多，导致了全体家庭成员新的精神面貌、新的生活娱乐方式。这无疑为实施良好的家庭教育创造了更有利的条件。但是，也造成了一些家长的过分依赖，有的把孩子完全交托给老人或保姆照管，有的则寄养给托幼机构，忽视了自己的教育责任。上海教科院的一项调查显示，有七成父母不愿意自己带养孩子，71%的母亲心目中的理想带养方式是希望送孩子到集体性教养机构。近些年来，城市中寄宿制托幼机构不断涌现，很多父母不惜重金将自己才几岁的孩子全托给寄宿制托幼机构，而忽视了自己应尽的家庭教育之责。实际上，对婴幼儿来说，母亲本身就是孩子最好的教育，母亲的言传身教是孩子最好的成长环境。母亲没有理由在孩子最需要的年龄离开，这样导致的代际隔离不利于孩子的成长。

随着家庭劳动的日益社会化，越来越多的年轻父母趋向于请保姆来照顾孩子。保姆作为家庭中的临时成员，尽管生活在一起，但与家庭正式成员还是有着本质的区别，这无疑对家庭生活及家庭教育产生着一定的影响。保姆的到来，使得孩子与成人沟通的机会增多，增加了家庭中的教育因素。但是，保姆毕竟与家长的价值观念、生活习惯、文化修养等有较大的差异，在对孩子的保育和教育问题上难免会有矛盾，如果关系处理不当也会给孩子的教育带来消极影响。而且，从当前情况来看，保姆的素质参差不齐，缺乏正确的教育观念，不少保姆为了尽职尽责，对孩子过度保护和迁就，不仅宠坏了孩子，也限制了孩子独立生活能力的发展。

家务劳动的减少，也使家庭在教导基本生活技能方面所起的作用被淡化。孩子的自我服务劳动甚至都被包办代替，使孩子缺乏最基本的生活技能，孩子独立生活的能力非常差，而且普遍缺乏劳动观念。

五、家庭生活日益信息化

随着信息化时代的到来，现代信息传播工具大量进入家庭生活。据《中华人民共和国 2014 年国民经济和社会发展统计公报》，截止到 2014 年年末，全国固定电话普及率下降至 18.3 部/百人，移动电话普及率上升至 94.5 部/百人。固定互联网宽带接入用户 20 048 万户，比上年增加 1157 万户；移动宽带用户 58 254 万户，增加 18 093 万户。互联网上网人数 6.49 亿人，增加 3117 万人，其中手机上网人数 5.57 亿人，增加 5672 万人。互联网普及率达到 47.9%[①]。随着电视、电脑、手机以及互联网的普及，社会信息进入家庭领域的途径越来越多，周期越来越短，从多方面影响人们的心理与行为，对家庭教育

① 中华人民共和国国家统计局，http://www.stats.gov.cn/tjsj/zxfb/201502/t20150226_685799.html.

产生了直接的影响。

从积极方面看，信息来源的多样化，极大地拓宽了家庭教育的内容，孩子们接触家庭生活以外的机会大为增加，他们的生活内容发生了极大的改变。他们一出生，就生活在各种媒体信息的包围之中，开阔了视野，并从中得到娱乐、受到教育。媒体成为孩子们了解社会、学习知识、陶冶性情的大课堂。

从消极方面看，以电视、互联网为代表的大众传媒日益抢占孩子在家庭中的时间和空间，减少了亲子之间沟通和交流的机会，减少了孩子的户外活动和与外界的交往。有的孩子沉浸在媒体尤其是电视、互联网带来的消遣娱乐之中，以致对学习、劳动等需要付出脑力和体力的活动感到厌烦。另外，由于媒体信息良莠不齐，不良信息或"儿童不宜"信息大量充斥媒体，加之儿童年龄幼小，缺乏对信息进行判断和选择的能力，因而对儿童带来了极大的误导。

电视是普及率最高、对学前儿童影响最大的媒体。电视是声像艺术，它有活动的画面、艳丽的色彩、美妙的音响、生动的形象，对儿童有极大的吸引力，学前儿童普遍喜欢看电视。电视丰富了儿童的生活，扩大了儿童的视野，促进了儿童的发展。研究发现，从几个月起就接触电视的婴儿在 1 岁时就可以指着电视图像用语言表达其认识能力，语言能力明显高于不看电视的同年龄婴儿。电视也是家长进行教育的重要手段和工具，借助于电视和影碟机，可以播放儿童喜闻乐见的各种教学片和有益于儿童发展的各种节目。电视的普及是现代文明进步的基本特征，它已经成为儿童生活的一部分，现在的儿童基本上都是在电视的陪伴下成长起来的。

小资料

电视的普及对学前儿童的负面影响

电视的普及丰富了儿童的生活，拓宽了他们的视野，无疑是儿童认识世界、增长知识、学会做人的重要渠道，但电视也给学前儿童的身心发展带来了消极影响。尤其是一些家长为图清闲与安静，便将儿童交给了电视机，自己去忙自己的事了，长久下去，儿童容易形成对电视的依赖，成为"电视儿童"，对他们的身心发展极为不利。

第一，婴幼儿在心理发展初始阶段，主要是通过和父母进行情感、语言、信息的交流才能发展。如果在这个阶段，让电视陪伴儿童，实际上隔断了儿童和人们的交往，使他们缺少人类的情感体验，这对他们的生理和心理发展极为不利。

第二，电视主要是为成人服务的，电视中的许多节目，如爱情片、恐怖片、枪战片、武打片，学前儿童对此没有足够的鉴别能力，但模仿性又极强，会增加儿童模仿不良行为的机会。同时，某些成人化的语言、行为方式也在儿童身上产生了，从而表现出某种"早熟"。孩子过早地进入成人世界，失去了童年的欢乐和天真烂漫，变得"幼年老成"。

第三，迷恋电视的儿童，户外活动和游戏的时间减少。儿童失去了许多与实际生活接触的机会，失去了游戏中与同伴交往的机会和使用语言的机会，从而降低了儿童的活动能力、与人交往的能力和创造想象能力，这对儿童将来的发展是极其不利的。

第四，儿童收看电视是被动学习，迷恋电视的儿童较懒惰，少动脑。而且电视只能提供图像信息，而儿童今后的学习面对的是大量的文字信息，所以，"电视儿童"往往不能适应学校生活，而成为学习成绩差、行为方式差的"双差生"。

总之，大众传媒对学前儿童的影响利弊兼有。如何正确地对待各种媒体和使用现代信息工具，如何指导孩子有计划、有选择地看电视、上网，如何选择适合孩子的读物、软件、光盘、磁带等，做到趋利避害，家长的科学指导尤为重要。

六、家庭早期教育备受重视，但存在的误区较多

近些年来，随着人们生活水平的提高，独生子女的增多，对婴幼儿的早期教育受到社会各界的广泛重视。尤其是年轻的家长们对早期教育更是抱着极大的热情，期望通过早期教育使自己的孩子能成为人才，而且早日成才。他们从孩子还未出生起，就开始计划对孩子进行早期教育，不仅依靠自己的力量尽可能多地教孩子学习各种知识和本领，而且还不惜一切代价地对此进行投资，借助各种社会培训机构，让孩子参加各种形式的特长培训班。家庭早期教育的热潮在当今中国的各个城市中已达到前所未有的程度，并有日渐升温的趋势。早期教育确实很重要，家长也应该重视早期教育。然而，由于社会上对于早期教育的认识存在许多误区，特别是一些媒体关于"小神童"的报道和一些商业培训机构的宣传误导，片面夸大了早期教育的作用，使得家长们在对孩子进行早期教育的问题上存在很大的盲目性。

（一）期望值偏高

望子成龙是普天下父母共同的愿望。现在的孩子几乎都是独生子女，家长普遍有"输不起"的心理，因为他们没有"东边不亮西边亮"的侥幸，他们的期望所在是那唯一的孩子。于是，他们竭尽所能为孩子创造优越的物质环境，指望孩子将来进入小学以后，学习起点比别人高，能在竞争中占优势，不至于输在起跑线上。他们认为，"万事俱备"，孩子成才应该是理所当然的，因此往往容易对孩子产生过高的期望值。适度的期望是有益的，但是，如果家长的良好愿望脱离儿童身心发展的特点，对孩子提出不切实际的过高要求，就会导致适得其反的结果。其一，期望值过高，会使幼儿心理形成过重的压力；其二，期望值过高，会使儿童产生逆反心理；其三，期望值过高，容易使儿童产生挫折感。这对儿童的成长是极为不利的。

（二）过度超前

许多家长望子成龙心切，在"不能让孩子输在起跑线上"的意识推动下，认为对孩子的教育越早越好，越超前越好。于是，在孩子出生不久就教孩子识字、背诗、计算、拼音、学外语，两三岁就教孩子写字，四五岁就把小学的课本拿来教孩子攻读。有人甚至主张把小学要解决的问题提前到 3 岁，提出了"0 岁识字，3 岁扫盲"的口号。其结果是造就了一批看上去特别聪明的"早熟"孩子，而这些典型的急功近利的做法，完全违背了儿童身心发展的规律。

我们知道，生长与学习是儿童身心发展的两种相互依存的条件，生长有赖于学习，学习更以生长为基础。皮亚杰认为，让儿童学习那些超越其心理发展阶段的东西是有困难的。儿童学习的内容必须适合其成熟程度，在儿童身心还没有达到相应的成熟水平时，就过早地进行教育和训练，不仅没有必要，而且会给儿童在生理和心理上造成负担，甚至可能影响儿童对学习的兴趣，从而产生逆反心理。法国思想家、教育家卢梭曾说："大自然希望儿童在成人以前，要像儿童的样子，如果我们打乱这个秩序，就会造成一些果实早熟，它们长得既不丰满也不甜美，而且很快就会腐烂。就是说，我们将造就一些年纪轻轻的博士和老态龙钟的儿童。"恐怕哪个家长也不愿意培养出"既不丰满也不甜美"的果实吧。

（三）过度教育

目前有一种很普遍的现象就是，学龄前的儿童除了上幼儿园之外，还要上各种学习班和特长班。据统计，城市幼儿园中，有近2/3的孩子参加了各种培训班，有相当多的孩子同时参加好几个特长培训班。有的幼儿园迎合家长的需要，在幼儿园课程中过早地进行读、写、算等正规训练，把幼儿当作小学生来提前训练，教育内容超出幼儿所能接受的范围。特别是近年来儿童学乐器、美术、舞蹈等，被作为早期教育的重要措施畸形地发展起来，它无视孩子的兴趣，套用成人化的训练方法，对孩子施以强化训练。可以说，现在的孩子从一出生起，就背上了沉重的包袱，孩子自由游戏的时间被缩短或占用了，幼儿的户外活动时间也减少了。这种"过度教育"往往超出了儿童"生理与心理的负荷量"，儿童过早地背上学习的十字架，失去了快乐的童年，给儿童的成长带来了极大的危害。

（四）过度关爱

正常的父母之爱是学前儿童成长最好的精神食粮，但过分的宠爱则会走向其反面，甚至会剥夺孩子的正常发育和成长。据报道，德国有一对老夫妻老来得子，对其宠爱异常，25年来一直把孩子当婴儿抚养。后来老夫妇在一次车祸中丧生，警方调查时发现他们25岁的儿子仍用尿布，睡巨型摇篮，身边堆满玩具，吃饭要等人来喂。这是一个过分溺爱孩子的极端实例，在现实生活中很难遇到，但对孩子过度溺爱现象则是到处可见。其主要表现在家长对孩子日常生活的过度照顾；对孩子的要求过度满足；对孩子的日常行为过度约束。其结果导致孩子形成依赖、任性、胆小、独立性差等不良性格。例如对孩子过分约束，不许年幼的孩子离开成人视野之外活动，"不行"或"不能"的叫喊声充斥在孩子的耳旁。过度限制只会助长儿童的依赖性和顺从性，使幼儿缺乏冒险和进取的精神。享受父母过多"照顾"的孩子，生活上的一切事情由父母代劳，自己不用动手、动脑，这种教育导致孩子在生活上无法自理，最终会失去最基本的生存能力。可想而知，这样的孩子长大之后，是不可能成为对社会、对国家有贡献的人才的。

（五）教育内容片面化

早期教育应该是对婴幼儿实施的一种全面教养和教育，但是由于不少家长不正确的教育观念和急功近利的思想，导致家庭早期教育在内容上出现了不少偏差。例如重智轻德；重视智力因素，忽视非智力因素；重视特长教育，忽视全面发展；重视知识传授，忽视能力培养；重视身体健康，忽视心理健康；重视营养保健，忽视体育锻炼等问题都比较突出。这致使许多智力条件不错的儿童竟明显地滋长着自私、狭隘、懦弱等不良的品性；生活条件优裕的儿童却长着一副经常生病住院的体格；虽能讲很多文明礼貌的语言，行为却自私、虚荣，厌恶劳动；入学后，虽"见多识广"，却不会交往，无独立生活和学习的能力；即使入学成绩优异，也很快趋于平庸。人的各方面的素质不是孤立的，而是互相联系、互相影响、互相制约、互相促进、相辅相成的。各方面的素质只有和谐发展才能获得长足发展，不和谐的发展就是畸形发展，不可能得到充分的发展。

综上所述，现代家庭生活的种种变化和趋向，都对家庭的教育作用及其效果发生着这样那样的联系，产生着众多的影响。这些联系和影响既孕育着有利的条件，又可能导致家庭教育的某种困难。这要求我们必须积极探寻新时期学前儿童家庭教育的特点和规律，用科学的家庭教育理论指导当前的家庭教育实践，引导人们走出家庭教育的误区。

第 二 节　学前儿童家庭教育的变革

一、树立科学的儿童观，正确认识和评价子女

儿童观是人们对儿童的总的看法和基本观点，它是教育观的依据。有什么样的儿童观，就会有什么样的儿童教育观。例如，"三天不打，上房揭瓦"这句民间俗语，便表明对儿童有这样一种观念：儿童是天生喜欢捣乱、不守秩序的，于是自然产生了这样的教育观点：对儿童必须严格管束和惩罚，才能防止他犯错误或使他改邪归正。

中国经历了漫长的封建时代，传统文化中的儿童观影响深远，直到今天这种影响依然存在。例如，有的家长把孩子看成是自己的私有财产，不尊重孩子的独立人格，随意打骂孩子；有的家长把儿童看成是传宗接代的工具，把孩子当成"小祖宗"看待，娇惯放纵，任其所为；有的家长无视儿童自身的特点和兴趣，把孩子当成"小大人"对待，以成人的规范要求和评价孩子，使孩子失去了快乐的童年；有的家长把子女当作光耀门庭的工具，在子女身上互相攀比；在有些地区，重男轻女的现象还比较严重，歧视女童；等等。当前，家庭教育中出现的种种问题，无不与家长这些错误的儿童观有关。要做好学前儿童的家庭教育，必须树立科学的儿童观，正确认识和评价孩子。

1. 儿童是人，生来就具有人的尊严和价值，具有一切基本的人权

儿童是家庭中的一个成员，虽然幼小，却是与父母一样的一个人。他有人的思想感情，有自己独立的人格，有自己的需要、愿望和尊严，享有与成人一样的人的一切权益。父母不仅要保护孩子的生命健康，还要满足孩子的正当需要、愿望，尊重孩子的人格和权益。不能把他们当成是任由大人支配的附属品，不要把自己的意志强加给孩子，更不要由着自己的性子随意地指责、呵斥甚至打骂孩子。

2. 儿童是迅速发展中的人，具有发展的巨大潜能

首先，儿童是成长过程中的人，不是成人的雏形，具有其自身的身心发展的特点。父母不能把儿童看作是"小大人"，要了解孩子身心发展的特殊性，不能把他们当成大人那样去对待、去要求。其次，学前儿童正处在心理、生理发育十分迅速的时期，在他们身上蕴藏着各方面发展的极大可能性和可塑性，教育得法就会促进他们最佳的发展。即使他们身心发展出现某种不足之处，或者品德和行为上有缺点、错误，较之成人来说，一般也有较大的矫正可能性。再次，儿童身心发展还不成熟，具有获得成人教育和关怀的需要。父母负有教导、引导孩子的责任，而不能听任其自由发展。

3. 儿童是一个完整的人，应尊重并满足儿童各种发展的需要

儿童跟成人一样，都有自然属性和社会属性，其发展是身体的、认知的、情感的、社会的和人格的整合性的发展。对孩子的教育要避免孤立地只偏重某一方面的发展，应以"完整儿童"为培养目标，着眼于儿童各方面素质的完整培养，实现儿童体、智、德、美、劳的全面和谐发展。为此，家长应承认并尊重儿童所具有的各种发展的需要，并尽可能为儿童创造良好的环境与条件，不仅保证其身体的正常生长发育，还要尽可能给他们提供充分参加游戏、文化、艺术、娱乐和学习活动的机会，使其获得最充分的发展。

4. 每个儿童都是独一无二、独具个性特点的人，其发展具有个体差异性

正如世界上没有两片完全相同的叶子一样，这个世界上也没有两个完全相同的人，每一个生命都是独一无二的，每一个儿童都具有独特的个性，发展水平也存在着差异。有些孩子是先会开口讲话，后会走路，有些孩子刚好相反，先会走，后会说；有些孩子生性活泼、好动，有些孩子则比较文静、内向；有些孩子生来和别人好相处，有些孩子则比较难接近；有些孩子对节奏敏感，有些孩子对图形有兴趣。每个孩子都有长处与不足，作为家长要了解自己的孩子，接纳孩子的特点，正确评价孩子，调节期望水平，因势利导，使孩子发挥最大潜能与优势，健康成长。

5. 儿童是具有主体性的人，具有发展自己的主动性

儿童虽然尚处于发展之中，他们在许多方面还不够成熟，但孩子再小，他也是一个独立的个体，也会以其自身独特的活动方式去感知客观世界。儿童总是以一种主体的身份在与外部世界相互作用的各种活动中发展自己，在他亲身参与的各种丰富的活动中不断构建他的精神世界的。因此，家长要善于"关注孩子的关注""惊奇孩子的惊奇"，保护和尊重孩子主动探究和活动的积极性，避免成人的过度干预和包办代替，让孩子在丰富多彩的活动中接受教育，主动发展。更重要的是要让孩子在人生的各个阶段都能感受到其自身存在的价值和意义，学会自理、自立，不要让孩子从小就生活在成人的影子之下。

6. 儿童期不只是为成人期做准备，它具有独立存在的价值

人生的每个阶段都有各自的意义和价值。婴幼儿期是人生的一个重要时期，是人生命全程的一个特殊阶段，具有独立存在的价值。儿童不只是为将来而活着，他们也为现在而生活，他们应当充分享受儿童期的生活，拥有快乐的童年。教育的目的不仅在于儿

童的发展，而且还在于儿童的欢乐幸福。

儿童有其内在的生动的精神生活，成人应当尊重和珍视这种精神生活，儿童还拥有形之于外的丰富多彩的游戏活动，成人应理解和参与儿童的精神生活和游戏活动，不应将成人文化无条件地强加给儿童。家长应对这一阶段有充分的认识、理解和尊重，珍重幼儿的精神世界、生活世界和生命世界，满足孩子生存、发展、游戏、学习及受教育的需要，使他拥有快乐的童年，促进他身心全面、和谐、健康而富有个性的发展。

7. 儿童的精神世界和文化生活可以给成人以启示，家长应当向儿童学习

儿童不仅是教育的对象，他们也以自己特有的方式影响着成年人。且不说一些孩子所占有的信息量在许多方面超过家长，单就儿童少保守、接受新生事物之敏感，少世故、对人对事真诚直率，都是一些成年人所不及的，都是成人应该学习的。千百年来，诗人、作家、艺术家、哲学家和科学家都在讴歌、赞美童年的美好，都在呼唤童心、童性和童真，这正反映了成人对回归童年生活的向往，也说明了儿童世界对成人世界的影响。因此，家长应善于向孩子学习，在互学共学中，与孩子共同成长。

二、改进亲子交往方式，建立新型的亲子关系

亲子关系原是遗传学中的用语，是指亲代和子代之间的生物血缘关系，在心理学中是指父母与子女之间的相互关系。亲子关系是儿童最亲密的人际关系，对儿童的身心发展有着重大的影响。特别是在独生子女家庭，亲子互动是孩子在家庭中与他人交往的唯一方式，更加重了父母与孩子之间的心理依恋，对独生子女的心理发展有着更重要的意义。心理学的研究表明，亲子关系与儿童的学业成绩、问题行为、心理障碍等有着直接的联系。如果在幼儿期未形成对父母良性的依附关系，在青春期可能把注意力转向不良伙伴，和不良伙伴混在一起，就可能误入歧途。因此，学前期是孩子形成依恋的关键期，建立良好的亲子关系是学前期儿童发展的主要任务之一。

中国传统的亲子关系是不平等的，认为父母不仅给了子女生命，而且将主宰子女的前途与命运。本质上这是一种私有的、从属的、不平等的亲子关系。时至今日，这种不平等的亲子关系的表现仍然随处可见，突出表现在子女对父母是一种服从、听话的关系。父母往往按自己的主观意愿去为孩子设计未来，强迫孩子学这学那，孩子变成了被动的学习机器，进而沦为学习的奴隶。为了孩子的健康发展，我们必须建立新型的、和谐的、平等的亲子关系。

1. 坚持民主平等，尊重儿童人格

社会心理学的研究表明，人际关系的基础是人与人之间的相互重视、相互支持。同样，亲子关系的基础也应是相互重视，相互支持。平等、尊重是家庭中两代人之间情感联系的链条。因此，对于家长而言，学会尊重至关重要。首先，要尊重儿童的主体地位。家长应该用平视的眼光与孩子交流，把他们当作自己的朋友，要充分尊重他们的各种权力。父母不应高高在上，居高临下，更不能随意用极端的方式让子女屈从、让步。同时，父母要放下架子，勇于承认自己的不足，虚心学习孩子的长处，当发现自己有错时，愿意采取适当的方式向孩子道歉。其次，要尊重儿童的心理需要。追求幸福、奖赏和安全

感，避免惩罚、痛苦和排斥是人的本性。儿童在家庭中希望能从父母那里获得更多的喜欢、尊重、信任、赞扬和认可等心理体验，家长应重视儿童的这些心理需求，尽可能地采用肯定、赞扬和鼓励的方式对儿童的言行进行积极性评价。再次，要尊重儿童的年龄特点。儿童的身心发展在不同的年龄阶段会有不同的特点，家长对儿童的认识应建立在尊重年龄特点这一基础上，不应提出过高要求，要善于运用"角色互换"的方式，设身处地用孩子的眼光观察问题、思考问题，理智地对待儿童的一些"过失"。

2. 讲清道理，制定明确的行为标准

制定明确的行为标准是培养儿童良好行为习惯的有效途径。明确具体的行为准则能使儿童知道自己该做什么，不该做什么，从而帮助儿童自觉养成良好的行为习惯。家长在制定行为标准时应尽量使标准明确具体，具有可操作性。要充分考虑它的适宜性，不能超越儿童的接受范围。同时，家长可以和孩子一起商讨制定行为准则。孩子通过参与，很容易将这些准则内化为自己的行为准则，从而大大地提高孩子的积极性，使他们在以后的行为中，能表现出较强的自我控制能力。另外，家长还应讲清制定这些标准的原因。行为标准一经确立，就应坚决贯彻执行，不能半途而废。

3. 重视沟通，促进情感交流

人际交往是实现信息交流的最佳途径。亲子间的良好沟通有助于父母观察儿童的言行举止和情绪变化，分析他们的行为和内心活动，了解他们的心理需求和愿望。第一，开展亲子游戏，走进儿童的生活。父母参与孩子的游戏，与孩子共同活动，一方面有利于促进亲子间的情感交流，帮助儿童学会理解、尊重；另一方面有利于培养儿童的民主意识、合作精神。尤其是那种由于对孩子过分干涉或过多控制所造成的亲子间的紧张、不悦、冷漠等消极情感在游戏中往往会得以缓解甚至消除。第二，学会倾听。孩子在日常生活中的各种感受需要及时表达，父母常是孩子们诉说心声的对象。父母一定要敞开自己的心怀，随时倾听孩子的诉说；对孩子的话题，父母要表现出热心关注和感兴趣；要体会孩子的感受，了解他们的想法。第三，重视语言沟通与非语言沟通相结合。语言沟通指用词语符号进行沟通。语言在沟通中的功能和作用已受到人们的广泛重视。而非语言沟通是通过看得见的手势、动作姿态、表情等来表达思想情感的，有时它比有声语言更有感染力，更容易被接受。对于形象思维活跃、模仿性强的儿童来说，非语言在沟通中的作用更加突出。因此家长要充分利用非语言手段传递信息，如点头、拍肩表达称赞、肯定的信息，亲吻、爱抚传递爱的信息。

4. 适当运用奖励，避免使用惩罚

父母应尽量避免使用惩罚。过多的惩罚，特别是惩罚不当会对孩子造成心灵上的伤害，挫伤他们的积极性，导致亲子关系紧张。心理学的有关研究表明，奖励尤其是精神奖励是调动孩子积极因素、塑造孩子良好行为、使其克服不良习惯的重要手段。在与孩子的交往过程中，父母应多用肯定性的语言，对儿童做出积极性的评价。对于孩子的不良行为，家长不能随意训斥、责骂甚至体罚，简单粗暴的做法不但无助于事情的解决，而且对儿童的身心健康有很大的负面影响，对亲子关系也十分有害。在这种情况下，家长应"晓之以理"，帮助孩子

分析不良行为产生的原因，并指导孩子选择正确的行为。同时，还应"动之以情"，给予他们更多的关心、体贴、理解、宽容，使他们感受到亲子间的真情和家庭中的温暖。

亲子交往既是一门科学又是一门艺术，需要高超的技术技巧。父母要做有心人，要学习有关的教育科学、心理科学知识，以身作则，开动脑筋，针对自己子女的特点，主动积极地采取行之有效的措施，努力发展和完善良好的亲子关系，给孩子提供一个良好的生长环境，使孩子的社会化发展更健康，家庭人际关系更和谐。

三、树立终身学习理念，创建学习型家庭

面对科学技术的迅猛发展和知识经济时代的到来，联合国教科文组织从 20 世纪60～70 年代开始，通过开展一系列国际活动，倡导终身教育思想。在联合国教科文组织的大力推动下，终身教育、终身学习的观念，受到了世界发达国家的重视，并正在成为世界各国制定教育改革和发展政策的主导思想和指导原则。在我国，1995 年颁布的《中华人民共和国教育法》，以法律形式规定国家要"建立和完善终身教育体系"；《国家中长期教育改革和发展规划纲要（2010—2020 年）》确定到 2020 年要"基本形成学习型社会"；2012 年党的十八大报告提出要"完善终身教育体系，建设学习型社会"；2015 年习近平总书记提出要建设"人人皆学、处处能学、时时可学"的学习型社会。

建立学习化社会，实现终身学习，它一方面要求各类教育机构向社会开放，为所有社会成员提供多种、多次受教育的机会，形成开放、灵活、发达、完备的终身教育体系；一方面要求创建学习型组织、学习型家庭、学习型社区，形成人人学习、终身学习的环境和氛围，使学习成为基本的生存和发展方式。

（一）学习型家庭的概念和特征

所谓学习型家庭，是指以终身学习、终身教育思想为指导，以提高家庭生活质量和家庭成员的综合素质为目的，通过家庭全体成员持续的终身的自我导向性学习、互动学习，共享学习成果，实现个体和家庭动态协调发展的一种新型的家庭形态。它是由学习型组织、学习型社会的理论孕育和催化出来的一种具有新时代特征的家庭，是 21 世纪家庭发展的新模式，是学习型社会的细胞和基础，学习型家庭将成为最理想的家庭类型。

虽然学习型家庭的模式多种多样，但其基本特征是相同的。

1. 自主学习

在学习型家庭中，学习应该是自觉自愿的、积极主动的、愉快的开放式学习。每个家庭成员都能确立终身学习的理念，并具有主动学习的动机。学习成为每个家庭成员自身发展的需求，成为家庭成员持续终身的活动，成为家庭生活中不可缺少的一个组成部分，学习生活化，生活学习化。

2. 互动学习

在学习型家庭中，家长既是孩子的启蒙教师，又是孩子的学习伙伴，改变了传统家庭中孩子单向式学习的模式，家长同孩子交互学习，不仅要和孩子共同学习，还要向孩子学习，建立起一种新型的代际关系。

3. 沟通对话

学习型家庭必须建立畅通无阻的沟通渠道。沟通是家庭成员之间相互理解的前提。这种沟通应该具备的条件是：家庭成员愿意敞开心扉；善于倾听，勇于批评与自我批评；相互之间充满信任与理解；成员之间充满爱心；对家庭的未来有共同的心愿；父母放下权威，与孩子平等交流。

4. 共同分享

共同分享包括家庭成员之间共同分享，也包括小家庭与大社会共同分享。在家庭内部，夫妻之间、父母与子女之间、婆媳之间、长辈与晚辈之间都是一个共生体，相互依存，共同发展，既各自承担家庭义务和责任，又共同分享成果和利益。既分享家庭的物质成果，又分享家庭的精神成果；既分享生活体验，又分享知识；既分享学习过程，又分享学习结果；既分享快乐和幸福，又分享烦恼和痛苦。

家庭作为社会的细胞，既承担社会义务，又分享社会的权益；既善于利用外界的信息、学习资源支持家庭内部的学习，又乐意向外界输出并提供自身的能量，与他人交流经验教训，做到资源共享，利益同受，形成"生活即学习，社会即学校"的良性互动局面。

5. 共同成长

家庭学习的目标是实现家庭与家庭成员的可持续发展，使家庭成员更好地适应社会，家庭生活更加温馨、幸福。因此，学习型家庭的重点，并不在于学习的量而在于学习的质。家庭成员读了若干本书，得了几张文凭，家里有一定数量的藏书，并不能说明这就是一个学习型家庭，关键在于家庭成员通过共同学习，获得了知识，增长了才干，发展了能力，提高了修养，从而达到自我改变、自我完善，实现所有家庭成员的共同学习、共同成长。

创建学习型家庭对家庭教育具有重要意义。学习型家庭所提倡的家庭成员全员学习，有利于营造浓郁的学习氛围，对孩子是一种熏陶，有助于孩子形成良好的学习态度和学习习惯；学习型家庭所提倡的家庭成员之间相互学习，密切了亲子关系，有助于家庭关系的和谐，家庭教育易取得好效果；学习型家庭提倡专项学习，学习家庭教育知识成为家长的必修课，家长大量汲取相关的家教知识，无疑有利于提高家教水平。因此，在21世纪知识经济社会里，创建学习型家庭将会成为众多家庭的必然选择。

（二）学习型家庭的创建

1. 家长要树立终身学习的观念

创建学习型家庭首先要求每一位家长都能够确立终身学习的观念。按照传统的观念，人的一生被清晰地划分为学习与工作两个阶段。前半段用来上学读书，后半段用来工作，上学读书学到的知识技能足够在工作中使用。在这种观念支配下，在家庭中，家长的主要任务是工作、挣钱养家，孩子成了家庭中唯一的学习主体。在知识经济时代，知识以前所未有的速度进行更新，学校里所学到的知识很快老化，我们只有终其一生地对自己的知识进行更新，才能赶上知识变化的步伐。按照现代的观念，作为孩子的家长，为了自身的生存和发展，为了更好地适应社会，为了提高生活的质量，都必须不断学习，充实知识，更新观念，将工作和学习"合二为一"，使学习成为自己生活中重要的内容。

在学习型家庭，家长应成为家庭中学习的主体，不仅要带头学习，为孩子做学习的表率，而且要和孩子一起学习，相互学习。特别在网络时代，父母与孩子都处于同一起跑线，父母已失去了"知识权威"的优势，如果不继续学习，则无法承担"教育者"的角色，应放下父母的架子，老老实实向自己的教育对象学习，向孩子学习，与孩子共同成长。

2. 营造民主和睦的家庭气氛

平等、民主、相互尊重的人际关系，温馨、和谐的家庭生活氛围，是建立学习型家庭的基础。学习型家庭反对权威，崇尚真理，家庭成员在知识面前人人平等。家长在子女面前也要"知之为知之，不知为不知"，不能为了顾面子而为自己的错误找借口，甚至不懂装懂。只有在民主的学习气氛下，家长才能虚怀若谷，成为一个真正的学习者。这种家长不但能发现自己的不足之处，还能发现孩子在其成长历程中给予自己的启迪和教育，从孩子身上找回自己在成长中失去的许多优良品质。这样孩子逐渐长大成人、成才，家长自己也随之日臻完美。

另外，学习是一项艰苦的脑力劳动，需要踏实、专心，学习的时候，必须"入境""入静"，即做到目的明确、思想集中、适度紧张。长辈与长辈之间、长辈与晚辈之间互相关心，亲密融洽，是孩子"入境""入静"的重要条件。一个民主、温馨、互相尊重的家庭环境，最适合孩子学习。如果家庭人际关系不和谐，矛盾重重，甚至吵吵闹闹，对孩子就成为一种心理干扰，孩子无法安心学习。

因此，不管是夫妻之间还是亲子之间，不管是在个人发展、家庭发展上，还是在生活学习上，都能够相互关心、互相支持，以此来实现家庭情感的互动功能，营造温馨的学习氛围。既不能把孩子置于家庭中心位置，人人围着孩子转，孩子的事高于一切，也不能像封建家庭那样，家长说一不二，把自己的意志和意愿强加于孩子。家庭成员之间应形成一种和谐民主的关系。第一，家庭成员之间要互相关爱，如要相互体贴，主动承担家务，多为别人着想，勇于担负家庭责任，尊老爱幼等。第二，家庭成员之间要互相尊重、平等相待，有事共同商量，特别要重视孩子的合理意见和建议。这样和谐民主的家庭气氛有利于孩子自主意识和责任心的养成。第三，家人间应进行双向和多向沟通，彼此分享成果，使学习充满乐趣。

3. 开展丰富多彩的家庭活动

当今的社会是开放的社会，今天的学习型家庭从本质上说已不是传统意义上的"书香门第"，其根本区别在于学习型家庭的学习方式是开放式的而不是"闭门只读圣贤书"。除了从书本中学习，还应该从生活实践中学习、从大自然中学习、从网络中学习、从沟通交流中学习。反对死读书、读死书，家庭生活更应该丰富多彩。比如，家庭组织一场演唱会，既培养了兴趣，又陶冶了情操；一家人一起去看一场电影或话剧，既是一次受教育的机会，又增加了交流的话题；合家去参观展览馆、博物馆，既长了见识，又启迪了智慧。特别是多出去旅游，去亲近大自然，游览名山大川、名胜古迹，了解各地的风土人情、历史文化，行万里路胜读万卷书，这不仅能开阔我们的视野，还能丰富我们的知识，锻炼我们的能力。如果在这个过程中再有意识地让孩子去处理一些平时没遇到过的事情，让孩子吃一些在家吃不到的苦，那将是孩子难得的锻炼机会。总之，丰富多彩的家庭生活，不仅有益于家人的身心健康，也有益于孩子发展多方面的情趣和多维学习。

4. 保证共同学习的时间

学习型家庭的本质是父母和孩子拥有一段共同学习的时间，相互交流、相互学习，共同提高。

当今社会，社会竞争越来越剧烈，人们的工作压力越来越大，生活节奏变得越来越快，但人们可自由支配的休闲时间总是越来越多。如何合理分配、充分利用休闲时间，提高休闲时间的文化含量，成了创建学习型家庭的重要一环。家庭学习时间大致分为两大类：第一类为家庭成员自我学习时间，第二类为全家分享时间，其中包括：共同讨论家庭事务时间，全家共同阅读时间，全家相互谈心沟通时间。这3种时间属于家庭共同时间，需要家庭中每个成员共同来创造。没有共同时间，谈不上共同的学习与互相学习。所以，家长不论多忙多累，每天或每周都应抽出固定的时间与孩子一起学习或活动。

5. 创造良好的学习环境

创造良好的学习环境，是家庭学习的基本条件。每一个家庭都应该根据自身的需要和经济条件，配置一定的学习材料及用具，如书房、书柜、书桌、图书、报纸杂志、学习机、电脑等。即使低收入家庭，经济拮据，仍可用克俭的方式构建适宜学习的环境。家庭内部建设应根据每个家庭经济情况而定，也可以因陋就简，将来逐步发展。有外部资源（如社区教育资源）可以借用的，应尽量去借用，避免投资浪费和家庭负担的增加。

环境对孩子的学习影响最大，家长尤其要为孩子创设良好的学习环境。比如，给孩子预备固定的学习场所和桌椅；提供适合儿童学习的图书和学习用具；在孩子学习时，家人要尽量保持安静等。

案例 10-1

如何创造良好的学习氛围

芳芳今年才3岁，她已经能讲很多故事了，还会一个人安静地玩拼图游戏，父母看书时她就自己在旁边安静地搭积木，一点也不影响父母。等父母有空的时候，就一起做游戏。别人都夸芳芳是一个懂事的好孩子，父母说，这主要得益于家里从孩子小的时候就给她创造一个良好的学习氛围。

芳芳父母说的学习并不是指正规的学习，而是指一切获得成长的活动。对3岁的孩子来说，他没有青少年和成人意义上的学习，游戏和玩就是他的学习活动，家庭的学习氛围就是孩子游戏活动的氛围。我们现在提倡建立学习型家庭就是倡导家庭要营造孩子成长的良好的环境，使孩子在这样的环境中能养成好的习惯，这当中父母的作用很大。父母要给孩子树立好的榜样，比如父母热爱学习，经常看书，常常讨论一些问题，交流对事物的看法，爱护图书。在这个过程中，孩子能从父母的学习习惯中模仿养成自己的习惯，从小能有好的游戏习惯，比如安静地看书、画图、搭积木，这对他长大后形成好的学习习惯是非常有好处的。同时，给孩子树立这样一种观念：每一个人都要不断地学习，学习能带来快乐。

四、正确发挥老年人在家庭教育中的作用

家庭中的老年人也就是孩子的祖辈家长。父母对子女的亲子教育和祖辈家长对孙辈的隔代教育，是家庭教育中两种主要的形态。祖辈参与孙辈的教育是中华民族重视家庭教育的传统，是我国家庭教育的一个重要特点。儿童的年龄越小，与祖辈生活在一起的比率越高。在我国，祖辈家长是学前儿童家庭教育中的一支重要力量。因此，必须重视研究老年人在家庭教育中的作用，并加以正确引导。

（一）隔代教育的意义与局限

1. 隔代教育的意义

与父母对子女的亲子教育相比，祖辈对孙辈的隔代教育具有不少优势。

第一，祖辈家长照料孩子有充分的时间和精力，更有耐心。与年轻父母相比，祖辈有充裕的时间和孙辈一同游戏、学习，更有耐心、更宽容，能耐心倾听孩子充满童趣的叙说，观察他们的表现，正好弥补了核心家庭中人际交往过少、年轻父母忙碌而急躁、无暇和子女多交往、多谈心的缺陷。

第二，祖辈家长有抚养和教育孩子的实际经验。老年人照料小孩比较有经验，对孩子在不同的年龄容易出现什么问题，应该怎样处理，知道的要比孩子的父母多得多。凭着丰富的养育经验，他们能自如地应付孙辈的日常养育。许多祖辈做事周到、家规严明，确保了孩子文明、健康、安全地成长。

第三，祖辈家长有丰富的社会阅历和人生感悟。老年人往往有着数十年的生活经验、长期的工作历程和丰富的人生体验，这些社会阅历、人生感悟正是促进儿童社会性发展和有效处理孩子教育问题的宝贵财富。因此，在一般情况下，让老年人参与对孩子的家庭教育，有利于发展孩子的社会性，从而加快社会化进程。

第四，祖辈有独特的智慧和才能。祖辈有的熟悉农谚、气象，有的善于饲养、种植，有的擅长琴棋书画，有的爱好运动，有的痴迷戏剧、歌舞，有的手巧，能剪纸、刺绣、自制玩具等，这些不仅能丰富孙辈的生活乐趣，也能有意无意地引导孙辈观察、求知和探索，在耳濡目染中愉快地参与学习、劳动，发展智慧和才能。

第五，祖辈参与孩子的教育，可以使老年人享受天伦之乐，也有利于解除孩子父母的后顾之忧。

首先，可以使老年人享受天伦之乐，心情舒畅地安度晚年。由于心理上的变化，老年人一般都有返老还童的心理状态。由于血缘关系，老年人对孙子女都有隔代亲、忘年交的心理和表现。让他们对其孙子女承担些教育义务，不仅可以让老人摆脱离开工作岗位后的孤寂，在与孩子共处、互动和同乐中获取生命活力，享有天伦之乐，而且让老人体现出自己的价值，感觉到自己的重要性，对老年人发挥余热，老有所为，保持健康的心理状态、心情舒畅地安度晚年，也是能起到积极作用的。

其次，有利于解除孩子父母的后顾之忧。现代社会的激烈竞争以及快速多变的工作、生活节奏，客观上对年轻父母的亲子教育形成了一定的冲击。他们忙于工作和学习，没有充分的时间来教育、抚养孩子，教育、抚养孩子成为他们的后顾之忧。在这种情况下，

老年人担负起教育孩子的担子，或协助他们担负起部分养育孙子女的担子，可在一定程度上解放年轻父母，能解除中、青年父母的后顾之忧，使他们更专注于工作和事业，这有利于社会的长远发展。

2. 隔代教育的局限

凡事皆有两面，隔代教育也不例外。我们在认识到隔代教育的积极意义时，还要看到它可能潜藏的一些弊端。

第一，祖辈对孙辈过于娇宠和溺爱，影响孩子健康成长。溺爱是祖辈带孩子的主要问题。老年人往往有着强烈的慈幼之性，补偿心理相当严重，对孙辈怀有强烈的感情，他们满腔慈爱，但缺乏理性思考。对孙辈容易过度关怀、过度保护，常常对孩子百依百顺，有求必应，宽容有余，约束不足，所以老人带大的孩子一般生活自理能力较差，依赖、懒惰、自私、任性现象突出。

第二，祖辈在教育要求的把握上，容易与父辈产生不一致。祖辈和父辈往往存在着观念上的分歧和认识上的差异，容易带来各种矛盾和冲突。一是祖辈的过分溺爱与年轻父母的严格管教之间产生矛盾。一般情况下，祖辈更溺爱孩子，在两代成人间常常出现你紧我松、你打我护的情况。有些祖父母在为孙子护短时，常常说的口头禅是"别怕，你爹妈还得听我的"，这样，一方面打击了父母管教子女的权威，另一方面也纵容了孩子的不良行为。二是祖辈的老经验与年轻父母的新观念之间产生矛盾。比较而言，祖辈们更容易靠经验来带孩子，容易对年轻父母的亲子教育干涉过多，甚至垄断对孙辈的教育权。祖辈与父辈在教育孩子问题上产生的分歧，不仅削弱了家庭教育的权威性、有效性，还可能会演变成家庭冲突，特别是婆媳之间的矛盾，从而影响孩子的成长。

第三，祖辈老人存在着知识、经验、观念方面的老化以及身心衰退等多方面的不足和局限，其教育很容易走向片面化。祖辈们虽然经验丰富，但是他们的思想观念形成于多年以前，相对来说比较保守和传统，思维模式容易僵化而缺少变通，其视野、理念容易与时代脱节。老年人在带孩子的过程中，很容易把一些错误的、陈旧的思想观念潜移默化地传播给孙辈，会增加儿童对新知识和新事物的接受难度。特别是农村中年龄较大的老年人，头脑中往往残存着封建迷信思想，有的甚至还很严重。他们在与孩子接触和进行教育时，会自觉不自觉地用那些不合社会发展方向的旧的意识和习惯影响孩子，这对孩子的健康成长是不利的。

另外，因为老年人大多生理衰退，喜静少动，因此，在带孩子的时候，会有意无意地把孩子圈在家庭的范围里。而且，老年人记忆衰退、思维缓慢等自然衰老特征也会潜移默化地影响孩子。儿童时期恰恰是孩子求知欲强、体力和脑力活动充沛的关键时期，这个阶段需要给他们合理的智力刺激和运动量。如果把孩子封闭在小环境内，孩子往往容易养成内向、不爱活动的习惯和生活方式。这对孩子的成长显然是不利的。

第四，隔代教育加重了一些老人的经济负担和心理压力，以致不堪重负。不少老人一生节俭，多历坎坷磨难，饱受风霜严寒之苦，再加退休后收入下降，本就难以度过一个较为安乐的晚年。一旦被迫在经济和精力方面超过自身承受能力，隔代教育对他们而言就是个苦差事。此外，隔代教育还容易助长年轻父母的依赖心理，祖辈帮他们一把的好意被他们不无恶意地利用，老年人往往陷入隔代教育的无底洞中，难以自拔。与此同时，年轻父母的依赖思想有增无减，不仅损害老人的经济、身心状况，而且降低了年轻父母自立于世的能力，后果堪忧。

（二）正确发挥老年人在家庭教育中的作用

隔代教育有利有弊，要正确发挥老年人在家庭教育中的作用，以达到祖辈幸福、父母无忧、孩子健康成长的目的，应该坚持以下原则。

1）年轻父母要明确自己的教养责任，不应将教育、抚养的责任全推给老年人。年轻父母应该清楚地认识隔代教育的利与弊，尽可能发挥老人时间、精力和经验上的教育优势，同时正视老人自身条件限制所带来的负面影响。作为孩子的父母，应明确自己的教养责任，必须明确，隔代教育只能是亲子教育的补充，绝不能替代亲子教育。孩子的父母是孩子最好的教育者，应该担负起对子女抚养和教育的主要责任，即使自己再忙再累，也要有意识地抽出时间，陪孩子游戏、玩耍、学习，与孩子交流，倾听孩子的心声，尽到父母应尽之责。在尊重祖辈家长、发挥隔代教育作用的同时，要协调好亲子教育与隔代教育的关系，形成教育合力，对孩子实施"合作教育"，这是父母不可推卸的责任。

2）老人要清楚自己的定位，可以协助料理孩子的生活和教育，但不能代替父母在家庭教育中的主导作用。老年人应该尽自己的能力为孙辈子女的管教出力，但更重要的是要充分承认孩子父母的自主权和独立性，不应该完全代替孩子父母的教育职能。首先，祖父母应该充分利用自己的管教经验，对孩子的父母提出管教建议，供他们做参考，而不是简单地倚老卖老，指挥孩子的父母应该如何如何去做。其次，祖父母应利用自己的经验和权威，适当地化解父母对孩子的溺爱或暴戾，而不要成为小孩犯错的庇护所，为孩子提供过度的保护。再次，在目前我国独生子女家庭十分普遍的情况下，家庭中能够与孩子交往的对象很少，祖辈家长应该成为孩子情感交流的重要对象，成为他们生活及学习的导师，让孩子多一个重要的快乐源头。但除非父母失去管教功能，如离婚、伤残或入狱等，否则祖辈家长一定要为亲子间的交流创造机会，充分发挥"父母之爱"对孩子健康成长的重要作用。总之，祖辈要做一个积极的家庭教育顾问与助手。

3）父辈与祖辈优势互补，父辈的书本知识与祖辈的实践经验相结合。一般而言，祖辈有着丰富的生活阅历，养育经验丰富，而初为人父母的年轻一代则信息广，育儿理论知识多；祖辈喜好按经验行事，年轻人则尽信书本，依葫芦画瓢；祖辈注重对孩子生活的照料，年轻父母则急于对孩子进行智力开发。父辈与祖辈应该密切配合，取长补短，相互学习。对于祖辈行之有效的经验和意见，年轻父母应尊重和接受，对于一些不妥的做法，应侧面提醒，切不可横加指责、断然否定。况且现今一些有关儿童智力开发、儿童营养学等方面的书，一般理论并不高深，且操作性强，年轻父母不妨买回一些书，指导、示范给祖辈看，更新、充实老人的育儿知识。有条件的，不妨鼓励老人参加附近幼儿园和社区举办的教育讲座或到老年大学学习。养育孩子需要经验，经验需要岁月的积累。老人有着丰富的传统育儿经验，若补充以现代的教育理念，会比初为人父母者只会纸上谈兵、临阵磨枪显得得心应手。

4）老年人要主动地更新知识和观念。社会发展日新月异，这就要求祖辈不断地学习，一是通过学习科学育儿知识，转变教育思想观念，改变陈旧的教育方法，科学、理智地对待孙子女的教育问题，做到不溺爱、不偏爱、不袒护。二是更新价值观念，避免用那些不合时代要求的旧的意识和习惯影响孩子。此外老年人还应该把提高自己的生活质量、过一个幸福的晚年放在第一位。陈旧的观念是老一辈要把儿女的一切都安排得圆圆满满，才叫尽职尽责。其实事实证明这样做的结果，往往适得其反，现在的"啃老族"就是一种典型。只有培养儿女做到事业上的自觉自强，生活上的自力更生，修养上的自我教育，老一辈才算真正的尽职尽责。

5）年轻父母要尊重祖辈的感情需求，减轻老人的经济负担。儿孙绕膝，能给祖辈带来无限的天伦之乐，但是，在这天伦之"乐"的背后隐藏着涩涩的"苦"。抚养照料小孩要花费老人大量的心血和精力，同时也增加了老人的经济负担。因此，让老年人抚养照料孩子要坚持自愿、量力的原则。所谓自愿，就是要尊重老年人的愿望和心情。有时因家庭成员之间的矛盾等原因，老年人不愿多照顾、养育孙子女，在这种情况下，就不要强人所难，不应将养育孩子的责任硬加在老人身上。所谓量力，就是根据老年人的身体等方面的情况，看其能承担多少养育孙子女的任务。如老年人身体状况不佳，就不应将抚养、教育孩子的任务硬推给他（她）。年轻的父母一方面不可剥夺老人享受天伦之乐的权利，另一方面要关心老人的身心健康，照顾老人的生活，减轻老人的经济负担。对于祖辈帮助照料孩子，年轻父母应心存感激，不要误以为是"天经地义"之事。只有父辈与祖辈协调一致，相互理解与支持，才能为下一代创造一个欢乐、祥和的家庭环境，进而克服单纯由祖辈教养孩子的弊端。

6）社区和幼儿园承担起提高祖父母教育素质的责任。过去，幼儿园家长工作的重心主要放在父母身上，如今，随着祖辈抚养幼儿现象日趋普遍，有些幼儿园已开始重视祖父母在孩子成长中的作用，并做了一些工作，但基本上是照搬父母工作的模式，如召开爷爷奶奶外公外婆家长会等，但由于没有充分认识到祖父母与双亲之间的不同之处，往往效果不理想。例如，祖父母思想观念不易改变，知识水平较低，较难接受新的事物，这些不是简单地靠一两次会议就能解决的。因此，简单地移植父母工作的方法是不可行的，应该在认真研究这一现象的基础上，利用祖父母的优势，如时间充足、与教师接触的机会较多、对教师的信任度较高、易接受孩子的意见等，去克服不利的因素，探索总结出一套符合祖父母生理、心理特点的工作方法，进而更有效地提高幼儿园家长工作的质量。

当前我国学前教育，尤其是 0～3 岁孩子的教育基本以家庭抚养为主，因此，学前儿童家庭教育指导应以社区为依托，成为社区的一项系统工程。社区可以根据自己的实际情况，动员社会力量，诸如医院、社会团体、教育机构向祖父母介绍先进的、科学的育儿知识；也可以利用刊物、黑板报、家长沙龙、家教经验介绍会、家庭互助等各种形式，帮助家庭协调祖辈与双亲在教育孩子问题上出现的矛盾。如果社区都能积极参与这项工作，无疑会对这一社会现象起一个很好的引导作用。

🐌 家庭教育案例评析

只管生不管养　透析现代社会问题之隔代育儿

中国是世界上为数不多的普遍存在"隔代教育"的国家。一项全国范围内调查"隔代教育"的结果显示：中国目前有近一半孩子是跟着爷爷奶奶、外公外婆长大的。

现代社会的生活节奏与压力，使年轻父母们必须全身心地投入到打拼生活、打拼事业的洪流中，将孩子托付给祖父母辈无疑是最稳妥的选择。但凡事都没有十全十美，隔代教育有利有弊，在不同社会背景下成长起来的两代人，在育儿问题上会经常发生一些矛盾或冲突。鉴于这样广泛存在的社会现实，本刊特开辟"隔代育儿"栏目，希望能够给这样的家庭提供一些有价值的建议，帮助家长们更好地养育宝贝。

1. 妈妈抢走了我的孩子

贪玩任性的王丽终于出嫁了，但夫妻两个人只顾玩儿，不肯要孩子，王妈妈急得直跺脚，气得说："赶紧趁妈腿脚还灵便，要个孩子吧，你只管生下来，其他什么都不用管！"

一年后，王妈妈如愿以偿地有了外孙。王丽夫妻依旧是睡到日上三竿，玩到更深露重。儿子长年寄居在王妈妈家，夫妻俩一星期回去一次，逗孩子玩玩儿，仿佛是路过的叔叔阿姨。

孩子胖乎乎的，会说的第一个词是"咬咬"，就是姥姥。孩子整天黏在姥姥身边，知道姥姥对自己最好，跟着姥姥可以吃好吃的，被别人欺负了可以扑到姥姥怀里哭。

慢慢地，看着同事们每天在办公室孩子长孩子短的谈论着孩子成长的趣事，办公桌上不断更换着孩子各年龄段的照片，王丽开始发自内心地想念孩子。每次回到娘家的时候，整个周末都和孩子黏在一起，爱也爱不够。

孩子不接受她，晚上不肯和她一起睡，哭着找到姥姥，一把鼻涕一把泪全蹭到姥姥的衣服上。王丽看着很心酸，觉得是妈妈抢走了自己的孩子，忍不住横竖找刺儿，冲老太太发火。

王妈妈也很委屈，觉得自己心甘情愿地照顾孩子这么久，一不怕苦二不怕累，咋还落埋怨了呢？

不同观点

正方点评：在国内，由于各种各样的原因，孩子不能完全依赖并委托给托幼机构，在父母不能承担养育和教育责任的时候，祖父母辈肯定是最理想的替代照顾人。他们毫无回报地爱孩子，有经验、有耐心、有时间，如果孩子交给王某夫妻，也许连最基本的养育都成问题，更别说应有的关爱。

反方点评：父母应该和孩子一起成长，不能因为自己贪图享乐的自私想法就把孩子完全推给上一辈。依靠父母来帮助自己照顾孩子，自己却撒手不管，使孩子从小沦陷在祖辈的溺爱中，缺失正常的父爱和母爱，最终，造成父母与孩子的情感隔阂，对孩子的心理造成不可修复的影响，实在是得不偿失。

专家建议

父母辈角色在生活中的长期过度缺失，必然会导致孩子对祖父母辈的完全依赖，并进一步导致孩子的情感错位。此时，父母辈再回来介入孩子的生活，就必须拥有极大的耐心，增加相处时间，让孩子真切地体会到父母的爱，逐渐恢复对父亲、母亲在情感上的正确认知与定位。祖父母辈应配合父母辈，不应因心疼孩子哭闹就继续将孩子大包大揽在自己怀里，剥夺父母辈教养孩子的权利与乐趣。

2. 一个叫"工作"的怪兽

张黎和妻子都是律师，工作繁忙，有了女儿囡囡以后，张黎将父母从老家接来，帮忙照顾囡囡。自此，两个人感觉轻松踏实了很多，不用边翻卷宗边喂奶，边接电话边换尿不湿，手忙脚乱。

每天回到家，爷爷奶奶都和张黎夫妻汇报囡囡的成长情况，长了一颗牙啊，会笑会爬了，夫妻俩听完，心里也很高兴。同时，也觉得这么美好的成长经历，自己却不能陪在孩子身边，心中都有些怅然若失。

时间一长，难免有矛盾。这一天，张黎的妻子下班早，一推门，正好看到奶奶把苹果嚼碎了嘴对嘴喂给囡囡，心里觉得一阵恶心，又不好明说，只好忍住气。张黎回来后，两个人闷在屋子里大吵了一架。张黎虽然也觉得自己的母亲做法欠妥，但觉得老婆有点儿小题大做，张黎的妻子气头上开始翻旧账，比如沾着口水给孩子梳头，从外面回来不给孩子洗手，经常给孩子吃糖等。吵来吵去没有结果，最后也只有不了了之。

囡囡每天像小树苗一样茁壮成长，在爷爷奶奶的教育下，会唱儿歌，会背唐诗，会跳舞。周末囡囡最开心，但囡囡跑到爸爸那儿，爸爸说，"乖，爸爸在工作，去找妈咪玩儿"。囡囡又跑到妈咪那儿，妈咪说，"乖，妈咪在工作，去找奶奶玩儿"。孩子只好噘着嘴又回到爷爷奶奶那里撒娇。

囡囡长到3岁上了幼儿园。这一天，幼儿园的老师打来电话说，囡囡今天讲了一个故事，囡囡说，她家里有爷爷、奶奶、爸爸、妈妈，爸爸、妈妈被一个叫"工作"的怪兽抢走了，保护不了囡囡。还是爷爷、奶奶最厉害，保护囡囡长得快、不咳嗽，和爷爷、奶奶在一起，就没有人敢抢囡囡。

不同观点

正方点评：张黎夫妻受过高等教育，并且也接受了许多比较科学的喂养与教育孩子的方法，只是苦于工作繁忙，没办法付诸实践，而祖父母一代受教育程度比较少，育儿知识都是一代代人传下来的经验。在张黎夫妻迫于现实不能舍弃工作的情况下，爷爷奶奶来带孩子，也无可非议，但张黎夫妻应和自己的父母相互沟通。同时，尽量让父母用现代科学知识抚养教育孩子。上一辈的养育经验也并非一无是处，张黎夫妻也要有选择性地接受，互相补充育儿盲点，以减少家庭矛盾。

反方点评：为人父母，不管多忙都应该抽时间与孩子在一起，把对孩子的教育权、抚养权完全交给祖辈是对孩子非常不负责任的做法。有了孩子，生活重心必然会发生偏移和改变，应该为了孩子尽量调整自己的时间安排。老人可以成为家长的帮手，但绝对不能成为负责养育与教育孩子的主力军。

专家建议

在三代同堂的家庭，通常是祖父母辈与父母辈两代人不同程度地共同参与孩子的养育与教育，这样的情况下，最容易发生的矛盾就是育儿观念和方法的冲突，老一辈执着于阅历与经验，父母辈执着于知识与书本。既然都是为孩子好，与其每天争执不休，你怒我怨，影响家庭和谐，不如两代人经常坐在一起聊聊，父母辈再忙，也要抽出时间来和祖父母辈探讨和交流各自的育儿经验与知识，说出自己的看法，最终取得一定的共识，使得家庭和睦，孩子也能茁壮成长。

3. 我的妈咪是电话

小青和丈夫明明是老乡，两个人共同在城市奋斗。两个人先是有了一个女儿，女儿2岁时，小青又有了儿子，迫于经济与精力的双重压力，只好把女儿送回农村老家，跟着外公外婆生活。

女儿很乖巧，但外婆在电话里说孩子不太爱说话。好一段时间内，关于女儿的部分，小青只有打电话、寄生活费两件事情可做。小青的爸爸妈妈每个月寄来一些照片，女儿胖了，也黑了。村里没有幼儿园，小青的爸爸妈妈识字又不多，只能管好吃穿，教育是完全谈不上的。小青只能心里干着急。

一天，小青正在上班，手机忽然响了起来，是小青的妈妈，说孩子掉到了村口的池塘里，虽然抢救过来了，但孩子受到很大惊吓。小青哭着挂断电话，买了连夜的火车票回到老家。跑到医院，小青抱着女儿就不肯松手，呜呜地哭，小青的妈妈憔悴内疚地站在旁边，让人不忍心责怪。

小青再不忍心把女儿扔在老家，不顾明明反对，把女儿带回了身边。回到家的当天晚上，女儿趴在小青的耳边，说，"我又有妈咪了，看村里的小坏蛋们谁还敢说我妈妈是电话"。

不同观点

正方点评：小青的爸爸妈妈帮小青照顾女儿，才能让小青毫无后顾之忧地为工作为家庭打拼，为小青一家奠定了"后方基础"。虽然文中小青的女儿不慎出了意外，但这并不是祖父母辈主观故意，所以，过错不能埋没功劳。

反方点评：祖父母辈已经上了年纪，有时难免有心无力。在文中，隔代教育所带来的负面影响已经显现，如教育问题、习惯问题、安全问题等。祖父母辈的性格、习惯、受教育程度等都会影响到对孩子的照顾与教育。所以，如果祖父母辈不具备基础条件，而父母辈又实在需要有人帮助的时候，应该尽量缩短孩子托付给父母的时间，将孩子尽早接回身边。

专家建议

现代社会，年轻人打拼不易，有时的确因为时间、居住环境或经济压力等多种原因，父母辈暂时无法照顾孩子。这种情况下，根据中国的社会环境与家庭文化，将孩子托付给祖父母辈照看一段时间，是最好、最放心不过的选择。但父母辈应注意，将孩子交给祖父母辈时，必须将照顾孩子的一些注意事项与祖父母辈充分沟通、叮嘱，并就一些基本常识与安全知识达成共识。等到孩子也具备一定沟通能力时，应该对孩子也进行适当的教育，使其具备基本的安全意识，以避免危险的发生，增加安全系数。同时，父母辈应努力创造条件，尽量早日将孩子接回自己身边。

（摘自育儿网，http://www.ci123.com/yuedu/detail/1957）

思考与练习

1. 当前我国学前儿童家庭教育有哪些误区？产生这些误区的原因是什么？
2. 目前，我国家庭人际关系发生了哪些变化？对家庭教育有哪些影响？
3. 教师和家长应该树立什么样的儿童观？
4. 什么是学习型家庭？怎样创建学习型家庭？
5. 隔代教育有何利弊？如何才能正确发挥老年人在家庭教育中的作用？
6. 峰峰的外公突然中风以后，变成了"植物人"，峰峰的父母经常到医院去看他。开始的时候，妈妈也带峰峰去。后来峰峰不愿去了，妈妈问他为什么，峰峰若无其事地说："他不知道的！"妈妈很吃惊，为孩子的"不孝"而痛心。因为在妈妈看来，外公是最宠爱峰峰的，每个月都给他买玩具。分析峰峰的这种态度产生的原因，并阐述在当今独生子女家庭居多的情况下，如何培养孩子"爱"的情感。

拓展阅读

邹强，2011. 中国当代家庭教育变迁研究. 天津：天津大学出版社.

全国妇联儿童工作部，2011. 全国家庭教育调查报告. 北京：社会科学文献出版社.

| 附 录 |
全国家庭教育指导大纲

妇字〔2010〕6号

为了深入贯彻落实《中共中央国务院关于进一步加强和改进未成年人思想道德建设的若干意见》，提高全国家庭教育总体水平，促进儿童全面健康发展，依据《中华人民共和国未成年人保护法》《中华人民共和国义务教育法》《中华人民共和国母婴保健法》《中华人民共和国预防未成年人犯罪法》等法律法规，特制定《全国家庭教育指导大纲》（以下简称《大纲》）。

一、适用范围

《大纲》适用于各级各类家庭教育指导机构和相关职能部门、社会团体、宣传媒体等组织对新婚夫妇、孕妇、18岁以下儿童的家长或监护人开展的家庭教育指导行为。

二、指导原则

家庭教育指导应注重科学性、针对性和适用性。一是坚持"儿童为本"原则。家庭教育指导应尊重儿童身心发展规律，尊重儿童合理需要与个性，创设适合儿童成长的必要条件和生活情景，保护儿童的合法权益，特别关注女孩的合法权益，促进儿童自然发展、全面发展、充分发展。二是坚持"家长主体"原则。指导者应确立为家长服务的观念，了解不同类型家庭之家长需求，尊重家长愿望，调动家长参与的积极性，重视发挥父母双方在指导过程中的主体作用和影响，指导家长确立责任意识，不断学习、掌握有关家庭教育的知识，提高自身修养，为子女树立榜样，为其健康成长提供必要条件。三是坚持"多向互动"原则。家庭教育指导应建立指导者与家长、儿童，家长与家长，家庭之间，家校之间的互动，努力形成相互学习、相互尊重、相互促进的环境与条件。

三、家庭教育指导内容及要求

（一）新婚期及孕期的家庭教育指导

1. 家庭教育指导重点

新婚期及孕期的家庭教育指导主要是引导夫妇共同做好优生优育优教的知识准备，并为新生命的诞生做好心理准备和物质准备。

2. 家庭教育指导内容要点

1）重视婚检、孕前检查和优生指导，提高出生人口素质。鼓励新婚夫妇主动参与婚前医学健康检查，选择适宜的受孕年龄和季节，并注意形成良好的生活习惯，鼓励计划怀孕夫妇在怀孕前参加健康教育、健康检查、风险评估、咨询指导等专项服务。对于大龄孕妇、有致畸因素接触史的孕妇、怀孕后有疾病的孕妇以及具有其他不利优生因素的孕妇，督促其做好产前医学健康咨询及诊断。对于不孕不育者，引导其科学诊断、对症治疗，并给予心理辅导。

2）关注孕期保健，孕育健康胎儿。指导孕妇掌握优生优育知识，配合医院进行孕期筛查和产前诊断，做到早发现、早干预；避免烟酒、农药、化肥、辐射等化学物理致畸因素，预防病毒、寄生虫等致畸因素的影响；科学地增加营养、合理作息、适度运动，进行心理调适，促进胎儿健康发育。

3）做好相应准备，迎接新生命降临。指导准家长做好新生儿出生的相应准备，学习育儿的方法和技巧，购置儿童生活必备用品和保障母婴健康的基本卫生用品，营造安全温馨的家庭环境。

4）提倡自然分娩，保障母婴健康。加大宣传力度，指导孕妇认识自然分娩的益处，认真做好孕妇产前医学检查，并协助舒缓临盆孕妇的焦虑心理。

（二）0～3 岁年龄段的家庭教育指导

1. 0～3 岁儿童的身心发展特点

婴幼儿期即从出生到大约 3 岁，是个体神经系统结构发展的重要时期，儿童身高和体重均有显著增长；遵循由头至脚、由中心至外围、由大动作至小动作的发展原则，逐渐掌握人类行为的基本动作；语言迅速发展；表现出一定的交往倾向，乐于探索周围世界；逐步建立亲子依恋关系。

2. 家庭教育指导内容要点

1）提倡母乳喂养，增强婴儿免疫力。指导乳母加强乳房保健，在产后尽早用正确的方法哺乳；在睡眠、情绪和健康等方面保持良好状态，科学饮食，增加营养；在母乳不充分的阶段采取科学的混合喂养方法，适时添加辅食。

2）鼓励主动学习，掌握儿童日常养育和照料的科学方法。指导家长按时为儿童预防接种，培养儿童健康的卫生习惯，注意科学的饮食调配；及早对孩子进行发展干预，让孩子多看、多听、多运动、多抚触，带领儿童开展适当的运动、游戏，增强儿童体质；了解儿童成长阶段的特点和表现，学会倾听、分辨儿童的"语言"，安抚儿童的情绪；学会了解儿童的发病征兆及应对方法，掌握病后护理常识。

3）设定生活规则，养成儿童良好的生活行为习惯。指导家长了解婴幼儿成长的规律及特点，为儿童设定日常生活规则，并按照规则指导儿童的日常生活行为；重视发挥父亲的角色作用，利用生活场景进行随机教育；指导家长采用鼓励、表扬等正面强化教育措施，塑造儿童的健康生活方式。

4）加强感知训练，提高儿童感官能力，预防儿童伤害。指导家长创设儿童自如爬行、充分活动的独立空间与条件，随时、充分地利用日常生活中的真实物品和现象，挖掘其内含的教育价值，让儿童在爬行、观察、听闻、触摸等训练过程中获得各种感官活动的经验，促进儿童的感官发展。同时要加强家庭保护，防止意外伤害发生。

5）关注儿童需求，激发儿童想象力和好奇心。指导家长为儿童提供抓握、把玩、涂鸦、拆卸等活动的设施、工具和材料；用亲子游戏的形式发展儿童双手协调、手眼协调等精细动作；用心欣赏儿童的行为和作品并给予鼓励，分享儿童的快乐，促进儿童直觉动作思维发展，满足儿童好奇、好玩的认知需要。

6）提供言语示范，促进儿童语言能力发展。指导家长为儿童创设宽松愉快的语言环境；提高自身口语素养，为儿童提供良好的言语示范；为儿童的语言学习和模仿提供丰富的物质材料，运用多种方法鼓励儿童多开口；积极回应儿童的言语需求，鼓励儿童之间的模仿和交流。

7）加强亲子沟通，养成儿童良好情绪。指导家长关注、尊重、理解儿童的情绪，多给予儿童鼓励和支持；学习亲子沟通的技巧，以民主、平等、开放的姿态与儿童沟通；客观了解和合理对待儿童过度的情绪化行为，有针对性地实施适合儿童个性的教养策略。培养良好的亲子依恋关系。

8）帮助儿童适应幼儿园生活。入园前，指导家长有意识地养成儿童自理能力、听从指令并遵循简单规则的能力等。入园后，指导家长积极了解儿童对幼儿园的适应情况，在儿童出现不良情绪时通过耐心沟通与疏导来稳定儿童的情绪，分析入园不适应的原因，正确面对分离焦虑。

（三）4～6岁年龄段的家庭教育指导

1. 4～6岁儿童的身心发展特点

4～6岁是儿童身心快速发展时期，具体表现在：儿童的身高、体重、大脑、神经、动作技能等方面获得长足的进步；大肌肉的发展已能保证儿童从事各种简单活动；儿童直觉行动思维相当熟练，并逐渐掌握具体形象思维；儿童词汇量迅速增长，基本掌握各种语法结构；儿童开始表现出一定兴趣、爱好、脾气等个性倾向以及与同伴一起玩耍的倾向。

2. 家庭教育指导内容要点

1）加强儿童营养保健和体育锻炼。指导家长带领儿童积极开展体育锻炼；根据儿童的个人特点，寻找科学合理而又能为儿童接受的膳食方式；科学搭配儿童饮食，做到营养均衡、种类多样、比例适当、饮食定量、调配得当；不断学习关于儿童营养的新理念、新知识。

2）培养儿童良好的生活和卫生习惯。指导家长与儿童一起制定儿童的家庭生活作息制度；积极运用奖励与忽视并行的方式纠正并消除儿童不良的行为方式与癖好；定期带领儿童进行健康检查。

3）抓好安全教育，减少儿童意外伤害。指导家长提高安全意识，尽可能消除居室和周边环境中的伤害性因素；以良好的榜样影响、教育、启迪儿童；结合儿童的生活和学习，在共同参与的过程中对儿童实施安全教育，提高儿童的生命意识；重视儿童的体能素质，通过活动提高其自我保护能力。

4）培养儿童良好的人际交往能力。指导家长关注儿童日常交往行为，对儿童的交往态度、行为和技巧及时提供帮助和辅导；注意培养儿童多方面的兴趣、爱好和特长，增强儿童交往的自信心；开展角色扮演游戏，帮助儿童在家中练习社交技巧，并积极为儿童创造与同伴交往的机会，培养儿童乐于与人交往的习惯和品质。

5）增强儿童社会适应性，培养儿童抗挫折能力。指导家长鼓励儿童以开放的心态充分展示自己，同时树立面对挫折的良好榜样；充分利用传播媒介，引导儿童学习面对挫折的方法；适时、适宜地在儿童成长过程中创设面对变化与应对挫折的生活情境与锻炼机会；在儿童遇到困难时以鼓励、疏导的方式给孩子以必要的帮助与支持。

6）丰富儿童感性知识，激发儿童早期智能。指导家长带领儿童关心周围事物及现象，多开展户外活动，以开阔儿童的眼界，丰富儿童的感性知识；灵活采用个别化教育手段，有针对性地鼓励儿童积极活动、主动参与、积累经验、发展潜能；改变传统的灌输、说教方式，以开放互动的方式让儿童在玩中学、在操作中探索、在游戏中成长。

（四）7～12 岁年龄段的家庭教育指导

1. 7～12 岁儿童的身心发展特点

7～12 岁是整个儿童期十分重要的发展阶段。该阶段的儿童身心发展特点主要体现在：儿童身高和体重处于比较迅速的发展阶段；外部器官有了较快发展，但感知能力还不够完善；儿童处于从以具体的形象思维为主向抽象的逻辑思维过渡阶段；情绪情感方面表现得比较外显。

2. 家庭教育指导内容要点

1）做好儿童健康监测，预防常见疾病发生。指导家长科学安排儿童的饮食，引导儿童养成健康的饮食习惯；培养儿童良好的卫生习惯和作息习惯；为儿童提供良好的学习环境，注意用眼卫生并定期检查视力；督促儿童坚持开展体育锻炼，积极配合卫生部门定期做好儿童健康监测。

2）将生命教育纳入生活实践之中。指导家长带领儿童认识自然界的生命现象，帮助儿童建立热爱生命、珍惜生命、呵护生命的意识；抓住日常生活事件增长儿童居家出行的自我保护知识及基本的生命自救技能。

3）培养儿童基本生活自理能力。指导家长重视养成教育，防止因为溺爱造成孩子的依赖性，注重儿童生活自理意识的培养；创设家庭环境，坚持从细微处入手，以激励教育为主，提高儿童的生活自理能力，养成生活自理的习惯。

4）培养儿童的劳动观念和适度花费习惯。指导家长教授儿童一定的劳动技巧，给儿童创造劳动的机会，培养儿童劳动的热情；鼓励儿童参与家庭财务预算，合理支配零用钱，防止欲望膨胀，形成量入为出的观念，培养儿童理财的意识。

5）引导儿童学会感恩父母、诚实为人、诚信做事。指导家长为儿童树立积极的人格榜样，创造健康和谐的家庭环境；从大处着眼、从小事入手，及时抓住日常生活事件教育儿童尊敬老师、孝敬长辈，学会关心、感激和回报他人。

6）帮助儿童养成良好的学习习惯和学习兴趣。指导家长以身作则、言传身教，创设安静的环境，引导儿童专心学习，养成良好的学习习惯；注意培养儿童的学习兴趣；正确对待儿童的学习成绩。

（五）13～15岁年龄段的家庭教育指导

1. 13～15岁儿童身心发展特点

13～15岁的儿童正处于告别幼稚、走向成熟的过渡时期，即青春期。青春期的儿童面临着生理和心理上的"巨变"：各项身体指标接近于成人；性激素分泌大大增加，引起了性的萌发与成熟；感知觉能力不断提高，能有意识地调节和控制自己的注意力；逐步采用有意记忆的方法，其抽象逻辑思维日益占据主要地位；自我控制能力有了明显的发展，情感不再完全外露，但情绪还不稳定、易冲动。

2. 家庭教育指导内容要点

1）对儿童开展适时、适当、适度的性别教育。指导家长进行青春期生理卫生知识指导，帮助儿童认识并适应自己的生理变化；开展科学的性心理辅导，进行青春期异性交往的指导；加强对儿童的性道德观念教育，并注意控制家庭的不良性刺激；引导儿童以合理的方式宣泄情绪。

2）利用日常生活细节，开展伦理道德教育。指导家长加强自身道德修养，发挥道德榜样作用；把"修德做人"放在首位，强化儿童的伦理道德意识；肯定儿童的自我价值意识，立足道德的积极面引导儿童；创设健康向上的家庭氛围；与学校、社会形成合力，净化家庭和社会文化环境。

3）开展信息素养教育，引导儿童正确使用各种媒介。指导家长掌握必要的信息知识与技能；树立民主意识，做儿童的朋友，了解儿童使用各种媒介的情况；培养儿童对信息的是非辨别能力和信息加工能力；鼓励儿童在使用网络等媒介的过程中学会自我尊重、自我发展；多关心鼓励对网络等媒介使用上瘾的儿童，并根据实际情况适时寻求专业咨询和心理援助。

4）重视儿童学习过程，促进儿童快乐学习。指导家长和儿童树立正确的学业态度和应试心理；重视儿童学习方法和学习习惯的养成；教育儿童克服考试焦虑的方法与技巧；与儿童共同制定学习目标，并对取得阶段性成绩的儿童予以及时鼓励；在儿童考试受挫时鼓励儿童。

5）尊重和信任儿童，促进良好的亲子沟通。指导家长摆正心态，以平等的姿态与儿童相处；学习与儿童沟通的技巧，学会运用委婉、民主、宽容的语言和态度对待儿童；学会倾听儿童的意见和感受，学会尊重、欣赏、认同和分享儿童的想法；学会采取正面方式激励儿童。

6）树立正确的学业观，尊重儿童的自主选择。指导家长帮助儿童树立信心，勇于面对现实；协助儿童综合分析学业水平、兴趣爱好、未来规划等，选择适合其发展的高中、职校或其他发展方式；宽容地对待儿童的自我选择。

（六）16～18岁年龄段的家庭教育指导

1. 16～18岁儿童的身心发展特点

16～18岁的儿童经过青春期的迅速发育后进入相对稳定时期。其身体生长主要表现在形态发育、体内器官的成熟与机能的发育、性生理成熟等方面；在认知方面，儿童认知结构的完整体系基本形成，抽象逻辑思维占据优势地位；观察力、联想能力等迅速发展；情绪情感方面以内隐、自制为主，自尊心与自卑感并存；性意识呈现身心发展不平衡的特点。

2. 家庭教育指导内容要点

1）引导儿童树立积极心态，尽快适应学校新生活。指导家长引导儿童树立健康的人生态度；经常与儿童沟通交流，掌握儿童的学习情况、思想动态；经常与学校联系，了解儿童可能遇到的适应问题并及时提供家庭支持。

2）引导儿童与异性正确交往。指导家长根据该年龄阶段儿童个性特点，引导儿童积极开展社交活动和正常的异性交往；利用日常生活的相关事件，适时适当适度开展性生理、性心理辅导；对有"早恋"行为的儿童，指导家长学会提供经验参考，帮助儿童提高应对问题的现实处理能力。

3）引导儿童"学会合作、学会分享"。指导家长通过召开家庭会议等形式，与儿童一起平等、开放地讨论家庭事务，并共同分担家庭事务；鼓励儿童在集体生活中锻炼自己，让儿童品尝与人合作的快乐；鼓励儿童积极参与社会实践活动，在活动中学会乐于与人相处、勇于承担责任。

4）培养儿童做一个知法、守法的好公民。指导家长加强法律知识学习，掌握家庭法制教育的内容和方法，努力提高自身法制意识；注意以身作则，自觉遵守法律，为儿童树立榜样；与儿童建立民主平等的关系，切实维护儿童权益。

5）指导儿童树立理想信念、合理规划未来。指导家长引导儿童从小树立社会责任感，树立国家意识；与儿童共同协商规划未来，并尊重和鼓励儿童进行自主选择；从儿童实际出发，不断调整自身期望；引导儿童学会将理想与现实的奋斗相结合。

6）引导儿童树立自信心，以平常心对待升学。指导家长在迎考期间保持正常、有序的家庭生活，科学、合理安排生活作息，保证儿童劳逸结合，身心愉快；保持适度期待，鼓励儿童树立自信心，以平常心面对考试；为儿童选择志愿提供参考意见，并尊重儿童对自身的未来规划与发展意愿。

（七）特殊儿童、特殊家庭及灾害背景下的家庭教育指导

1. 特殊儿童的家庭教育指导

1）智力障碍儿童的家庭教育指导。指导家长树立"医教结合"的观念，引导儿童听从医生指导，拟定个别化医疗和教育训练计划；通过积极的早期干预措施改善障碍状况，并培养儿童社会适应的能力；引导家长坚定信心、以身作则，重视儿童的日常生活规范训练，并循序渐进、持之以恒。

2）听力障碍儿童的家庭教育指导。指导家长积极寻求早期干预，积极主动参与儿

童语训，在专业人士协助下制定培养方案，充分利用游戏的价值，重视同伴交往的作用，发展儿童听力技能和语言交往技能，使其能进行一定的社会交往，逐步提高儿童的社会适应能力；加强对儿童的认知训练、理解力训练、运动训练和情绪训练。

3）视觉障碍儿童的家庭教育指导。指导家长及早干预，根据不同残障程度发展儿童的听觉和触觉，以耳代目、以手代目，提升缺陷补偿。对于低视力儿童，指导家长鼓励儿童运用余视力学习和活动，提高有效视觉功能。对于全盲儿童，指导家长训练其定向行走能力，增加与外界接触机会，增强其交往能力。

4）肢体残障儿童的家庭教育指导。指导家长早期积极借助医学技术加强干预和矫正，使其降低残障程度，提高活动机能；营造良好家庭氛围，用乐观向上的心态感染儿童；鼓励儿童正视现实、积极面对困难；教育儿童通过自己努力，积极寻求解决问题的方法，以获取信心。

5）情绪行为障碍儿童的家庭教育指导。引导家长营造良好家庭氛围，给予儿童足够的关爱；加强与儿童的沟通与交流，避免儿童遭受不良生活的刺激；多采取启发鼓励、说服教育的方式；支持、尊重和鼓励儿童，多向儿童表达积极情感；多给儿童创造与伙伴交往的机会，培养儿童集体意识，减少其心理不良因素。

6）智优儿童的家庭教育指导。引导家长深入地了解儿童的潜力与才能，正确全面地评估儿童；从儿童的性格、气质、兴趣和能力等实际出发，因材施教，循序渐进地开发儿童智力、发展儿童特长；坚持德智体全面发展，提高儿童的综合素质；保持头脑清醒，正确对待儿童的荣誉。

2. 特殊家庭的家庭教育指导

1）离异和重组家庭的家庭教育指导。指导家长学会调节和控制情绪，不要在儿童面前流露对离异配偶的不满，不能简单粗暴或者无原则地迁就、溺爱儿童；多与儿童交流沟通，给儿童当家作主的机会，鼓励儿童参与社会活动；定期让非监护方与儿童见面，不断强化儿童心目中父（母）亲的形象和情感；调动亲戚、朋友中的性别资源给儿童适当的影响，帮助其性别角色充分发展。指导重组家庭的夫妇多关心、帮助和亲近儿童，帮助减轻儿童的心理压力，帮助儿童正视现实；互敬、互爱、互信，为儿童树立积极的榜样；对双方子女一视同仁；加强家庭成员间的沟通，创设平和、融洽的家庭氛围。

2）服刑人员家庭的家庭教育指导。指导监护人多关爱儿童；善于发现儿童的优点，用教育力量和爱心培养儿童的自尊心；信任儿童，并引导儿童克服自卑心理；定期带儿童探望父（母），满足儿童思念之情；与学校积极联系，共同为儿童成长创造好的环境。

3）流动人口家庭的家庭教育指导。鼓励家长勇敢面对陌生环境和生活困难，为儿童创造良好的生活环境；处理好家庭成员之间的关系，为儿童创设宽松的心理环境；多与儿童交流，多了解儿童的思想动态；加强自身学习，树立全面发展的教育观念；与学校加强联系，共同为儿童创造良好的学习环境。

4）农村留守儿童的家庭教育指导。指导留守儿童家长增强监护人责任意识，认真履行家长的义务，承担起对留守儿童监护的应尽责任；家长中尽量有一方在家照顾儿童，有条件的家长尤其是婴幼儿母亲要把儿童带在身边，尽可能保证婴幼儿早期身心呵护、母乳喂养的正常进行；指导农村留守儿童家长或被委托监护人重视儿童教育，多与儿童交流沟通，对儿童的道德发展和精神需求给予充分关注。

3. 灾害背景下的家庭教育指导

根据不同的需求，引导家长接受心理辅导，消化自己的情绪，以疏解其自身的灾难综合症；指导家长注意控制自己的情绪，鼓励儿童积极主动地获取、利用社会资源；引导儿童学会分享他人的建议和想法，不要轻易拒绝他人的帮助，同时也要尽量帮助他人；与外界加强合作，主动配合外界的心理援助等活动；对于孤儿，要充分挖掘社会资源，采用收养等多种方式，促进孤儿回归家庭，为儿童及其监护人家庭提供支持。

四、保障措施

（一）加强组织领导

各地相关部门要高度重视，加强对《大纲》贯彻落实工作的领导，制定切实可行的实施计划，加强实施管理，组织开展宣传、培训、督导、评估等工作，引导和帮助家庭教育指导机构和指导者根据《大纲》要求开展家庭教育指导。

（二）明确职责分工

各地相关部门要根据《大纲》要求，充分发挥职能优势，切实做好指导和推进家庭教育工作。各级妇联组织、教育行政部门牵头负责指导和推进家庭教育；文明办协调各部门力量共同构建学校、家庭、社会"三结合"教育网络；教育部门加强幼儿园、中小学校家长学校的指导与管理；卫生、人口计生部门大力发展新婚夫妇学校、孕妇学校、人口学校等公共服务阵地，对家长进行科学养育的指导和服务；人口计生部门负责0～3岁儿童早期发展的推进工作，逐步纳入公共服务范畴；妇联、民政、教育、人口计生、关工委等部门共同承担做好城乡社区家庭教育指导、服务与管理工作，推进家庭教育知识的宣传和普及，促进家庭教育事业全面发展。

（三）注重资源整合

各地相关部门要加大家庭教育指导工作经费投入，纳入经费预算，确保落实到位。要统筹各方面的优势力量，完善共建机制，形成工作合力，推进家庭教育发展。要广泛动员社会力量，多渠道筹措经费，为家庭教育指导工作提供保障。

（四）抓好队伍建设

各地相关部门要加强家庭教育指导工作者队伍的培育，重视对指导人员数量、质量和指导实效性的管理，从实际出发建设具有较强专业知识基础的专家队伍、讲师团队伍、社区志愿者队伍等，并大力发展专业社会工作者队伍，形成专兼结合、具备指导能力的家庭教育指导工作队伍。

（五）扩大社会宣传

　　各地相关部门要以"做一个有道德的人"为主题，开展丰富多彩的实践活动，大力培育在家孝敬父母、在学校尊敬师长、在社会奉献爱心的良好道德风尚。加强家庭教育指导宣传阵地建设，注重与各媒体管理部门的联系和合作，深入、广泛、持久地宣传家庭教育的正确观念和科学方法。省区市级报纸、县级以上电台、电视台要开办与家庭教育相关的栏目，发展家庭教育网校咨询热线，不断提高家庭教育社会宣传的覆盖面和影响力。

主要参考文献

常瑞芳，2005. 幼儿家庭教育与指导. 北京：高等教育出版社.

陈汉才，1996. 中国古代幼儿教育史. 广州：广东高等教育出版社.

陈鹤琴，1994. 家庭教育：怎样教小孩. 北京：教育科学出版社.

陈佑兰，1990. 家庭教育. 北京：北京大学出版社.

程亚南，2003. 走出家庭教育的误区. 长沙：湖南少儿童出版社.

丑荣文，1990. 怎样培养教育弱智儿童. 北京：华夏出版社.

戴淑凤，2005. 中国儿童早期教养工程1～3岁方案. 北京：中国妇女出版社.

戴淑凤，2006. 中国儿童早期教养工程3～7岁方案. 北京：中国妇女出版社.

邓佐君，1995. 家庭教育学. 福州：福建教育出版社.

丁文，1997. 家庭学. 济南：山东人民出版社.

方建移，何伟强，2005. 家庭教育与儿童社会性发展. 杭州：浙江教育出版社.

高洁，2005. 胎教艺术. 北京：中国人口出版社.

关颖，2000. 社会学视野中的家庭教育. 天津：天津社会科学院出版社.

黄娟娟，2003. 0～6岁小儿家庭教育手册. 上海：上海科学技术出版社.

教育部基础教育司，2004. 《幼儿园教育指导纲要（试行）》解读. 南京：江苏教育出版社.

劳拉·E. 贝克，2002. 儿童发展. 5版. 吴颖，等译. 南京：江苏教育出版社.

李洪曾，2001. 幼儿家庭教育指导. 北京：北京师范大学出版社.

李生兰，2000. 学前儿童家庭教育. 上海：华东师范大学出版社.

李生兰，2003. 幼儿园与家庭、社区合作共育的研究. 上海：华东师范大学出版社.

厉以贤，2003. 社区教育原理. 成都：四川教育出版社.

梁志燊，1998. 学前教育学. 北京：北京师范大学出版社.

刘全礼，2004. 儿童行为塑造及行为矫正. 北京：中国妇女出版社.

刘晓东，1998. 儿童教育新论. 南京：江苏教育出版社.

缪建东，1999. 家庭教育社会学. 南京：南京师范大学出版社.

庞丽娟，2005. 文化传承与学前儿童教育. 杭州：浙江教育出版社.

彭立荣，1993. 家庭教育学. 南京：江苏教育出版社.

涂永华，2006. 优生胎教必读. 石家庄：河北科学出版社.

吴奇程，袁元，2002. 家庭教育学. 广州：广东高等教育出版社.

阎水金，1998. 学前教育学. 上海：上海教育出版社.

叶奕乾，2004. 普通心理学. 上海：华东师范大学出版社.

殷红博，1999. 儿童关键期与超常智力开发. 北京：中国戏剧出版社.

《幼儿教育辞典》编委会，2004. 幼儿教育辞典. 北京：中国大百科全书出版社.

赵忠心，2001. 家庭教育学. 北京：人民教育出版社.

George S. Morrison，2004. 当今美国早期教育. 8版. 王金志，等译. 北京：北京大学出版社.